COLECCIÓN POPULAR

844

AQUÍ ACABA LA PATRIA

FEDERICO MASTROGIOVANNI

Aquí acaba la patria

FONDO DE CULTURA ECONÓMICA

Primera edición, 2021

Mastrogiovanni, Federico
Aquí acaba la patria / Federico Mastrogiovanni. — México : FCE, 2021
343 p. ; 17 × 11 cm — (Colec. Popular ; 844)
ISBN 978-607-16-7283-4

1. Crónica periodística 2. Emigración – Latinoamérica – Testimonios 3. México – Emigración e inmigración – Estados Unidos de Norteamérica I. Ser. II. t.

LC E184.M5 Dewey 304.80972 M336a

Distribución en América Latina para el idioma español

Carretera Picacho Ajusco 227; 14738 Ciudad de México
www.fondodeculturaeconomica.com
Comentarios: editorial@fondodeculturaeconomica.com
Tel. 55-5227-4672

Diseño de portada: Laura Esponda Aguilar

ISBN 978-607-16-7283-4

Impreso en México • *Printed in Mexico*

ÍNDICE

A Francesca
A Emiliano

I. PUENTE DE AGUA SECA

Omnem locum sapienti viro patriam esse
SÉNECA, *Consolatio ad Helviam matrem*

ESTA historia inicia con un puente y acaba con un muro.

***

El río está muy seco. Casi se podría cruzar caminando. Seguro se puede cruzar caminando. De hecho, si te asomas, puedes ver que están cruzando. En este momento. Ahí, mira, esas dos llantas hinchadas atadas a unas tablas. Un hombre joven, que no sabe que se llama Caronte, con un palo de madera y una camisa azul clarito, casi blanco, entreabierta para respirar en este calor, transporta personas y cosas de un lado a otro. El río Suchiate está seco. Caronte se baja de la balsa y comienza a caminar en el agua, jalando su navío con una soga. Lentamente. En la balsa está sentada una señora, digna, encima de unas cajas de cerveza Gallo.

Desde el puente parece que no hablan.

A lo mejor no hablan. Cruzan en silencio.

No es un puente, es una puerta.

Una puerta de agua, digo yo. Agua seca. Hace mucho calor en este triciclo. El hombre que lo empuja se lo toma con calma mientras observo el río Suchiate seco. Toma cerveza y pedalea despacio. Esmirriado y chaparro, su aliento huele a cerveza caliente. He estado muchas veces fuera de

Guatemala, dice, muchas veces en Tapachula. Es una ciudad increíble. Así dice. Increíble. Calla un momento agarrando su cerveza caliente. Le da un buen trago largo y pedalea. Hay que ver mundo, dice. Son veinte quetzales.

Tapachula es una ciudad increíble. Puedes decirle bella sólo si vienes de Tecún Umán.

Este puente es la puerta trasera de México. Al cruzarlo estás en Ciudad Hidalgo y Tapachula te parece hermosa. Te parece increíble.

***

Esta historia inicia en un puente que es una puerta de agua seca.

II. AQUÍ ES DONDE PAGO LO QUE DEBO

TAPACHULA es una puerta de agua seca.

Tapachula es la puerta que atraviesan todo el tiempo miles de personas como tú. Con tu misma expresión en el rostro, con tus mismos miedos, con tus mismas esperanzas, con tu mismo color de piel, morena, negra, mulata.

Aquí es donde empieza la realidad, donde se pone a prueba tu valentía, tu resistencia, tu determinación. Es la puerta de la selección natural.

Tapachula es la puerta por la que debes pasar si quieres empezar el viaje a través de la oscuridad. Y ese viaje quieres empezarlo porque, si no, no estarías aquí. No estarías cruzando este pinche río en una balsa hecha de llantas y tablas, con tu ropa y tus zapatos apelotonados y encerrados en una bolsa negra de plástico, encima de la cabeza, para no mojarlos.

Aquí empieza la realidad de lo que significa migrar; empieza el primer tiempo de un viaje muy largo. No importa si tu camino ha iniciado en Honduras, El Salvador, Guatemala, Nicaragua, Angola, Pakistán, el Congo, Cuba o Haití. Si llegaste aquí, lo peor aún está por comenzar. Aquí empieza un viaje nuevo, un viaje definitivo. Has visto amigos y compañeros morir ahogados en un río de Colombia; has sufrido hambre, sed, calor; tus pies están hechos llagas. Todavía te falta cruzar México. Si llegaste aquí, lo mejor todavía tiene que pasar.

Tus primeros pasos en México los das en Ciudad Hidalgo, un pueblote cutre nacido en 1908 como estación terminal de los ferrocarriles mexicanos. El fin del mundo, la puerta trasera de México, la frontera que separa, que delimita, que une con una cremallera de agua las orillas de tierra deshilachadas que antiguamente pertenecían al mismo pueblo, al mismo país; que se nombraban misma patria.

Ciudad Hidalgo, a pesar del nombre altisonante, es un poblado aburrido, desolado, adormecido, desordenado, caluroso e inhóspito; hermano gemelo de Tecún Umán, ahí del otro lado del río, del lado de Guatemala.

Pero cuando pisas las calles sucias de Tapachula estás empezando verdaderamente tu viaje.

Y Tapachula te dice, ¡eres un jodido! Te dice, me vale madres tu vida. Te dice, *per me si va ne la città dolente, per me si va ne l'etterno dolore, per me si va tra la perduta gente.*

Tapachula te espera abierta como una mano que pide peaje, tranquila y segura de que vas a pagar.

Y tú no has leído a Dante, pero sabes perfectamente lo que te espera a partir de aquí.

Lasciate ogne speranza, voi ch'intrate.[1]

***

[1] "Quienes entráis, dejad toda esperanza." Dante Alighieri, *Divina comedia*, 19ª ed., Cátedra, España, 2017, p. 96.

Primero verás que pasa la A con sus dos patitas muy abiertas al marchar.

CRI-CRI, *La marcha de las letras*

Va llegando Wendy.

Yo me llamo Wendy, vengo desde Honduras, vengo por motivos de... estamos en crisis en Honduras. De trabajo. Ni maquila, nada, ni en tiendas, nada. Venimos a luchar por una vida y un futuro para nuestros hijos; tenemos una niña en Honduras de cuatro años. Alquilo, depende de mí, voy pa' delante gracias a Dios, les agradezco a Dios y a todo el mundo que nos han apoyado en el camino dándonos comida, dinero, porque nos venimos sin dinero, nos han apoyado, ayudado, y gracias a Dios no nos han asaltado, no nos ha pasado nada, gracias a Dios tamos bien y pedimos a Dios que todo pueda salir bien en este camino, le agradecemos a Dios todo. Me voy en el tren, vamos pidiéndole a Dios que todo nos vaya a salir bien, yo sé que Dios va a limpiar el camino, va segando todo de todo, de malos, de todo, pues, y de la Migración y todo nos va a salir bien en el nombre de Dios.

Pues no, no tengo a nadie y voy pa' delante y sólo en el nombre de Dios, pues, todo nos va a salir bien. Sé lo que pasa en el camino porque mi hermano ya se ha tirado cinco veces para estos lados y nunca ha podido pasar. Él me dijo, si te atreves a irte para esos lados, te arriesgas a todo, a violación, a asalto, a muertes; a todo, me dijo, porque la última vez que me vine, violaron a una chava igualita a ti, dice, le cayeron veinte, veinte personas. Entonces yo le dije, en el nombre de Dios yo me voy y yo sé que no me va a pasar nada en el camino. Los mexicanos, incluso allá adelante, nos preguntaban, hey, ustedes solas. Sí, nosotras solas, éramos tres mujeres. Tienen valor, tienen más valor que uno de hombre, el hombre que traemos a la par es Dios y nada, todo perfecto. Pero yo digo que vale la pena, sólo confiar en Dios y en la virgencita de Guadalupe y todo va a salir bien; yo voy por un futuro, darle el estudio a mi hija, comprar aunque sea un pedacito de tierra para hacerle la casa a mi madre, porque nosotros alquilamos, mi madre depende de mí y de mi hermano.

Llevarme a mi hija sería una situación muy difícil, porque, aunque yo he visto que no hemos sufrido, hay otras que han sufrido con sus hijos en el camino. No quisiera ver eso. Quiero seguir adelante, quiero onde se mire más. Porque sí, incluso me ha salido trabajo, pero sólo trabajo en ya saben qué y entonces no, no, les digo, he de seguir adelante y que gane mi pisto y lo mande pa' Honduras.

***

Ahí viene Henry.

Claro que sí, estamos enterados de todos los riesgos, de todos los secuestros, de las muertes, a veces el mismo tren nos deja incapacitados, entonces ya uno sabe a los riesgos que va, pero a veces no vale la pena, aunque a veces sí y tal vez uno logra sus sueños, pero hay que intentarlo, a ver qué sale.

***

Y Charly.

Siento que nos tratan bien, nos dejan recibir dinero con documentos de nuestro país, que en otros lugares si ellos quisieran no lo aceptan. A las personas les pedimos un favor y nos lo hacen como si fuéramos nativos de ahí, no nos miran como lo que somos, migrantes, nos miran como a una persona más de esa ciudad. Siento que si así nos trataran en otras partes del mundo, todo sería diferente, pero creo que también será porque alguna vez algo les conviene, porque ellos dependen mucho de nosotros cuando pasamos por allí.

Ahora que estábamos saliendo, los refrescos valen diez pesos mexicanos, pero cuando venimos saliendo y estamos encima del tren ya nos los están ofreciendo a dieciocho pesos. Y, como nosotros ya estamos partiendo a un viaje de doce o catorce horas, compramos lo que vamos a necesitar para el camino y ellos lucran con eso.

Incluso cuando nos vamos se despiden como si fuéramos su familia, porque nos sienten ellos a nosotros como su familia, incluso a veces nos invitan a dormir a sus casas porque nos tienen lástima.

No con todos tenemos la misma suerte, algunos nos tratan bien, dependiendo de cómo nos portemos. Creo que esa experiencia, bueno, ahorita usted la está viviendo porque va junto con nosotros y está viendo cómo vamos viviendo unos con otros; aquí hermanos con primos, amigos, conocidos, nos encontramos en este camino centroamericano, mexicano, vecinos de Centroamérica. Y a medida que va pasando el tiempo ya vamos queriéndonos como hermanos; compartimos una camisa, un pantalón, un taco, una tortilla, un pedazo de queso.

Cuando la Bestia va despacito luego para, para de un solo golpe, y del monte salen muchos policías, a veces cien o doscientos, y a uno no le queda oportunidad de tirarse. Te cogen arriba y a veces las mujeres no se pueden bajar con facilidad; nosotros los hombres nos tiramos a veces de uno solo y algunos logramos escapar, pero a veces, como ahora que vamos aproximadamente cuatrocientos hombres y unas veinte mujeres, creo que dos embarazadas que miré, y de ellas creo que tal vez una con suerte llegue. De los hombres tal vez algunos ocho de cuatrocientos, porque siempre que la policía se encuentra en los retenes nos está esperando con un batallón de hasta doscientos o trescientos o quinientos policías, soldados; es bien difícil. Así que nomás corremos, pero la mayoría, a veces de seiscientos, agarran a todos, a veces de seiscientos oímos la historia que nos encontramos después, yo venía ahí, y sólo nos hemos visto como cinco de los que veníamos, así como aquí, todos sabemos las caras de quiénes somos, venimos viéndonos hace cuatro días, ya nos llevamos como familia y, cuando nos corretean, nos encontramos de nuevo y empezamos a platicar. Comenzamos y decimos, agarraron como cuatrocientos, agarraron como seiscientos, y tal vez éramos seiscientos y sólo veinte logramos escapar; y a veces los más listos, probablemente los que juegan algún deporte, juegan pelota, son los que se escapan, sí, porque son los que tienen más agilidad. Las personas que están un poquito pasadas de peso o las mujeres son las primeras que agarran, pero aquí vamos, nosotros nos tiramos, cuando ya miramos que ellos están ahí, uno busca la forma de tirarse. No, nomás Dios, no pensamos en nosotros, sino que Dios no va a permitir que nos quebremos para salir corriendo. Pero así encima de las ramas se tira uno, ahí, porque ellos salen de repente. Lo mejor es ir así como vamos, cerca de la máquina, porque la máquina cuando pasa y para y nos deja en medio de la policía, los que vamos cerca de la máquina no dejamos que ellos nos atrapen, sólo los miramos que están correteando a los demás de atrás. Pero vamos a ver, yo creo que esta vez sí vamos a llegar. Nosotros en este vagón, la mayoría somos hondureños, pero creo que van también muchos guatemaltecos, salvadoreños, y es cien por ciento centroamericano que viene ahora aquí.

***

Tapachula es la puerta por la que todos quieren entrar. Empujando amontonados en un puente. Los escudos, los cascos, las macanas, en defensa del suelo patrio. La frontera que nos recuerda dónde empieza el adentro y dónde acaba el afuera.

Los escudos, los macanazos tienen que refrescarle la memoria a todos los que con su sola presencia afirman su voluntad de soñar y de negar la existencia misma de una frontera.

III. TAPACHULA *MON AMOUR*

> Las especies que hoy tachamos de invasoras mañana serán nativas.
>
> STEFANO MANCUSO,
> *El increíble viaje de las plantas*

NO TENGO memoria.

No tengo recuerdo de pedazos importantes de mi vida. Los veo hundirse lentamente en el abismo. O rápido. Pero siempre desaparecen, engullidos por el agua azul que se hace oscura, cada vez más. Mis recuerdos tienen un peso colgado de los pies que los jala hacia abajo, como la ejecución mafiosa de un testigo incómodo, al que le ponen zapatos de cemento. Y se hunden.

Necesito recurrir a los recuerdos de los demás para recuperar fragmentos de los míos. Le pido a mi hermana Francesca que vuelva a contarme otra vez la misma historia. ¿Ahora te acuerdas?, me dice. No.

Hace años le entrego mis relatos, mis sensaciones, mis pensamientos, para que ella los guarde en su memoria y me los devuelva algún día. Para que vayamos construyendo una memoria familiar, hecha de sus recuerdos entrelazados con los míos.

Pero la memoria es una trampa. La memoria es un artificio engañoso, una reconstrucción arbitraria de la realidad. Es cambiante. Nunca igual a sí misma. La memoria es la máscara de la narración. Cada vez que se enuncia es renovada, es primeriza.

La memoria no acumula. Su tarea es borrar, eliminar, limpiar. La memoria selecciona los recuerdos, en un esfuerzo incomprensible, monumental, de sustracción.

De pronto los recuerdos ajenos vuelven a emerger, arrastrados desde las profundidades del abismo con fatiga, con dolor. Pero no llegan a salir por completo. Se quedan ahí flotando por debajo de la superficie. La sensación de ver los recuerdos desde abajo del agua. Figuras en movimiento confusas, imprecisas, de colores, rojo, verde, morado, gritan, se ríen. ¿De qué se ríen?

No recuerdo.

Así que no soporto a los escritores que se acuerdan. Que se acuerdan de todo. Recuerdan cosas que les acontecieron un día específico de cuando tenían siete años. Recuerdan qué les dijo su mejor amiga una tarde de verano en un bosque cerca de su pueblo, donde los días de verano transcurrían todos iguales. No les creo.

Tengo recuerdos escasos de mi infancia, de mi adolescencia, de mi juventud. Momentos. Nunca podría recuperar desde el abismo tantos detalles, con tanta seguridad. No confío en mi memoria. Sería pura narración.

No les creo nada.

Me entristece no tener memoria. No porque sería más fuerte o mejor con una reserva de recuerdos siempre a mi alcance. Me entristece porque siento que todo el tiempo debo renegociar mi identidad. Leyendo cosas que escribí años atrás, me doy cuenta de que lo que estoy pensando ahora y que me parece genial o nunca pensado ya lo había pensado antes, y había llegado ahí por el mismo camino. Y creo que había logrado decirlo de una mejor manera. Me deprimo. Sigo pensando los mismos pensamientos una y otra vez. Como si fuera la primera vez. Pero más cansado.

Así busco lo que me define, mi identidad. Continuamente.

Pero a cambio me olvido del dolor. Mi hermana me recuerda por qué debo tener cuidado con ciertas personas que me hicieron daño. Del dolor que yo he causado se encargan las personas que lastimé. Y no pierden ocasión para volver a recordármelo. A veces no recuerdo haber hecho lo que se me imputa. A veces sé que no es cierto. Porque sorprendentemente sí tengo memoria. Una memoria extraña. Personal. Que recuerda cosas aparentemente insignificantes, pero que son justamente lo opuesto: significantes.

La memoria es una experiencia individual elusiva, imprecisa, que no puede ser compartida, no puede ser vivida por nadie más. Puede devenir relato.

La memoria colectiva es un oxímoron ridículo.

No tengo memoria. Pero tengo relatos.

***

El Tacaná es un volcán que no existe.

Una masa montañosa y verde que debería verse desde Tapachula. Pero no se ve. Puedes pasar días en la ciudad sin darte cuenta de nada. La humedad se posa en las calles y descolora el cielo dejando una sensación láctea que molesta los ojos. El volcán, enorme, debería estar ahí, pero nadie habla de él. No se menciona.

Lo menciona Ernesto cuando le pregunto por él.

¿Y el volcán?

El Tacaná es un volcán que no existe, así lo dice siempre mi amigo Pino Cacucci cuando viene a visitarme. Me da risa porque ahí está el volcán, pero a él nunca le ha tocado verlo. Y mira que sí ha venido varias veces, por lo menos dos. Dice que no existe porque él nunca lo vio. Deja pasamos por unos tamales que aquí están buenísimos y le llevamos uno especial a mi mamá. Nosotros casi no cenamos por las noches, pero hoy estás tú y vamos a comernos un tamalito. ¿Has probado los tamales chiapanecos? Nada que ver con los que comes en el DF, nada que ver. Chale, está cerrado, hay que ir a otro lugar. No son tan buenos como éstos, pero igual están buenos, siempre está la doñita ahí vendiendo. Así que tú tampoco has visto el volcán.

No.

Pues igual y te toca suerte y lo ves en los próximos días. Deberías irte a Unión Juárez a ver qué onda. Ay, te llevaría yo, pero estoy con mucho trabajo y mi mamá no ha estado bien. Tienes que ir y buscar a don Antonio, tienes que hablar con él, porque él sabe todo de esta zona, te puede contar lo que quieras. Ya debe de estar viejito don Antonio, ojalá que siga vivo, pero él sabe todo de la zona. Aparte, Unión Juárez está bien a gusto, bien fresquito, está en la montaña, vas a respirar un poco si te molesta el calor de Tapachula. Ya casi llegamos, sí está la doñita, vas a ver qué ricos tamales hace.

***

Me resisto a irme a Tapachula. No quiero ir. Me desagrada la idea, recuerdo una ciudad fea, inhóspita, hostil. Y no me gusta. No me había gustado hace nueve años, cuando vine a tratar de entender la migración siguiendo los pasos de los centroamericanos. Y ahora lo último que quiero es volver a sentir ese calor, ver más miseria, tener que entrar en algún prostíbulo que apesta a meados y cerveza, lleno de putas hondureñas, guatemaltecas, cubanas, explotadas, golpeadas, violadas, mal pagadas y con la muerte en la mirada que se finge cachonda mientras menean su cintura frente a hombres hambrientos, flácidos, hediondos de cerveza fermentada en los ácidos vientres hinchados, babeando con sus muecas denigrantes obscenas.

Le prometí un libro a mi editor. Me comprometí. Un libro sobre Tijuana y Tapachula, eso me pidieron.

Me resisto a irme a Tapachula y me disgusta. No recuerdo por qué.

Desde el fondo del avión veo un haz de luz irrumpir por la puerta delantera abierta, la aeromoza nos advierte que si cambiamos de idea y queremos bajar del avión ésta es nuestra última oportunidad, de otra forma se van a cerrar las puertas y se volverán a abrir solamente al llegar a su destino.

Mi destino. Nunca había escuchado este mensaje en ningún avión.

Mi cuerpo se prepara para levantarse, agarrar mi mochila y mi sombrero rápidamente, y bajar. Me veo proyectado en el pasillo del avión, indicando la salida a la aeromoza, los demás, todos sentados, buscando las dos piezas del cinturón de seguridad. Sí me voy a bajar, disculpe, me equivoqué, de verdad no quería subirme a este avión.

Me sorprendo sentado e inmóvil. Las manos acomodadas en los reposabrazos de mi asiento en posición vertical, el cinturón abrochado, las ventanillas abiertas. La puerta se cierra.

La única opción que queda es llegar a mi destino. Y aceptarlo.

***

Dos torres blancas cernidas por pequeñas cúpulas acebolladas color bronce aparecen sin avisar erguidas en el verde de las mangueras. Es una visión veloz en cámara lenta al pasar por la autopista que lleva del aeropuerto a Tapachula. Calor afuera, frío adentro, por la costumbre del sur de México de poner el aire acondicionado a todo lo que da. En la parte trasera del enorme edificio blanco, decorado de azul, hay otra cúpula acebollada, o bulbosa, siempre de bronce, pero mucho más grande que las dos de la fachada. La forma de las torres, circular, me recuerda a los minaretes de mezquitas vistas en Estambul hace muchos años. En su conjunto, la impresión es la de una fusión entre la arquitectura de las iglesias ortodoxas rusas y las mezquitas musulmanas, con sus puertas en forma de ojiva y los minaretes majestuosos. O una versión cutre del Taj Mahal.

Arriba del ingreso principal el edificio se presenta: IGLESIA LA LUZ DEL MUNDO.

Así dice. En mayúsculas.

El taxi sigue su camino mientras mi cuello se retuerce para capturar, hasta el último instante disponible, información visual de este edificio tan repugnante y al mismo tiempo tan inexplicablemente magnético.

Volteo del otro lado. Dos niños de unos nueve años avientan palos hacia las ramas de un enorme árbol de mango, a la orilla de la carretera, para llenar con sus frutas una bolsita de plástico negra.

En la esquina de la calle de mi hotel, una vitrina inquietante de vestidos de novia y quinceañera expone tres maniquíes blancos y uno negro de mujeres sin cabeza.

En el *lobby* del Hotel Fénix, el recepcionista no suda y no mira a los ojos. Me registra sin prisa. Detrás de él y su camisa verde agua, en la pared grisácea están colgados tres relojes redondos. El del medio es negro con las manecillas blancas. Marca la una con tres minutos y abajo dice TAPACHULA. El de la derecha es negro con bordo y agujas plateados y marca la una con cinco minutos. Arriba dice QUETZALTENANGO. El de la izquierda es blanco, bordo plateado y manecillas negras. Marca las diez con cincuenta y siete minutos. Y arriba dice: TIJUANA.

El tiempo es relativo.

La lentitud puede hacerse desesperante. Pero el recepcionista que no suda nunca lo sabrá.

Agarro mi llave y abrazo mi destino.

***

Tapachula, la informal, la pretenciosa cual ciudad de provincia, me recibe lánguida, tórrida, en la humedad pegajosa de la tarde.

Empiezo a recordar.

Me asaltan dudas bajo un aire acondicionado viejo, ruidoso y agresivo. Estoy buscando algo aquí y no sé qué es.

Tapachula es una ciudad china, pero no tiene memoria de ello.

***

¿A qué vine?

IV. ¿DÓNDE ESTÁN LOS CHINOS?

Mi papá no me enseñó nada de la cultura china, quién sabe qué pensó él.

RICARDO PUONG GONZÁLEZ

LOS RAVIOLES fritos te los tienes que comer con un tenedor. O con las manos, si quieres. No hay palillos. Te los sirven en un plato de cerámica acompañado de otro más chiquito que contiene una salsa agridulce de color rojo intenso. Te los sirven sin palillos.

Soy el único cliente del restaurante Long Yin. Es temprano todavía. Más tarde llegará más gente. Siempre llega. El hombre de ojos rasgados que me deja la carta en la mesa trata con rudeza a los meseros, y luego voltea a hablarle con respeto y con cariño a una mujer anciana, también con ojos rasgados, diminuta, curvada; las manos, pequeñas y huesudas, revuelven firmemente el guisado empuñando un cucharón de madera; firmes y delicadas, como un florete en una cocina amplia y dispersa en medio del pequeño patio sin techo. Habla como hijo y como dueño. Es amable conmigo, pero sin exagerar.

El Chao Min está muy bueno, dice. Son tallarines con pollo, cerdo, verduritas salteadas con cebolla, apio, zanahoria y salsa de soya. Está sabroso, dice. Bien servido.

Le digo que está bien el Chao Min. Y unos ravioles fritos.

¿Quieres algo de tomar?

La cerveza helada te la tienes que tomar rápidamente.

El clima bochornoso la calienta en pocos minutos, el vaso empieza a sudar gotas gordas y la cerveza se vuelve un caldo imbebible.

En las paredes predomina el rojo y el blanco. También las sillas y las mesas varían entre escarlata, carmesí y sanguíneo.

Ernesto me recomendó que comiera en este lugar. Es uno de los mejores restaurantes chinos de Tapachula, me dijo la mañana que nos conocimos.

Me encontré con él frente al laboratorio de análisis médicos donde trabaja, a un lado del Parque Central Miguel Hidalgo.

Me estaba esperando apoyado en el cofre de un vocho blanco estacionado bajo el sol. Me lo imaginaba más joven al escuchar su voz por teléfono. Debe de ser esa barba blanca tupida, gruesa, y las manos bronceadas, venosas, cubiertas de pecas, lo que ha establecido en mi mente, después de la primera mirada, que Ernesto es un hombre anciano.

Sonríe generosamente al verme llegar. No tiene mucho tiempo ahora. Tiene que correr de un lado a otro de la ciudad llevando documentos, dinero, tubos de ensayo llenos de sangre. No quiere que su hermano mayor, el dueño de éste y otros laboratorios de análisis en Tapachula, se enoje con él. Podemos vernos más tarde para platicar, para que me presente a doña María Luisa, su mamá, que, a raíz de un pequeño problema de salud, necesita de él más cuidados que de costumbre.

Te recomiendo que vayas a comer a un restaurante chino. Es de lo mejor que hay en Tapachula. El Long Yin es uno de mis favoritos. Un clásico. Bueno, bonito y barato. Tapachula es una ciudad de China. Fíjate cuando vas caminando por la calle, en el centro verás muchos edificios chinos.

Sube a su vocho blanco al que le falta el asiento delantero del pasajero, como a los taxis de antaño. Tiene trucos para encender el motor. Está viejito, pero le conozco todas sus mañas, dice Ernesto justo antes de soltar una carcajada traviesa que le achica los ojos negros detrás de los lentes.

Me despido de él y empiezo a caminar sin rumbo en el calor que poco a poco se hace asqueroso.

***

En las primeras tres décadas del siglo XX, empezaron a llegar muchos chinos a Tapachula. En 1930 se contaban en México dieciocho mil novecientos treinta y cinco asiáticos, según los registros del censo, de los cuales mil noventa y cinco se encontraban en la zona de Tapachula.

Llegaban a trabajar como jornaleros o culíes en las plantaciones de café, o como obreros para tender las vías del ferrocarril. Dentro de poco tiempo empezaron a emprender dos de las actividades por las cuales son más conocidos en el mundo: la cocina y el comercio. Más en específico, lograron entrar en las cocinas de las fincas de café y se especializaron en la venta de cualquier tipo de herramienta o utensilio que pudiera servir al mundo del café. Poco a poco la buhonería y los comercios de abarrotes crecieron tanto que se volvieron negocios importantes. Así, las redes de emigrantes chinos en los Estados Unidos prolongaron su influencia hasta el sur profundo de México. La comunidad china poco a poco logró encontrar su espacio en la economía del sur de Chiapas, asentándose no sólo en Tapachula, sino también en Motozintla y Huixtla.

Los chinos se habían vuelto más fuertes, y de alguna forma indispensables en la economía, pero sobre todo más visibles. Y esto conlleva siempre problemas.

La construcción discursiva nacionalista que se había generado con la Revolución mexicana necesitaba reforzar la idea del nuevo mexicano mestizo que había surgido del conflicto revolucionario, y necesitaba también, como cualquier identidad, encontrar a los que no estaban incluidos en ese proyecto de patria. Así que los chinos se convirtieron en el chivo expiatorio perfecto.

En Italia, el Partido Fascista de Benito Mussolini había llegado al poder en 1922; en Alemania, los nacionalsocialistas de Adolfo Hitler tardarían once años más, pero los vientos de los tiempos invadían el mundo como un virus y llegaban a barrer las remotas y calurosas tierras del Soconusco.

La discriminación racial se volvía de gran moda y un excelente método para encontrar un enemigo del pueblo al cual echarle la culpa de todos los males. Mientras en Italia Mussolini preparaba la marcha sobre Roma con sus escuadrones fascistas en camisa negra, la revista *Evolución* de Tapachula, el 8 de junio de 1922, publicaba un editorial en este tenor:

> Y digo más que cierta, por que *[sic]* no se está entronizando, sino que está ya ENTRONIZADA desde hace tiempo, y cual una nube de CHAPULÍN, ha invadido todo el campo comercial del Estado, muy especialmente de todo este Departamento; sin que hayan dejado el más pequeño rincón, el más insignificante negocio al alcance del mexicano que quiera honradamente dedicarse al comercio [...] sin considerar el gran perjuicio presente para el mexicano que quiera dedicarse a algo

lucrativo y honrado, restando así elementos a la revolución y al desorden, y el perjuicio venidero por la mezcla de sangre asiática con la nuestra, mezcla para todos conceptos espúrea *[sic]* y que debemos rechazar en cualquier forma. Tapachula está ya plagada de niños y niñas de ojos oblicuos y faz inexpresiva, que jamás serán ciudadanos mexicanos, en primer lugar porque son raquíticos y de sangre viciada, y en segundo lugar, porque no defenderán jamás al país en que nacen y al cual, como sus padres, detestan en el fondo de sus almas, y lo que nosotros necesitamos es mejorar nuestra raza, no empeorarla [...] Necesitamos una raza que nos traiga sangre de glóbulos rojos, no horchata llena de microbios y de sedimentos de opio [...] A mi juicio, y en forzosa disyuntiva, es preferible mil veces la colonización negra a la asiática, pues en ella hay siquiera virilidad, energías, elementos de fuerza, a la inversa de la asiática, antipática y repulsiva, viciosa, inadaptable a nuestra sangre y a nuestro medio [...] Un Chiapaneco.

La situación era evidentemente insoportable, había que defender la raza y la patria, no era tolerable cederles más terreno a los invasores con esa sangre de horchata. Así, el 11 de octubre de 1930 se constituyó la Liga Mexicana Antichina de Tapachula, conformada en su principio por cincuenta mexicanos por nacimiento, afiliada a todas las ligas y comités de la misma naturaleza presentes en la república. Los ideales propugnados, por supuesto, eran la defensa de la raza y de la patria de la invasión de los chinos, y eran semejantes a las demás agrupaciones. Así se leía en el documento de la Liga:

La formación de una agrupación Antichina, la primera y única actualmente en esta entidad, donde la invasión de los individuos chinos constituye un gravísimo peligro para la raza, ya que sin exageración tienen acaparadas todas las actividades de la región, nos fue inspirada por la labor patriótica de las Ligas y Comités Antichinos establecidos en los diferentes Estados.

En una carta al presidente de la República, Lázaro Cárdenas del Río, del 1 de julio de 1935, Alejandro Garmendia y Humberto Poumián, respectivamente presidente y secretario de la Unión de Comerciantes Mexicanos en Pequeño del Soconusco, escribían:

> Esta clase de extranjeros, con sus costumbres raquíticas ruines y egoístas, que no cuadran con nuestra ideosincracia *[sic]*, con su desastroso estado de salud, sus vicios del juego, el opio y demás drogas, sus costumbres antihigiénicas e inmorales, son una verdadera rémora para la prosperidad del país, y una pesada carga para la economía nacional y un peligro para la salud pública, degenerando nuestra hermosa raza de valientes [...] ya no nos es posible resistir por más tiempo la desigual competencia del comercio CHINO, pues sabido es que estos individuos no tienen mayores gastos, pues viven a base de miseria y en estas circunstancias están en condiciones de abrir una competencia ilícita, matando en poco tiempo nuestros raquíticos comercios.

Así que no me sorprende que hace casi cien años se incendiara un edificio entero en el centro de Tapachula, uno de esos edificios de arquitectura bizarra, que aparecen de repente en las calles de la ciudad, con colores contrastados, anaranjado con las columnas verde esmeralda, amarillo con turquesa. Uno de esos edificios que no entiendes por qué pero no encajan completamente con el resto de la ciudad, que tienen algo indefinible pero oriental.

Deben de ser esas esquinas pan coupé, con un ángulo de cuarenta y cinco grados, como todas las cuadras de Barcelona. Pero es algo más que eso, algo más que las columnas y vigas debajo de los balcones. ¡Eso! Los balcones. No se trata de simples terrazas, sino de pasillos flotantes, porque en China y en Japón, me explicó una vez mi amigo arquitecto mexicano japonés, Akira Kameta, la circulación general es por el perímetro, por ese pasillo flotante en el largo balcón, y no por adentro de los muros.

Bueno, en pocos minutos se prendió el fuego y fue devastador. Lo recuerda Ernesto, que hace años pudo ver fotos de archivo en periódicos antiguos. Decenas de personas salían a la calle gritando, intentando ponerse a salvo, intentando huir del fuego. Muchos eran chinos, y no paraban de salir. Así lo relata Ernesto. Eran muchos más de los que se pensaba que vivían en el edificio. Y no paraban de salir.

¿En dónde estaban tantos chinos? ¿De dónde salían?

Vivían en los sótanos, dice Ernesto, amontonados en los sótanos, sin que nadie lo supiera.

Debería existir un archivo del incendio, un archivo fotoperiodístico, un registro. Yo lo vi hace años, ahora deben tener algo en el archivo fotográfico del periódico de la ciudad.

Llego con Ernesto a buscar el archivo de *El Sol de México*, en su redacción de Tapachula; nos recibe una secretaria sospechosa y poco dispuesta a dar información. De una forma algo grosera y aproximativa me invita a hablar con el director, que también recibe a un colega como si fuera un agente de la Gestapo buscando informaciones incómodas y secretas.

No hay ningún archivo.

Ni se toma la molestia de buscarlo, de escuchar a fondo nuestras preguntas.

Qué extraño, me dijeron que aquí en el periódico seguramente tenían las fotos de la ciudad como era antes, a principios del siglo XX. Hubo un incendio donde murieron muchos chinos.

No hay ningún archivo aquí.

Es una lástima, los archivos nos ayudan a reconstruir nuestra memoria. Hasta luego y gracias.

Los chinos están en la ciudad, se ve su huella, se nota su presencia, Tapachula sabe a comida china, pero no se habla de ellos, ni de su pasado, ni de su presente. Como el volcán Tacaná.

Los chinos han llegado en diferentes momentos, aprovechando oleadas migratorias, se han ido integrando, con su trabajo, en la incomunicabilidad de idiomas. Se han ido mezclando, observados, rechazados, tolerados. Han metido pizcas de su cultura, de su cocina, de su idioma, de su arquitectura, de su sangre, en un pueblo mestizo, mezclado, indefinido, convencido de ser una nación.

Los chinos han minado y contaminado una idea de pueblo, de patria, un ladrillo a la vez, un tallarín a la vez, un silencio a la vez.

***

Hoy Ernesto tiene que volver a su casa después del trabajo para darle de comer a su madre, así que me voy solo a visitar el centro del Instituto Nacional de Migración, sobre la carretera que, de Tapachula camino al norte, lleva a la finca cafetalera Nueva Alemania, y donde sé que hay migrantes que esperan sus documentos para seguir el viaje hacia los Estados Unidos.

A la estación migratoria Siglo XXI se llega fácilmente agarrando una combi en el centro de Tapachula, en la

Avenida Octava, que cruza la ciudad de norte a sur. Al llegar a la parada de la combi, paso frente a varios buffets de comida china barata, repletos de haitianos y africanos desayunando. Los chinos no se ven, pero están presentes y hacen negocio con el enorme tránsito de migrantes con poco dinero.

Enfrente de las barberías de la Avenida Octava se escucha un fuerte acento cubano. A los cubanos los reconoces no sólo por su acento, sino también por el corte de pelo, la ropa más cara (aunque no necesariamente de mejor gusto) que llevan, la cangurera colgada de un hombro que les llega a la panza, las chanclas, la forma de caminar lenta y perezosa, la mirada altanera y un sentido de superioridad generalizado hacia los demás migrantes. También entre migrantes hay clases sociales.

Agarro la calle 13ª Poniente hacia el Río Coatán. Es domingo y las calles pululan de gente. Antes de llegar al malecón, que nunca veré, me topo a mi lado derecho con un edificio verde claro de tres pisos, de donde salen música y cantos. Repentinamente siento la necesidad de ver qué hay aquí adentro, en esta construcción tan fea en medio de un mercado popular, el mercado de San Juan que, por la pobreza de las mercancías y el hedor a carne a punto de la putrefacción en el calor del día, me recuerda el enorme mercado de Managua. Las puertas blancas en la entrada están abiertas. Dos hombres chaparros y prietos, con camisa y corbata, se encargan de darles la bienvenida a las personas que llegan. Me miran con cierta curiosidad sin emitir palabra alguna. Me dejan pasar y subo una escalera de concreto hacia el primer piso. Hombres y mujeres cantan con banderitas de colores en las manos: rojas, amarillas, azules, verdes, rosas. Cantan y gritan y son pobres. Se ve en su aspecto, en su ropa del domingo, la mejor que tienen para ir a la iglesia, vieja, gastada, fuera de moda. Se ve en sus caras de migrantes. Ah, ¿qué cara tienen los migrantes? ¿La cara que tengo yo? No, tienen caras de guatemaltecos, de hondureños, de salvadoreños. ¿Cómo lo sé? Lo sé. Como lo sabe un encargado de Migración cuando revisa una combi en el sur de Chiapas. Se sube y mira a los pasajeros. Sin hesitación se dirige hacia esos dos jóvenes ahí al fondo. Les pide que se bajen. Les pregunta cómo se llaman, de dónde vienen, a dónde van. Puede estar casi seguro de que no son mexicanos. Son prejuicios, seguramente, pero casi siempre le atinan, después de tantos años en fijarse en las fisionomías, los cortes de cabello, el tono de la piel, la forma de caminar, de reír, de mirar. La forma de mirar. No se puede enunciar, pero lo sabemos. Y entre una canción y otra, varios jóvenes con camisas llamativas, baratas y de mal gusto, dan sermones aproximativos en un micrófono con un cable negro muy largo que distorsiona la voz. Dicen banalidades. La gente asiente, la gente contesta con poca convicción. Centro Familiar Cristiano se llama este lugar. Hay músicos que tocan y cantan, alabado Jesucristo, aleluya, aleluya. El saxofonista se desempeña en un solo, la camisa negra brillante y la corbata plateada. Mucho sudor. Me siento en medio de las familias. Los adolescentes baten las manos sin ganas. Yo me pregunto cuál es su dios.

Media hora después sigo ahí, alucinando. ¿Qué tal si me convierto a esta religión cutre?

Dentro de muchos meses sabré que el Centro Familiar Cristiano es una franquicia de iglesias evangélicas de Estados Unidos presente en decenas de ciudades de México, América Central, que reúne a decenas de miles (¿cientos de miles?) de fieles. Me inquietan los cristianos. Fundamentalistas que aplauden a un pastor envasado y oportunista. Pero, ¿no es lo mismo en todas las religiones?

En fin, estoy aquí sentado, güero entre prietos, alto entre chaparros, ateo entre cristianos, atónito escuchando los malabares de unos chavos que parecen vendedores de aspiradoras rotas. No me siento incómodo. Me siento en sintonía con el pueblo de Cristo, los entiendo, juro que logro sentir su dolor, su angustia de vivir, que es la misma que siento yo, logro entender su miedo terrible a la muerte, a la incertidumbre de esta vida tan parca de felicidades duraderas. Y al mismo tiempo, los aborrezco con todo mi ser cuando sacan las canastitas para recolectar los cien pesos de la función, como aborrecía a mis doce años el momento en el que los monaguillos en la iglesia a la que iba con mi padre sacaban esas canastitas cubiertas para pedirnos dinero. Siempre me ha parecido profundamente cutre. Y fascinante. Que vengan a pedirte dinero en el momento más conmovedor de la función. Como si mientras te estás viniendo, en el momento de la eyaculación, la pareja con la que estás sudando sacara el *pos* para pagar cómodamente con tu tarjeta de débito.

Todos pagan. Casi todos. Yo no. Ni unos cuantos demasiado jodidos. Esto también, en mis visitas a iglesias en los barrios ricos de Roma, siempre me ha llamado la atención, que los más adinerados eran los que ponían los billetes de más pequeña denominación. Cuando veías un billetote casi siempre lo sacaba la familia más pobre.

Se acaba la función, la música, los cantos. Ese lapso de tiempo fugaz, de pocos segundos, de desasosiego, de miradas interrogativas, ¿y ahora qué? Entre las recomendaciones, despedidas, y la salida. ¿Esos pocos segundos serán los determinantes? Los segundos en los que el público tiene conciencia de que el rey está desnudo, en los que se saben los patéticos participantes de la gran farsa colectiva. ¿Será?

Agarro mi gorra negra y cubro mi calvicie. Me levanto antes de que las banderitas de colores dejen de moverse en las manos aburridas y volteo la espalda a ese altar-escenario grotesco.

Afuera el sol es inclemente y tengo ganas de orinar. Vuelvo a entrar para dejar mi óbolo en el excusado del Centro Familiar Cristiano. No hay dios aquí. Los pobres son pobres, pero son muchos.

En la esquina que hace la Octava con el Parque Central, sede del palacio municipal de la ciudad, estacionan un hombre y una mujer deformes que piden dinero a los transeúntes. Los veo todos los días. Tienen una cabeza de dimensiones normales encima de un cuerpo de bebé; las piernas miden a lo mucho treinta centímetros, están sentados en unas sillas de ruedas pequeñas, que sin embargo son demasiado grandes para sus cuerpos deformes. Ella es además muy gorda. No les doy nada y sigo intentando no fijar mi mirada en sus deformidades que atraen mi atención morbosa. Me dan morbo las deformidades. Me subo a la combi y tomo asiento.

Al llegar, veo un grupo de un centenar de personas que esperan bajo el sol frente al edificio de Migración. La mayoría son negros. Buscan la sombra de algunas palmeras sentados en el piso, encima de pedazos de cartón, o sentados en los escasos muros bajos que sugieren la idea de jardincito frente a la entrada.

Un joven alto, de piel negra muy oscura, casi morada, está hablando en francés con una mujer africana, traduciendo lo que le dice en español un hombre chaparro y moreno, con un chaleco azul que dice Telcel. El hombre Telcel está haciendo negocios, vende tarjetas a los migrantes que las van a necesitar durante su estancia en México. El hombre Telcel parece al mismo tiempo intimidado por tanta gente extraña, más grande que él, más negra, que parece que se va a enojar en cualquier momento, pero también parece seguro al saber que aquí hay dinero, que aquí hay clientes, que todos necesitan una conexión a internet, la posibilidad de hacer llamadas a lo largo de este viaje.

Los pobres tienen poco dinero, pero son muchos.

El joven traductor le explica las características de los diferentes planes a la mujer que mueve la cabeza de un lado a otro con el ceño fruncido. No parece convencida. Al final la mujer y el hombre Telcel logran un acuerdo, la mujer va a buscar dinero en una mochila de la cual saca un pañuelo, un *lipstick*, un espejito. Le paga al pequeño hombre Telcel que parece satisfecho y aliviado por la idea de poder irse.

Me acerco al traductor. Le pregunto si puedo hablar con él, si puedo grabar sus palabras. Dice que sí.

El traductor se llama Georges Kalume, tiene veintiséis años y viene de Kinshasa, la capital de la República Democrática del Congo, donde el 30 de octubre de 1974, en una noche histórica conocida como "the rumble in the jungle", el campeón del mundo de los pesos pesados de box, George Foreman, después de ocho asaltos, tuvo que ceder a la potencia de la "mariposa" Muhammad Ali. En ese entonces, Kinshasa era capital del Zaire, del dictador Mobutu, y fue el escenario de la pelea del siglo, en la que Muhammad Ali, suspendido del boxeo desde 1967 por sus posiciones críticas en contra de la Guerra de Vietnam, retomó el lugar que le correspondía en la cima del mundo, después de la derrota de 1971 contra Joe Frazier.

A Georges no le tocó vivir nada de eso porque nació en 1993, el año en el que los principales aliados internacionales del dictador Mobutu le quitaron formalmente el apoyo, lo cual lo llevaría a la derrota definitiva en 1997.

En Kinshasa, Georges estudió medicina, se graduó como médico y decidió que quería salirse de su ciudad, encaramada en las orillas del río Congo, en la región más occidental del país.

Su decisión fue tomada en poco tiempo. Fue una decisión racional.

Quiero mucho a mi familia, me gusta mi ciudad, pero pensé que no iba a poder expresarme realmente ahí. Tenía la opción de irme a Europa, pero llegar allá es demasiado caro.

Georges juntó unos mil quinientos dólares, compró un boleto *low cost* con valor de quinientos y dos días después estaba a punto de empezar su travesía por América Latina, desde la ciudad de Quito, en Ecuador, país en el cual en ese momento no se requería visa a quien viniera del Congo.

Se le acercan tres niños africanos, una es de Angola y no entiendo con quién está viajando, pero abraza a Georges como si fueran parientes. Otro pequeño se acerca con su hermano. Georges me dice que vienen con su madre de Liberia. Georges habla bien español, inglés, y un poco de italiano, aprendido por la televisión. El francés es su idioma materno, siendo Kinshasa la segunda ciudad en el mundo, después de París y antes de Montreal, con mayor número de hablantes de francés.

Me tardé cinco días en llegar a Colombia, en el departamento de Nariño, en la frontera con Ecuador.

En los días siguientes pasó por el Cauca, Valle de Cauca y finalmente se tardó siete días, sin comer casi nada, para cruzar un tramo de selva en el departamento del Chocó.

En esa semana murieron veintiocho personas que viajaban con él, al voltearse una lancha en un río que estaban cruzando, probablemente el Atrato. Sus compañeros no sabían nadar y se quedaron ahí, a morir en aguas lejanas.

En Panamá se quedó ocho días encerrado en espera de que lo trasladaran a Costa Rica, donde entró y salió en un solo día. Un día para cruzar Nicaragua en camión, un día para llegar de Honduras a Guatemala, un día para llegar al río Suchiate. Mil dólares gastados hasta las balsas que le permitieron cruzar la puerta de entrada a México.

El viernes pasado llegó a Tapachula, una ciudad muy bonita, y hoy, domingo 24 de febrero de 2019, está sentado frente a mí, comiendo lentamente un mango maduro amarillo casi anaranjado recién comprado a un vendedor ambulante. Continuamente manda a los niños a buscar la sombra cuando se acercan para llamarlo porque algún compañero de viaje necesita otra vez al traductor, para que un hombre con chaleco de Telcel no se aproveche de ellos.

Hoy Georges Kalume está esperando para que lo dejen entrar en las oficinas de Migración por sus papeles. Le dijeron que el miércoles los dejarán pasar.

Ha sido muy duro el viaje, sobre todo la parte en la que vi morir a varios de mis compañeros. No me lo esperaba. No creo que estuviera preparado. Pero debes entender que quiero estar en un lugar en el que valoren mi inteligencia y mis capacidades.

Por esto me fui.

Lo entiendo.

***

¿Dónde come la gente que se queda días esperando en la calle frente a las oficinas de Migración? Muero de hambre y aquí no hay nada. No es cierto. Siempre hay.

Si sigues caminando por la carretera hacia fuera hay muchos puestos donde comer.

Sigo caminando. Antes de empezar a ver los puestos me llega el aroma del pollo chamuscado al carbón, llevado por el humo denso que emana de las brasas. Asadores artesanales en la orilla de la carretera acogen decenas de pollos partidos a la mitad que se van coloreando. Sencillos o enchilados. Detrás de los asadores, hombres y mujeres asan, luego patios de tierra con plantas de café, luego chozas o casitas muy pobres, sucias.

Me acomodo en una silla de plástico blanca en el patio de un asador en el que hay un poco de gente. Un grupo de negros que hablan *créol*. No les entiendo bien, pero me parecen haitianos. Un hombre joven, dos mujeres, dos niños de unos ocho años. El hombre y las mujeres tienen una cara de fastidio. Pido mi cuarto de pollo y una Coca-Cola. Me lo sirven en platitos de unicel con arroz y tostones de plátano frito.

Los haitianos están inconformes con la dueña del asador. El hombre habla en nombre del grupo.

No queremos el arroz. Queremos el pollo y los plátanos.

Pues aquí el pollo se sirve con arroz y plátano, le contesta la cocinera guatemalteca. Los dueños de estos puestos son casi todos guatemaltecos inmigrantes que se han asentado aquí a lo largo de los años. Los guatemaltecos en Tapachula no son percibidos como extranjeros.

La cocinera se hace la desentendida. Al joven haitiano no se le entiende lo que dice, habla raro, y el pollo se sirve así.

Treinta pesos un cuarto de pollo, una porción de arroz y un poco de tostones es muy caro, no queremos el arroz. Es más, queremos más pollo. Así se lo explico a la cocinera. Es lo que está diciendo el joven. Con miradas le hice entender que hablo francés. Me explicó el problema pidiendo sin decirlo que le tradujera a la mujer.

La cocinera ahora entiende. No quieren carbohidratos, quieren proteínas. No quieren arroz, quieren pollo.

Empieza la negociación.

Mi Coca está caliente, es casi imbebible, pero el pollo estaba bueno, los tostones también. Prendo un cigarro y me pongo a observar cómo las caras de inconformidad esconden cierta diversión en los rostros de los contendientes. La mujer guatemalteca, desde su gordura mórbida y sus chanclas de goma que alguna vez fueron blancas, juega a hacerse la dura, la inflexible, pero lanza miradas de complicidad a su comadre, que está comiendo y dándole de comer a una niña de dos años sucia que camina descalza y recoge gusanitos e insectos del suelo.

El haitiano parece indignado por la escasa calidad del servicio y trata de bajar el precio o aumentar la carne, pero cuando piensa no ser visto por la doña voltea hacia mí y me sonríe satisfecho.

Después de un duelo que rompe la monotonía y distrae del calor durante unos diez minutos, logran llegar a un acuerdo. No habrá arroz, pero sí tostones. No aumentará la carne en todas las porciones, pero habrá una pierna y un muslo más.

El joven haitiano y yo pagamos nuestras cuentas al mismo tiempo y nos encaminamos juntos de vuelta en dirección de la estación migratoria Siglo xxi, él acompañado por las dos mujeres y niños, cargando varias bolsas de pollo para llevar.

En el breve camino en la orilla de la carretera, el joven haitiano me va contando que ellos llegaron de Brasil, país en el cual vivieron desde 2011. Se fueron de Haití después del terrible sismo que destruyó Puerto Príncipe en enero de 2010 y ahora intentan viajar a los Estados Unidos porque en Brasil la cosa se puso pesada con el nuevo gobierno xenófobo de Bolsonaro.

Paran un taxi que va de bajada. El taxista no entiende a dónde quieren ir. Le explico que quieren llegar al Hotel Margarita, en el centro de Tapachula. Le quiere cobrar cien pesos por ser cinco. Yo le comento en francés que no debería cobrarle más de cincuenta pesos, según lo que me dijeron sobre el precio de los taxis.

Empieza otra negociación en la que no quiero participar.

Me despido del grupo y me saludan con amplias sonrisas amistosas de dientes muy blancos.

Conocí a haitianos, guatemaltecos, africanos, pero todavía me falta encontrar a los chinos.

V. CALENDARIOS EN LA PIEL

> Nada es verdad, nada es mentira, todo depende del cristal con que se mira.

Se va acercando el atardecer y en la carretera Nueva Alemania está lloviznando. Las luces del vocho blanco de Ernesto son bajas y sólo funciona uno de los dos brazos del limpiaparabrisas. Desde el lado derecho del coche se ve la carretera y la selva a través de las perlas de agua que adornan el vidrio. Cientos de selvas, cientos de carreteras, en los prismas redondos y fugaces.

Doña María Luisa está sentada junto a mí, encima de dos almohadas en el asiento trasero detrás de su hijo que maneja y habla. No deja de hablar. Es como si tuviera que seguir rellenando el silencio con sus recuerdos. No para de contar historias familiares, historias de su madre. Que lo corrige y se burla cariñosamente de él y de sus imprecisiones.

No es cierto, Ernesto, no es como tú dices. Las cosas no pasaron así.

¿Entonces cómo, mamá?

Nada es verdad, nada es mentira, todo depende del cristal con que se mira.

Ah, así no se vale, mamá.

Y tres sonrisas cómplices y complacidas aparecen en nuestras caras simultáneamente, sin necesidad de que nuestras miradas se toquen.

Doña María nació el 7 de abril de 1923 y hoy tiene noventa y seis años. No habla mucho, sus silencios son los que deben ser compensados, pero cuando lo hace sus palabras trasudan ironía, en una conversación que lleva décadas construyéndose un fragmento a la vez, poniéndose en escena, entre ella y su hijo Ernesto. La renegociación constante de una memoria familiar, un juego de roles en el cual el hijo insiste en continuar el diálogo con una persona que ha viajado una vida extraordinaria y que se va perdiendo, se va olvidando. La memoria es cambiante, así como la historia de María Luisa.

El 26 de julio de 1960 María Luisa Tomasini Velázquez, que todavía no era una doña sino una joven mujer de una familia acomodada de Tapachula, viajó a La Habana, en la delegación de la Unión Nacional de Mujeres de México, dirigida por Clementina Batalla de Bassols, para celebrar el primer aniversario del triunfo de la Revolución cubana.

Había pasado exactamente un año desde el 24 de julio de 1959, cuando en el Bosque de Chapultepec murió en un accidente Narciso Bassols, marido de Clementina y gran ideólogo de la revolución educativa que se llevaba a cabo en México. Y habían pasado treinta y nueve años desde 1920, año en que Clementina Batalla se recibió con el grado de abogada en la Escuela Nacional de Jurisprudencia y se casó con Narciso, mismo año en que Clementina había decidido no ser abogada para ocuparse de sus seis hijos.

Después de la muerte de su marido Narciso, empezó la vida política pública de Clementina Batalla, y un año después estaba encabezando una delegación de mujeres que iban a celebrar el primer aniversario de la Revolución cubana. Una de los seis hijos de la pareja, Aurelia, posteriormente se casaría con Juan Tomasini, hermano de María Luisa e hijo de un emigrante corso en Tapachula.

Durante los dos meses que estuvo en Cuba acompañando a Clementina Batalla de Bassols, en ese verano de

1960, María Luisa, con sus treinta y siete años, conoció a un joven revolucionario argentino, cinco años más joven que ella. Lo vio sentado en un jardín durante un desayuno y se saludaron. Ninguno de los dos, como siempre pasa, conocía el futuro. Así que María Luisa no sabía que ese joven, Ernesto, se volvería para el mundo entero en "el Che".

A María Luisa le dicen "la abuelita de los zapatistas" porque el primero de enero de 1994, cuando tenía ya setentaiún años y se encontraba en San Cristóbal de las Casas de visita a unos amigos, fue una de las primeras personas en bajar a la plaza central y apoyar a los guerrilleros que se habían levantado en armas. A partir de aquel momento doña María Luisa Tomasini Velázquez nunca dejó de colaborar en la medida de sus posibilidades con las comunidades zapatistas, participando en los cinturones de seguridad de los diálogos de catedral de finales de febrero de 1994. También tomó parte en muchas reuniones convocadas por el EZLN y al iniciar los diálogos de San Andrés Larráinzar, en abril de 1995, doña María Luisa se ofreció como cocinera voluntaria para darles de comer a los delegados del Ejército Zapatista y a los demás participantes. Así le escribió el entonces Subcomandante Marcos el 18 de junio:

> Abuela:
>
> Recibimos su carta del 9 de junio de 1995. Por supuesto que ha sido aceptada como «abuelita» de todos nosotros. Agradecemos su apoyo. La edad no es impedimento para luchar por la democracia, la libertad y la justicia en el mundo. El único impedimento es la falta de vergüenza y de dignidad. Para estar con nosotros no se necesita ser joven sino ser humano, así que no hay que apenarse por la edad (yo, por ejemplo, tengo ochenta y seis años y ya ve usted, soy más

joven que Fidel Velázquez). Después de todo, la edad no es más que un montón de calendarios guardados en la piel... pero no en el corazón.

Vale, abuela. Salud y que las lágrimas sean, un día, motivo de risa.

Desde las montañas del Sureste mexicano
Subcomandante Insurgente Marcos

La abuelita María Luisa se quedó cocinando para los zapatistas hasta que un médico le impuso que bajara de las montañas del sureste mexicano si no quería que su hipertensión la matara. Así que tuvo que volver a Tapachula.

***

La carretera va subiendo dulcemente y sus curvas se desenvuelven en medio de la vegetación. Plantas de plátano, árboles de mango, arbustos de café. A mi derecha se abre una pequeña explanada de pasto verde jade, en medio de la cual se erige una estructura metálica que sostiene una taza roja, enorme, que dice, en letras blancas, "Plan Nescafé".

Desde hace años, la empresa Nestlé ha empezado a comprar todo el café que se produce en la zona; establece el precio, impone el cultivo de la variedad más redituable, la robusta, en lugar de la aromática arábiga.

***

En la pared de la sala de la casa de doña María Luisa en Tapachula, frente a la entrada, está colgado un artículo enmarcado del *Expreso de Chiapas* del 7 de abril de 2004, donde el periodista Elio Henríquez reconstruye la vida de María Luisa Tomasini para festejar sus ochentaiún años.

En otra pared está enmarcado un mapa de Córcega. Se parece a uno de esos trapos de cocina estampados que llevan los mapas de los lugares. Yo tengo uno de la isla de Elba. En éste, Córcega, pintada de amarillo, está rodeada por un mar azul claro. En la esquina superior izquierda, unos limones enormes, unas manzanas rojas y un manojo de uva negra conforman un marco que debería evocar las delicias gastronómicas de la isla. Al contrario, resulta algo inquietante, sobre todo si se considera el tamaño desmedido de las frutas, en comparación con el resto. En la parte baja, del mismo lado, un barco con tres hombres parados y morenos parece a punto de atracar en dirección de Ajaccio. Del lado derecho, en la parte inferior, un pequeño velero se aleja de Bonifacio en medio de las nubes. En la isla son representados algunos monumentos, las principales atracciones y ciudades, un hombre que le canta una serenata con su guitarra a una mujer vestida de negro y sentada en un muro de piedras; otra es llevada, sentada en la espalda de un burro, por un hombre que camina frente al animal, con un sombrero y una camisa de cuadros.

De ahí, desde el minúsculo pueblo de Olmeta de Capo Corso, en la pequeña península en la parte más al norte de la isla del Mediterráneo, hace más de cien años, partieron dos hermanos cargando poca ropa y una *vendetta*, la típica navaja corsa. Francisco y Pablo Tomasini se fueron de Olmeta de Capo Corso a principios del siglo XX para nunca volver. Se fueron de Córcega a buscar fortuna y llegaron a Tapachula cruzando el azul profundo del inmenso océano Atlántico. Dos corsos llegaron a plantar café en el Soconusco y a generar una enorme familia.

¿Qué era lo que veían desde su pueblo? ¿Cómo se ve el mar desde allá?

VI. Y VES A LAS BRUJAS

Qui dove il mare luccica e tira forte il vento
Lucio Dalla, *Caruso*

Cuando estás abajo... ¿qué quieres que te diga? Cuando estás en el fondo no debes perderte a pensar tanto. Si te dejas ir no razonas más. Si te dejas ir un poquito, el cerebro se va. Cambia la percepción. Y ves a las brujas.

***

En los meses que duró su exilio en la isla, Napoleón Bonaparte tuvo que adaptarse a ser emperador de un escollo. En los mismos nueve meses, exactamente del 4 de mayo de 1814 al 26 de febrero de 1815, el susodicho escollo, una pequeña isla en el archipiélago toscano llamada Elba, dejó que su emperador estremeciera completamente su vida soñolienta y que la transformara para siempre.

Hacer, razonar, no dejarse ir.

Mientras planeaba su regreso a Francia, Napoleón modificaba la realidad que lo rodeaba. Revolucionó la administración económica de la isla, hoy parte de Italia, que en ese entonces se volvió un principado autónomo regido por el propio Napoleón; armó un pequeño ejército, una minúscula marina, impuso que en cada casa de la isla se instalaran letrinas, en su frenética actividad de racionalización e higiene; cambió el aspecto urbanístico de Portoferraio, nombre más reciente de Cosmopoli, antigua ciudadfortaleza de Cosme de Médici, construyendo un complejo ducto subterráneo para evitar que se inundaran las calles.

Las calles. Estrechas, empinadas, caminos de terracería que no serían más transitadas sólo por burros y algunos carros, porque ahora tenían que permitir y honrar el paso de la carroza imperial: Napoleón rediseñó las vías de comunicación de toda la Elba, para que los diez municipios que creó pudieran estar realmente, o más bien imperialmente, conectados.

También diseñó la que sigue siendo la bandera de la Elba. De hecho, el emperador Bonaparte la donó a la isla al llegar en febrero de 1814. Es una bandera blanca con una franja roja que la corta diagonalmente desde la parte alta a la izquierda hasta la parte baja a la derecha. En la franja diagonal están tres abejas doradas.

Son muchas las interpretaciones sobre los colores de la bandera y su simbología. El blanco y el rojo remontan a varias familias que han gobernado Toscana, los Médici, los Habsburgo-Lorena, la misma Señoría de Piombino. Pero son las abejas las que suscitan mayor curiosidad. Los habitantes de la isla afirman que su emperador las escogió en honor de la operosidad y unidad de los elbanos. Pero las abejas doradas serían el primer símbolo de la monarquía francesa que se pueda documentar, y se remonta a la dinastía merovingia en el siglo v. Nunca sabremos con certeza la verdad. Lo que sí sabemos es que la isla se adaptó rápidamente a su emperador, que gobernaba su minúsculo escollo con la misma energía con la que gobernaría un imperio continental, y al mismo tiempo planeaba con paciencia la huida y el regreso al mando de su imperio.

En la isla se narra que el corso Napoleón Bonaparte amaba ir por esos caminos que él mismo había diseñado, recorrer el que hoy se llama Anillo Occidental hasta llegar, de regreso a Portoferraio, a la fuente de aguas de manantial de Poggio, en la zona de Marciana. Las aguas de la fuente, benéficas y frescas, se harían famosas después de la partida del emperador, y hoy llevan todavía su nombre: fuente de Napoleón.

Pero es imposible pasar por esos caminos sin imaginar los pasos de Napoleón. Pasar por Cavoli, Seccheto y Fetovaia, con su paisaje áspero, rocoso y verde, con las cabras salvajes empinadas que lamen la sal que se queda en las rocas llevada por la bruma del mar y la salpicadura de las olas, con los jabalíes que aparecen furtivos, sobre todo en la noche, dueños del campo y del asfalto.

Hay un punto, antes de llegar a la playa de Cavoli, encima de la Gruta Azul, después de unas curvas de la carretera, donde veo a Napoleón. Un punto preciso en el que imagino al hombre inmóvil, mirando el mar. A su derecha, si no hay bruma, del otro lado del mar, está la ciudad de Bastia, y las montañas de Capo Corso que la ciernen. Si extiendes la mano la puedes tocar. Está ahí a tu alcance.

Córcega.

No lo imagino en ese gesto. Lo imagino imperial, sobrio, austero, racional. Con la mano derecha a la altura del vientre, entre los botones dorados del chaleco blanco, en la más clásica de las representaciones napoleónicas. Pero sin ese bicornio de general. Más bien con los cabellos despeinados por el viento.

Córcega, para Napoleón, no quería decir Francia. Quería decir patria.

En 1787, a sus dieciocho años, antes de la Revolución del 89, antes de ser general, emperador, exiliado, Napoleón Bonaparte era un joven patriota corso. Después de tres años en el ejército en Francia, no se apagaba su sentimiento patriótico y así hablaba de lo que entonces consideraba su patria.

> Franceses, no satisfechos por habernos quitado todo lo que nos era querido, también han corrompido nuestras costumbres. La situación actual de mi patria, y la imposibilidad de cambiarla, son, por lo tanto, un nuevo motivo para huir de una tierra donde me veo obligado a cumplir con mi deber, de alabar a hombres a quienes, por virtud, debería odiar. Cuando llegue a mi tierra, ¿qué actitud adoptar, qué idioma mantener? Cuando la patria ya no es, un buen patriota debe morir.

¿Qué vería Napoleón mirando su Córcega desde el escollo elbano? ¿En qué pensaría? ¿En volver? ¿En escapar? ¿En nada?

Y a su izquierda, solitaria, misteriosa, intrigante, la isla de Montecristo.

***

Corsario es uno de esos nombres que no se te quitan nunca.

Casi nadie lo llama Alfredo Guglielmi. Hace una vida, para todos es el Corsario, y hoy el Corsario me recibe en su centro de buceo en la localidad Pareti, en la parte suroriental de la isla de Elba, en un callejón que va de bajada y te lleva a la playa. Tienes que hacer un esfuerzo, en este día caluroso de julio, para no seguir caminando los cincuenta metros que te separan del azul y pararte en la puerta tapizada de *stickers* de decenas de clubes de buceo de medio mundo.

Puedo sólo imaginar su mirada, porque queda oculta detrás de unas gafas de sol negras que le cubren medio rostro. Su enorme mano derecha bronceada se encarga de las presentaciones y hace desaparecer la mía por unos momentos. No parece una mano de viejo. Es una mano de viejo corsario. Aunque yo nunca he conocido ningún corsario en mi vida que no fuera el Emilio di Roccanera de las novelas de Emilio Salgari.

El Corsario es el hombre del abismo.

A principios de los años setenta llegó a la isla de Elba Jacques Mayol, un nadador francés amigo de los delfines que bajaba a las profundidades del mar en apnea. La marca Cressi Sub, patrocinadora de Mayol, se puso en contacto con el Corsario para que le hiciera asistencia submarina en la búsqueda de un récord mundial.

Ahí empezó mi historia con Mayol. Luego se volvió también una amistad, porque, sabes, cuando uno va bajo el agua, pegado al otro, digamos que la amistad se fortalece, ¿entiendes? Porque él partía ahí arriba, y sabía que, en lo hondo, ahí abajo, estaba yo. Entonces él era feliz cuando me veía, y yo era feliz cuando él salía de nuevo hacia arriba. E íbamos bien, *¿capito?*

Fue en 1976 cuando Jacques Mayol se volvió el primer hombre en llegar a los cien metros en inmersión en apnea. Lo hizo en tres minutos y medio. Tres minutos y medio acercándose metro tras metro al abismo azul, sin respirar.

Ahí en las profundidades lo estaba esperando, como siempre, su amigo, el Corsario. Pero Jacques le decía Alfredo.

Esto es un disco de metal, ¿ves? Se ponía en lo hondo, al final del cable de acero. Luego Mayol partía ahí arriba, yo me daba cuenta porque sentía que tocaba el cable. Llegaba abajo, pegaba en el disco y prácticamente despertaba. Porque él bajaba, pero no estaba completamente consciente, porque bajaba haciendo su yoga... intentaba no pensar en nada. Compensaba nada más. Llegaba abajo, sentía el golpe en el disco y prácticamente despertaba. Tenía que despegar uno de estos tres testimonios de madera que estaban colgados al disco para demostrar que había llegado. Tenía que arrancar un testimonio de éstos y llevarlo arriba.

El que baja en apnea no tiene problemas con la presión. El que baja en apnea no respira. El problema de la presión es de quien respira.

El Corsario se tardaba dos horas y cuarenta minutos en volver del abismo. Tenía que descomprimir para que el oxígeno, el nitrógeno y el helio, comprimidos en su sangre por la presión que aumenta por cada diez metros bajo el mar, no le generaran una embolia.

En una inmersión respiras debajo del agua y cuando cambia la presión externa tienes que darle a tu cuerpo el tiempo de depurarse de los gases que has respirado en sobrepresión. Entonces, si varías la velocidad, si subes demasiado rápido, ¿qué pasa? El aire se hace burbuja, te bloquea la circulación y dependiendo de dónde te encuentres, te quedas ahí.

Así que el tiempo de subida del Corsario le obligaba siempre a quedarse en la profundidad del abismo azul, *El gran azul*, como se tituló la película del director francés Luc Besson que se inspiraba en la vida de Jacques Mayol.

Pero Mayol no lo dejaba solo ahí abajo. Después de haber alcanzado su récord descansaba unos minutos y volvía al agua, siempre. Volvía a bajar a los veinte metros y saludaba al Corsario y a los demás asistentes que debían descomprimir.

Yo estaba ahí y Mayol llegaba a saludar. Con las manos nos preguntaba, ¿están bien? Yo lo veía y le decía, sí, estoy bien, pero ¡ahora quítate de aquí, carajo!

El Corsario es tosco en su forma de hablar, el acento toscano de la isla es fuerte y tiene expresiones chistosas para cualquier italiano. Es un hombre que juega con su imagen de rudo que mantiene a sus ochentaiún años. No se quita las gafas de sol, pero no me quita los ojos de encima. Percibo su mirada fija en la mía. Sus modos son francos, directos. Llevamos un tiempo hablando, está presente mi hermana Francesca, que me ha conectado con el Corsario y que hace años decidió irse a vivir a esta isla de personas adustas y generosas.

¿Me puedes describir qué es el abismo, Corsario? Aquel silencio, la profundidad... ¿qué es lo que ves y sientes ahí abajo?

No contesta, se levanta encabronado y se va de la mesa de madera en la que estamos sentados.

A los dos minutos vuelve con una botella de vino blanco bien fría. Un Vermentino de Toscana, y unos vasos. La abre sin pronunciar palabra. Sirve el vino sin preguntar. Se vuelve a sentar. Tomamos. Son las 11:20 de la mañana.

El Corsario no contesta las preguntas. Él narra una historia. Y mis preguntas pueden encajar en su narración, y entonces encontrar una especie de respuesta. O pueden no encajar, entonces encuentran un escollo, y como unas olas inofensivas se infringen en su silencio. Al Corsario no le gusta que se repita una pregunta a la que decidió no contestar. Y es que me quiere contar otra cosa. Me quiere contar de su amigo Mayol.

Te puedo decir lo que veía Mayol. Veía el cheque del patrocinador. Bueno, ¿has escuchado alguna vez a algún atleta que diga, yo iba para ganar dinero? ¿Has escuchado a alguno decirlo? No.

Días antes de la entrevista veía la película de Besson, *Le Grand Bleu,* y nunca se entiende si lo que movía a Mayol era la necesidad de superarse a sí mismo todo el tiempo o este gran azul del que no se podía alejar. En la película, es el italiano Enzo Maiorca, su adversario de toda la vida, el que siempre piensa en el dinero. Pero el héroe es puro y unidimensional.

Claro que tenían pasión para ir bajo el agua. Pero Jacques nunca ha sido un *acquaiolo.* Nosotros le decimos *acquaiolo* a aquel que va al mar en cualquier momento, a un hombre de mar. Él iba a Japón, iba a todos lados, iba al Tíbet, iba a buscar a aquel tipo al que encerraban en un ataúd lleno de cuchillos, se iba a Rusia a ver un parto en agua. Pero cuando volvía acá podían pasar meses sin que se metiera al mar. Yo en cambio me metía al agua también en invierno. Y luego si no tienes otro trabajo y sólo tienes esto, lo quieres aprovechar hasta el fondo, *¿capisci?* Te cuentan estas cosas así, pero todo el mundo dice lo mismo, eh, hasta el *corallaro* (el que recolecta coral). El *corallaro* siempre lo que tiene ante los ojos es una rama de coral así de alta.

Pero debe de haber pasión.

¡Claro!, si no, no haces nada. Pero esto en todas las cosas. Si juegas futbol y no tienes pasión, no vas a ser nadie.

Acquaiolo es un hombre de mar, pero es diferente al marinero. Es otra cosa.

Efectivamente. Porque el marinero... el marinero odia el mar. Lo odia. Y odia el barco. Entonces mira, te digo una cosa. Yo hace varios años estaba en el barco de un amigo mío marinero de la isla de Ponza. Después de comer, veo que empieza a tirar un montón de basura al mar. Y yo le digo, ¿qué carajos haces? ¿Tiras las cosas al mar? Y él dice, sí, ¡se tiene que morir el puto mar! Sufrieron ellos en el mar, porque mientras tú estabas debajo de tus sábanas ellos quizás estaban en el mar, con el gregal, tenían que lanzar las redes, así que no lo pueden amar. Ellos odian el mar. Y también odian el barco. Porque comían con el barco, pero era también un gran sufrimiento. Al inicio no, pero luego con el paso del tiempo también el barco se vuelve tu enemigo.

***

La narración fluye como el Vermentino fresco en las honduras de nuestras gargantas. Y el Corsario llega naturalmente a contestar algunas de mis preguntas. Sólo porque Alfredo lo quiere así.

Yo cuando bajaba estaba feliz. Me sentía yo mismo. Si mucha gente ahí abajo ha visto las brujas es porque no estaba a la altura de la situación, no tenía los gases correctos para la situación.

Ver las brujas significa perder la cabeza, no razonar más, y a lo mejor en lugar de subir, bajas. Eso es todo. La bruja quiere decir que tu cerebro ya no razona más.

***

Jacques Mayol estaba enamorado de la isla de Montecristo. Había decidido comprar el terreno de Calone, a pique en el mar en la parte suroriental de la isla de Elba, para poder mirar Montecristo sin que nadie estuviera de por medio.

Montecristo. La isla misteriosa en la que Edmond Dantès, después de catorce años de prisión en la fortaleza del Castillo de If, olvidado, humillado, destruido por la envidia, la infamia y la traición de sus amigos, encuentra el maravilloso tesoro del abate Faria que le permitirá volverse el Conde de Montecristo. El lugar en el que construirá su extraordinaria, implacable y merecida venganza, la *vendetta*, en contra de sus antiguos amigos: Danglars, Fernand Mondego y Caderousse, que por envidia le quitaron su libertad, robaron su amor, destruyeron su futuro y su misma vida.

Cada vez que la veo me explota el corazón de la emoción. Me conmueve su cercanía y su belleza inalcanzable, porque Montecristo es la isla prohibida, a la que nadie puede ir. Formalmente es una reserva natural que se puede visitar sólo con un permiso especial, y lo pueden hacer muy pocas personas al año. Pero yo tengo otra teoría.

Nadie puede ir a Montecristo porque es la isla de Edmond Dantès. Nadie puede disfrutar de su belleza por respeto al arte de Alexandre Dumas, a su literatura, a su extraordinaria historia de pasión, de injusticia, de venganza. La miro de lejos y la admiro, convencido de que la historia por una vez se pone de rodillas frente a la literatura y se quita el sombrero. Montecristo la misteriosa, la hermosa, la desconocida.

***

Decías que te encabronaste mucho cuando Mayol se colgó.

Esto, mira... yo te digo una cosa. Cuando murió Mayol estuve muy mal. Entonces. Estaba yo aquí, era cerca de las fiestas de Navidad. Un amigo mío que estaba ahí me llama de Calone, el lugar en el que Jacques tenía su casa, me dice, Alfredo, ven. Dos días antes Mayol había comido en esta misma mesa con una mujer. Dice, Mayol se colgó. *Madonna!* Voy para allá... ¡Oye, pero tú eres un borracho, eh!... ¡ja, ja, ja...! ¡Te gustó el Vermentino! Así que voy para allá, había dos o tres policías, entro en su casa y él se había colgado de una viga. Yo te digo la verdad. Pendejo, le dije. Porque... ahora, a la viga se podía colgar cualquiera, pero él no, porque él hasta unos días antes... era un *bluff*. Unos días antes me decía, Alfredo, hagamos algo... quería hacer un museo ahí, en su casa... hagamos algo, vamos a Japón... Yo le decía, Jacques, pero ¿cuántos años más quieres vivir? Ya estamos bien así, mejor nos quedamos tranquilos. Tú te quedas ahí, con tu casa, que además había construido una casa maravillosa, que yo le había ayudado a comprar el terreno, con una portilla que miraba a Montecristo, porque él estaba enamorado de Montecristo. En aquella portilla se colgó. Justo enfrente. Y yo le dije, pero ¿cuántos años quieres vivir? Y él me dijo, yo como mis amigos los japoneses soy longevo, así. Y dos días después se cuelga de la viga. Me dio cosa a mí. Me dio... no sé. Me quedé muy mal, más de lo normal. Sabes que estaba yo en la cama durmiendo, algo que nunca se me va a olvidar. Y sueño con Mayol, sueño con Mayol que... yo luego me dije, pero ¡carajo! Éste está muerto, me decía. Está muerto y yo lo sé... y además estaba yo todo sudado. Estaba Sabrina conmigo porque se preocupó. Yo me senté en la cama. Hablaba con él. Yo no soy de esos tipos que ven, que hacen... Me parece, naturalmente. Me tocaba a mí mismo, pero me decía, esta cosa no es un sueño. Pero me parecía que estaba hablando con él, y yo pensaba, pero éste está muerto, pero él no me hablaba de que estaba muerto, me hablaba de hacer algo; siempre tenía proyectos, haremos esto, haremos lo otro, pero sin embargo se colgó. Pero lo peor... te quiero enseñar una foto que... unos veinte días antes... porque luego dices... en retrospectiva, las señales me las había dado, pero yo conocía bien a Mayol, para mí no eran señales verdaderas. Pensaba que él quería hacer las cosas un poco así, porque la mujer ya no iba a su casa, las mujeres lo habían abandonado, las amistades lo habían abandonado, porque él era un personaje un poco raro en la vida, eh. Era un hombre muy codo, y cuando uno es codo no tiene muchos amigos alrededor. Entonces vino conmigo y me dijo, ¿acaso tienes un pedazo de cabo? Eh, ¡mira acá cuantos cabos tengo, todos los que quieras! Me dice, dame un pedazo, siete u ocho metros. Le digo, pero ¿para qué lo necesitas? Dice, lo necesito para Caloni, porque tengo que hacer una cosa... Luego me dice, ¿me enseñas a hacer el nudo del ahorcado? Pero el nudo corredizo normal. Yo le di el cabo y también hice lo otro. Ahora me vino una foto a las manos aquí, y hay un grupo, y él, tal vez unos diez días antes de que muriera, y él con esta soga en la mano, así. Desde la foto ahora entiendo también... es una foto que habla. Yo dije él nunca se va a matar, porque él era un *bluff*, nunca te decía nada, pero se tenía que entender lo que pensaba, y no siempre es una cosa fácil... De todas formas, él se sintió abandonado. Te quisiera decir una cosa de su hijo, pero no te la voy a decir. Mira si encuentro esa foto... En fin. *Caro ragazzo. Qui dove il mare luccica... e tira fooorte il vento...*

***

El silencio y el azul. Es todo lo que ve y lo que escucha Jacques Mayol mientras baja. Cierra los ojos y los oídos y se concentra sólo en hundirse en el agua y en su práctica de yoga. Casi se duerme, la mente no se va, se suspende en el azul, en el silencio. El agua se hace más fría, la luz casi no llega hasta aquí. Es un universo líquido y frío y oscuro. Y Jacques sigue bajando, casi como un cuerpo muerto. Baja.

Baja.

Baja.

Baja.

***

Cien metros. En apnea. En vertical. Penetrar en el abismo.

El disco de metal lo despierta. Abre los ojos. Un hombre le toma el pulso. Le hace señas. Tiene una lámpara, una máscara, unos tanques. Es Alfredo. Es el límite mismo.

Nadie antes ha llegado ahí en apnea, Jacques Mayol es el primero en lograrlo. Ha fijado un nuevo límite que ningún humano ha superado. Pero después del límite está la frontera. Esa frontera es el Corsario. Después de él, el abismo azul profundo, el misterio, la oscuridad.

El Corsario está más allá de lo posible, para confirmar que por ahí pasó el hombre delfín. El Corsario es el borde del abismo y respira una mezcla de oxígeno, nitrógeno y helio.

***

Me gustaría que me contestaras una pregunta. Me gustaría que me llevaras a un lugar que casi nadie ha visto y tú sí. Me gustaría que me regalaras un poco de su magia, de su misterio. Me gustaría que me dejaras superar las fronteras de la literatura para que pueda ver con mis ojos cerrados el castillo oculto del Conde de Montecristo. Quisiera decir esto. No le confieso mi deseo. No quiero que lo maltrate con sus modos toscos.

Le digo.

Corsario. Me han contado que has hecho más de mil inmersiones en las aguas de Montecristo. ¿Me puedes contar cómo es?

Montecristo es la isla más bella del mundo. Métetelo bien en la cabeza porque no hay otra igual. No existe. Desde la conformación terrestre, digamos, a aquella marina. Hay unas inmersiones en Montecristo que son un espectáculo. Yo habré hecho por lo menos mil inmersiones en Montecristo. Y además ves todo porque hay un agua cristalina. A veces, si el agua no está tan clara, en otros lados no logras ver las cosas bellas que hay en el mar, ¿me entiendes? Pero ahí lo ves todo. Luego... si das un paseo arriba por Montecristo, te vuelves loco de lo hermosa que está. *¿Capito?* Mira lo que han hecho los frailes... los frailes que se la metían por el culo entre ellos... Sabes los frailes que hay... los benedictinos esos. Pero estuvieron durante mucho tiempo, eh, hicieron cosas estupendas, eh, hicieron un monasterio... un monasterio que estaba a seiscientos metros de altura, con unos bloques de granito así, así, puestos uno encima del otro, que dices, verga, pero ¿cómo lo habrán hecho? La cosa es que lo hicieron. Pero los frailes, que estaban allí, había muchos. Cuando llegaban los sarracenos, que desembarcaban, los frailes escondían todo, pero se metían a cuatro patas. Los sarracenos llegaban y se la metían por el culo a todos los frailes. Benedictinos. Hemos dicho todo.

Finalmente, el Corsario se quita las gafas de sol dejándome ver el azul de Montecristo.

VII. ¿QUÉ VEÍAN DESDE AQUÍ?

Everybody is someone else's nigger I know you are so am I
MARILYN MANSON, "Irresponsible Hate Anthem"

DESDE Olmeta di Capo Corso no se ve el mar.

No es cierto. Desde la mayoría de las casas de Olmeta no se ve el mar, porque este pueblo de ciento cuarenta y siete habitantes está encajado en una gula en las ásperas montañas verdes de maquia mediterránea, y mira hacia el monte. Todo es verde.

El cementerio, en la entrada (o salida) de Olmeta, tiene vista al mar. Una vista aterradora, inquietante, hermosa e inútil.

También la antigua casa de los Franceschi / Tomasini veía hacia el mar, pero la tumbaron hace años. Ahí nacieron y crecieron los hermanos Antoine Paul y François Tomasini.

Hemos llegado a Olmeta de mañana en un día despejado de julio. En el pequeño coche rojo híbrido no me pierdo ningún detalle de la ruta de treinta y nueve kilómetros que de Biguglia, en las afueras de Bastia, lleva al otro lado de la península de Capo Corso, de oriente a occidente. Impongo a los demás pasajeros del coche un silencio forzoso. Me acompañan mi hijo Emiliano, mi hermana Francesca y su compañero Alessandro, el chofer designado para esta aventura. Tengo sólo un día para conocer el pueblo perdido en las montañas, para ver con mis ojos lo que veían hace cien años los hermanos François y Paul Tomasini, antes de que se volvieran Francisco y Pablo al migrar a México. Para tratar de entender un poco más de sus deseos, de sus aspiraciones. Algo.

Francesco Paolo es el nombre de mi padre.

***

Un día antes estábamos los cuatro parados a la orilla de la carretera en la parte occidental de la isla de Elba, mirando la majestuosa silueta de Montecristo y observando la costa montañosa de Córcega, imaginando ser Napoleón, intentando pensar en qué podía sentir al ver ahí, casi al alcance de sus manos, la ciudad de Bastia, las montañas de Capo Corso.

Nos subimos a una nave en Portoferraio y en una hora estábamos en Francia. No. En una hora estábamos en Córcega.

La primera noche la pasamos en un airbnb en las afueras de Biguglia. Una pequeña casa con un minúsculo jardín que abre el horizonte hacia la vegetación mediterránea y que da hospedaje a un gato negro y a una familia de tortugas de tierra. Emocionados los cuatro por la aventura del día siguiente, nos vamos a dormir temprano para estar listos al amanecer.

Después de una noche que duró un minuto me despierto antes del sol. El gato negro de pelo largo, espumoso, me saluda desde un pequeño muro que me separa de la maquia mediterránea, de las lomitas elegantes en la penumbra de la aurora. Se estira y ronronea.

Los corsos son gente rara, orgullosa, huraña, franca y, sobre todo, a los corsos les cagan los franceses.

Cada letrero vial que veas en Córcega está escrito en francés. Cada letrero vial que veas en Córcega está borrado por una mano corsa, para que el topónimo, la palabra, refleje la verdadera patria. Está borrado el francés y sustituido por el corso.

El corso es un idioma bastardo como todos los idiomas y no suena a francés, más bien es muy similar al italiano. Esto también les caga a los franceses, no sólo que los corsos hablen otro idioma que no sea el francés, sino que ese otro idioma se parezca al de sus vecinos italianos.

Después de siglos de luchas con los pueblos de la región, en el 259 a.C., durante la primera Guerra Púnica, el cónsul Lucio Cornelio Escipión desembarca en la isla, pero Roma se tarda décadas en llegar realmente a controlarla. La región es montañosa, árida, la tierra es dura y los pueblos son orgullosos, rebeldes y combativos. Los romanos nunca lograrán romanizar la isla, que será siempre una tierra ocupada militarmente, aunque a los corsos les permiten manejarse solos. Hasta el primer siglo antes de Cristo se construyen las primeras dos colonias, ambas en la costa oriental de la isla, Aleria y Mariana, que hoy se llama Biguglia.

Sin saber que me encontraba en los vestigios de la antigua colonia romana, decidí quedarme ahí a dormir. Junto con la construcción de las colonias, llegan naturalmente ciudadanos romanos, y esta tierra se va integrando administrativamente al creciente imperio. Sin embargo, los corsos siguen siendo corsos, y nunca se romanizan por completo.

Lo que sí sucede es que las dos colonias en territorio corso se vuelven destinos para mandar en exilio a los adversarios políticos. Y es justo ahí donde acaba Lucio Aneo Séneca en el 41 después de Cristo. Pero siento que debo dar algunas explicaciones.

Es el 24 de enero del año 41 d.C. en Roma. Una conjura de palacio pone fin a la corta vida de Calígula, el que se conocerá como el "emperador loco". Después de su muerte, los pretorianos, el cuerpo militar especial encargado de la seguridad del emperador, autores materiales del asesinato, encuentran al candidato ideal para guiar el imperio. Así, en el año 41 Tiberio Claudio Druso, hermano de Germánico, el padre de Calígula, se convierte en el cuarto emperador de Roma, conocido simplemente como Claudio. Ahora bien, hay que poner atención porque la cosa se hace complicada como el entramado de una gran telenovela imperial.

Claudio era ya un hombre mayor, tenía cincuenta años cuando fue nombrado emperador. Unos tres años antes, por decisión del mismo Calígula, se había unido en su tercer matrimonio con Valeria Mesalina. Claudio tenía treinta años más que su esposa, además de ser cojo, medio jorobado y tartamudo. Mesalina, al contrario, era una joven mujer de la nobleza romana, considerada no excesivamente hermosa por sus contemporáneos, pero una mujer extremadamente sensual y deseada por muchos hombres.

No sabemos qué pensaba la joven Mesalina de su matrimonio, de su marido, de su propia vida. La verdad es que no lo sabemos. No sabemos si lo que escribían de ella y de sus costumbres sus contemporáneos, los cronistas de su tiempo, era verdad o sólo un montón de chismes imperiales y maldades. No podemos verificar las fuentes. ¿Podemos confiar, dos mil años después, en el grave testimonio de Tácito? Y ¿cómo leer las sátiras feroces de Juvenal, que retrata a Mesalina como una mujer que tenía la costumbre de salir con una peluca rubia de su dormitorio del Palatino, la residencia imperial, acompañada por una esclava, para ir a meterse en los peores prostíbulos de la Subura, los barrios bajos de Roma? Juvenal escribía décadas después de los hechos, cuando Mesalina ya estaba muerta. Sabemos por sus propias obras que el moralizador Juvenal no soportaba la emancipación de las mujeres, según él demasiado libres, demasiado desinhibidas; la consideraba una cosa inmoral, le disgustaba la depravación de las costumbres, esa homosexualidad tan descarada y tan presente en la sociedad romana del primer siglo. Así que sus sátiras están llenas de veneno, de insultos, de misoginia.

Plinio el Viejo tenía la misma edad de Mesalina y en el libro X del *Naturalis Historia*, hablando del emparejamiento del ser humano, le dedica a la emperatriz sólo unas cuantas líneas, en las que relata una anécdota que se quedará esculpida en la historia como prueba de la perversión y del hambre sexual insaciable de Mesalina.

Cuenta Plinio que en una ocasión la emperatriz Mesalina escogió a una criada, conocida por ser "la más famosa de las prostitutas", para competir con ella y averiguar quién de las dos lograría tener el mayor número de relaciones sexuales con diferentes hombres. Plinio relata que Mesalina resultó la ganadora de la competencia, logrando acostarse con veinticinco hombres en veinticuatro horas.

Era una época de grandes pasiones políticas, de intrigas de corte, traiciones, alianzas secretas y una de las estrategias más usadas, sobre todo por miembros del Senado, era atacar a los antagonistas políticos en el plano moral, a través de acusaciones directas o insinuaciones de comportamientos en contra del *mos maiorum*, o sea de las costumbres de los antepasados que dictaban las reglas morales. Insultar el *mos maiorum* equivalía a insultar a todo el pueblo. No hay mejor manera de atacar a una figura pública que la de infamarla y calumniarla a partir de violaciones a la moral.

A finales del primer siglo antes de Cristo, el emperador Augusto había promulgado una ley en contra del adulterio para vigilar los hábitos de las mujeres y proteger los valores de la familia. Esa ley castigaba el adulterio cometido por mujeres casadas con la deportación de por vida en una isla, la *relegatio ad insulam*, castigo que le tocó a la misma hija de Augusto, Julia.

Ahora, hay que decir también que, en general, el adulterio en el primer siglo en Roma era muy frecuente, en una época que se caracterizaba por una gran libertad sexual, también para las mujeres, siempre y cuando una no fuera la esposa del emperador.

No sabemos efectivamente lo que pensaba, lo que sentía Mesalina.

Lo que sí sabemos es que tuvo una gran influencia en las decisiones de su esposo, el emperador Claudio. Sabemos que las hermanas de Calígula, Julia Livila y Agripina la Menor, que habían orquestado la caída del mismo Calígula, gozaban de un enorme favor por parte del emperador Claudio, y representaban para ella una amenaza real. Sabemos que tuvo un papel importante en la construcción de la acusación que se armó en contra de Lucio Aneo Séneca, el más formidable adversario político para Claudio. Sabemos que a Séneca se le acusó del delito de adulterio con Julia Livila, y sabemos que muy probablemente fue una calumnia con el único objetivo de quitar a los dos de en medio. Pero la condena fue terrible. Ella acabó sus días en la isla de Pandateria, hoy Ventotene, donde poco tiempo después murió de hambre o fue asesinada, no hay certeza. Él fue condenado al exilio. En Córcega.

La calumnia lo había alcanzado y no había sido suficiente ser uno de los hombres más ricos y poderosos de su tiempo para evitar el castigo.

Si han llegado hasta aquí, quiere decir que puedo seguir un poco más con la telenovela. Bueno, después de ocho años, Mesalina se ha vuelto la verdadera persona al mando en el joven imperio romano. Esto significa tener muchos enemigos. Y si es cierta una pequeña parte de lo que se dice de ella, se puede afirmar que los enemigos le sobraban. Los que no había mandado al exilio o a matar. En fin, en el año 48, mientras su marido estaba fuera de la ciudad, durante una fiesta en el palacio imperial, Mesalina decide simular una boda con su amante, Gaio Silio. El viejo Claudio, hombre descrito como manso y comprensivo con su esposa, seguía siendo emperador de Roma, y no podía tolerar ser humillado de una forma tan descarada. Así, condenó a muerte a los dos. Mesalina intentó escaparse en el hermoso jardín de Luculo, justo donde hoy está el jardín del Pincio, a un lado de la Piazza del Popolo. Ahí fue alcanzada por un tribuno mandado por su marido y asesinada por adulterio, el mismo delito por el cual ella había mandado a matar a Julia Livila.

Si se quedaron con el pendiente, el emperador Claudio se volvió a casar, por cuarta vez, con su sobrina Agripina la Menor, que si bien recuerdan era la hermana de Julia Livila y de Calígula. En el 49, Agripina, con el afán de recuperar la reputación de su joven hermana muerta, convence a Claudio de ordenar el regreso de Séneca, y lo pide como tutor para el hijo de su anterior matrimonio, un jovencito llamado Lucio Domicio Enobarbo, que pasaría a la historia pocos años después con el nombre de Nerón.

***

El letrero blanco con forma de flecha indica la subida, hay que tomar la desviación a la derecha. Las letras negras dicen *OLMETA du CAP CORSE 5.5 km*. Una línea gruesa, oscura, cubre esa imposición colonialista. La misma línea negra de aerosol que, obstinadamente, irreductiblemente, borra todas las indicaciones viales en francés, en toda Córcega. Abajo se lee claramente sólo el idioma que resiste.

OLMETA DI CAPICORSU.

***

Lo que veían.

En el camino empinado que lleva de la costa a Olmeta, los hermanos Tomasini seguramente veían mucho verde. Encinas frondosas con sus hojas picudas, los alcornoques quemados que sobreviven al fuego, helechos. Veían piedras, verdes también. ¿Qué es esta piedra que en los días pasados notaba yo en la isla de Elba?

Se llama serpentina verde, me dice Alessandro, que ha nacido y pasado toda su vida en Elba y que cuando el trabajo se lo permite va a meterse al bosque en su tierra, tan parecida a Córcega, para recolectar hongos o apagar incendios.

Silicato de magnesia, le dicen los científicos, que puede ir del verde claro hasta un verde casi negro. A veces tiene un color claro homogéneo, como aquí en Córcega, otras veces es un verde oscuro con manchas o tiras de verde claro, como la piel de una serpiente, como en la isla de Elba. Ese color verde se lo debe al óxido de cromo. Es el verde de esta piedra, típica de la zona de Prato, cerca de Florencia, que aparece en las catedrales e iglesias góticas como la de Santa María del Fiore o como en el campanario de Giotto en Florencia. Más tarde, en el siglo XIV, el arquitecto Leon Battista Alberti lo usará para la famosa fachada de Santa María Novella.

La cosa es que con esta piedra están construidos la mayoría de las casas de Olmeta y los muros en seco de sus callejones angostos. Pero la casa de los Tomasini no. Ésa fue abatida hace años ya, y ahora la nueva es una construcción color mostaza, funcional, pulcra, que mira hacia el mar, ahí al fondo, ahí abajo.

Nadie está en el centro del pueblo de Olmeta este miércoles de julio en la minúscula plaza que aloja el pequeño edificio color beige de dos pisos del municipio. Sé que es el palacio municipal porque arriba de la puerta de entrada una placa blanca en letras negras dice *MAIRIE*, municipio. Como estamos en Córcega, unos centímetros más abajo otra placa blanca en letras negras dice, en corso, *CASA COMUNA*. El edificio era la escuela, todavía en la parte más alta de la fachada se encuentra el bajorrelieve que dice *ECOLES*. Un papel pegado en la puerta de entrada avisa que las oficinas de la alcaldesa, Mirelle Boncompagni, están abiertas sólo los sábados de 9:00 a 11:30 de la mañana.

Pero en un pueblo tan pequeño la gente no tarda mucho en enterarse cuando llega algún forastero. En verano es otra historia, en agosto la población se multiplica por cuatro, está lleno de gente que quiere visitar la bonita capilla de San Erasmo allí arriba en el monte, o que va a hacer montañismo en los dieciocho recorridos que hay alrededor del pueblo, que tanto les gustan a los franceses.

Es cuestión de minutos para que la puerta del municipio se abra para dejar salir la cara indagatoria de una mujer de más de setenta, el pelo pintado de rubio, sospechosa, bajita, *crocs* morados en los pies, una especie de pijama ligera, blanca con flores azules y volantes vaporosos.

No pierde el tiempo en buscar buenos modales. Me sorprendería lo contrario, aquí.

Qui cherchez-vous? Qu'est-ce que vous voulez?

Pesco en mi memoria las palabras correctas en el primer idioma no materno que aprendí de niño con mis tías abuelas emigrantes, las que iba a visitar en Francia con mis padres.

Je cherche la maison de Francisco et Pablo Tomasini, les mexicains.

Los ojos de la mujer se hacen pequeños detrás de los lentes que se oscurecen con el sol. Los labios se arrugan en una mueca que reduce la boca a una pequeña ciruela pasa.

Pourquoi?

Porque quiero escribir un libro. Conozco a sus nietos. Vengo de México para ver de dónde emigraron. Porque no sé por qué, pero no puedo sacarme de la cabeza esta historia, me obsesiona. Porque este lugar me parece hermoso, mira qué posición, mira el mar, mira estos olivos centenarios. Porque me imagino a estos dos jóvenes con sus boinas, su camisa blanca, su chaleco negro, sus navajas, sus caras serias, sus risas ingenuas, sus manos fuertes, sus ojos claros, como los tuyos, ¿qué veían esos ojos? ¿Qué es lo que veían, más allá del verde, del azul? ¿Me lo puedes decir?

No recuerdo qué le dije de todo esto. Pero algo de lo que le dije la convenció. O nada más quería contarme su historia. La mueca suspicaz desaparece, permitiendo a las arrugas de su boca dejar espacio a una sonrisa jovial.

Vous cherchez ici des Tomasini, oui c'est des cousins a moi, eh!

Jacqueline empieza a hablar sin que yo tenga que molestarme en hacer preguntas.

Los hermanos Tomasini nacieron aquí en una casa que ya no existe, fue destruida, y construyeron otra encima por ahí de 1989, ¿la ves? Es esa amarilla, desde acá se ve el techo. La compró mi cuñado que también vivió aquí, ya está muerto, y pues se la compró, era un Franceschi. Porque también un Franceschi partió de aquí para México, ¿sabes? Jean. Jean Simon Franceschi. No está fácil encontrar a los herederos; los mismos Tomasini todavía tienen terrenos aquí, mas no tienen papeles, no tienen nada, no pueden hacer valer sus derechos. No está fácil.

¿Por qué cree que se hayan ido de aquí?

Eh, eran una familia de navegantes, mi suegro era un navegante, mi cuñado también, bueno, mis dos cuñados, los hermanos de mi marido, Jean Franceschi. Mi marido no porque tenía mal de mar, ¡ja, ja, ja! Mi cuñado conoció Australia, Japón, China, en fin, un poco de todo. Hacía unos viajes largos en nave, de cinco, seis meses. La mayoría de la gente de Capo Corso son navegantes. Partían porque no tenían nada que hacer aquí. No había mucho trabajo, y ahora es parecido, no te creas. Pero al día de hoy hay turismo por lo menos. No era una cosa extraordinaria el hecho de emigrar, la mayoría de las familias tiene a alguien que se ha ido. La mayoría. La mayoría. Puerto Rico está lleno de corsos. Está lleno. No sé qué hacían en Puerto Rico, no me preguntes porque no sé, pero sé que en

México iban a trabajar el campo, en los plantíos, no sé, café, tabaco.

Los habitantes de Capo Corso son marinos, al contrario del resto de la población de la isla. Artesanos, campesinos, mineros, comerciantes, pero sobre todo *navegadores,* en su lengua de tierra, larga cuarenta kilómetros y ancha quince, han podido ver en el mar una puerta de salida hacia el mundo, no un muro, como el resto de Córcega. Me da curiosidad que desde esta tierra hayan salido para trabajar en las plantaciones. Le pregunto a Jacqueline en un momento en el que retoma aliento:

Oiga, y ¿cómo sabían trabajar en plantaciones de café y de tabaco si aquí no hay ni café ni tabaco?

No sé. Según yo simplemente eran inteligentes, listos, aprendían rápido. No sé nada, la verdad. ¡Ja, ja, ja! No sé nada. El tío de mi marido, Jean Simon Franceschi, se fue a México a los trece años. A los trece años tan sólo el viaje, en nave, debe de haber sido... empezó de pequeño y aprendió. Así. Y se hizo administrador de la plantación. *Voila.* Entonces pienso que un poco de inteligencia la tenía. Y además hay grandes tierras allá, aquí no hay nada de tierra, no hay grandes plantíos, aparte de los olivares. Y los higos. No hay gran cosa aquí. No es rica Córcega, desafortunadamente. Yo soy corsa cien por ciento, pero la verdad Córcega no es rica. No hay nada, tenemos castañas y las damos a los cerdos para engordarlos y es todo. No hay nada. Los olivos, pero no hay tantos como para producir mucho aceite. Sólo es suficiente para una producción pequeña. No hay nada, así que la gente se va. También ahora. La gente se va.

No descansa, es como si pronunciara una única, larguísima palabra en un francés tónico, con un fuerte acento corso. Pero Jacqueline no habla corso, ese idioma que se parece tanto al mío.

¿No se habla corso aquí?

¡Aquí claro que se habla corso! Yo no hablo mucho el corso porque yo crecí en Argelia, porque mi papá era aduanero, así que viví allá; de hecho, nací allá. Mis padres hablaban corso en casa, pero luego en la escuela puro francés. Luego volví a Córcega, a Ajaccio, de donde eran mis padres. Son doscientos kilómetros de aquí, doscientos cincuenta.

Es bueno que hablen corso...

Eh, ¡faltaría más! ¡Si estuviera aquí mi marido hablarías en corso con él, no en francés!

Me costaría menos trabajo entenderlo...

Ah, pues ¡claro! El corso se parece mucho más al italiano que al francés. Nos parecemos mucho más a los italianos que a la gente del continente. El sentido de la familia, muchas cosas. Yo siempre lo digo, una parte de nosotros tiene que ver con los italianos. ¡Que lo quieras o no! *¡Voilá!* Ves que con los continentales no nos llevamos nada bien los corsos. No, no, no, sobre todo los de París. Los peores de todos. Es una pésima relación. Pésima. Puede ser un poco más con la gente de la costa mediterránea, con Marsella, pero los demás, pésima relación. Los continentales no los podemos ver, sobre todo a los parisinos, porque llegan, lo que digo no es una crítica, es la verdad, llegan y dicen, ah, estamos en nuestra casa. No, no están en su casa, ¡están en nuestra casa! Esto no les pertenece, nos pertenece a nosotros, los corsos. Y se creen mucho porque llegan de París, pero ¡nos importa una mierda de París! Que se queden con la Torre Eiffel, es bonita, claro, París, pero que no vengan a hacer esto acá. Nos tratan como si fuéramos sus esclavos, llegan aquí y quieren que nos pongamos de rodillas. Pero de rodillas, ¡jamás! ¡No nos pondremos jamás de rodillas! Se creen superiores a nosotros, pero no lo son. Yo los vi vivir, en el restaurante de mi hijo en París. Nosotros, los corsos, nos parecemos a los bretones, a los vascos, ¡porque tienen los mismos problemas que nosotros! Cuando nos encontramos con ellos hacemos fiesta, nos divertimos, bromeamos, nada que ver de cuando llega un pinche parisino.

Recuerdo que los hermanos Tomasini, al llegar a México, trabajaban para la familia Grillasca, explotados por los Grillasca, porque los emigrantes son explotados por su propia gente, por los que llegaron antes. Son los que les prestan dinero para empezar, y luego lo exigen con intereses de usureros. El cinismo típico de todo emigrante, que ayuda a sus paisanos, pero tiene que vivir, tiene familia. Lo indecible de la migración, de la raza.

La "gente de Nonza", como los definió Jacqueline con cierto desprecio. No hay más Grillasca en Nonza. Todos murieron.

Le pregunto por qué los Grillasca estaban en condiciones de darles trabajo a nuevos emigrantes.

Bueno, es que ellos ya tenían tierra allá, porque se habían ido antes, así que en México ya tenían tierra. Les dieron trabajo a muchos corsos, pero me dijo mi prima cuando vino de allá que, aunque fueran del mismo pueblo, los trataban como esclavos, porque el corso también es muy colonizador... algunos, no todos, gracias a Dios. Se aprovecharon porque no estaban sus papás, necesitaban trabajar para comer. Siempre ha sido así, desafortunadamente. Aquí viene la alcaldesa y ella te puede explicar mejor.

***

Mirelle Boncompagni, alcaldesa de Olmeta, hojea la carpeta archivadora azul que contiene los árboles genealógicos de todo el pueblo, cada página es una familia que se entrelaza con todas las otras. De la misma forma, con la misma desenvoltura y naturalidad, hojea y maneja los libros antiguos del siglo XIX con las actas de nacimiento originales de toda su comunidad. Se nota que los consulta con frecuencia, para indagar lazos familiares, entramados, grados de parentesco. Cosa que hace también Jacqueline, que vive en el piso de arriba del edificio del municipio. Pero ella no necesita el soporte de los libros, ella tiene memoria de cualquiera, de los entramados, de los lugares, de los acontecimientos del pueblo.

La alcaldesa no agrega más a la historia, pero tiene los documentos. La señora de los árboles genealógicos ofrece las pruebas documentales fundamentales para un periodista.

Veo aquí en mis manos el acta de nacimiento original de Paul Tomasini, que llegó al mundo el 19 de diciembre de 1883 en Olmeta di Capicorsu.

Unas páginas después está su hermano François, que nació el 25 de febrero de 1894.

Toco las páginas amarillentas, la caligrafía ligera, sutil, con florituras. Estuvieron aquí. Puedo dar testimonio de ello. Los voy a recordar.

Mientras la alcaldesa atiende un asunto administrativo salgo a dar una vuelta al pueblo. Mi hijo me acompaña brincando en los callejones estrechos, entre los edificios de piedra verde, perseguido por unos cachorros de perro juguetones.

Cuando estamos a punto de volver al municipio, un hombre me detiene repentinamente en la calle. Empieza a hablarme en corso, luego en francés. Me sonríe y me saluda como si nos conociéramos hace mucho tiempo.

Debo tener la cara en forma de signo de interrogación porque a mi reacción parece dudar de sus palabras.

Se nos acerca para mirarnos con más atención.

Perdóname, amigo, te confundí con otra persona. Es que te pareces mucho a un amigo de aquí del pueblo, pero ahora que te miro de cerca me doy cuenta de que mi amigo es un poco más alto que tú, y su barba un poco más canosa. Pero de verdad se parecen muchísimo. Es impresionante.

No te preocupes. No pasa nada. No entendía lo que estaba pasando. Yo también a veces me equivoco de persona. ¿Y cómo se llama tu amigo?

Se llama Frédéric. Frédéric Vecchioli.

¡Qué chistoso! Yo también me llamo Federico.

El hombre se queda un momento atónito. Se despide bruscamente y Emiliano y yo nos encaminamos hacia la placita central, mientras comento con mi hijo la bizarría del momento. Un par de minutos después estamos de vuelta en la oficina de la alcaldesa.

Madame Mirelle, me acaba de pasar algo muy extraño. Me confundieron en la calle con un hombre que, al parecer, se parece mucho a mí. ¡Y se llama como yo!

Pero, ¡claro! Es verdad, ¿cómo no lo había notado? ¡Eres igual a Frédéric Vecchioli! Él ya no vive aquí. Trabaja como gendarme en Ajaccio. Pero sí se parecen mucho. Déjame sacar el árbol genealógico.

Mirelle no puede evitar consultar sus árboles, en un intento, quizá, de no perder de vista las implicaciones de las raíces y las ramas de cada habitante de esta comunidad.

¡Mira! Aquí está. Frédéric Vecchioli, nacido en 1971 del teniente coronel Gérard Vecchioli y de su esposa, Maryse Merisi.

Merisi. Como el apellido de Caravaggio. Caravaggio se llamaba Michelangelo Merisi.

Siento un vértigo. En un pueblo de ciento cuarenta y siete habitantes en la montaña de Córcega, mientras busco las actas de nacimiento de dos hermanos que se llamaban como mi padre, que partieron de aquí hace cien años con destino a Tapachula, me confunden con un hombre que es idéntico a mí, y tiene mi mismo nombre.

Y que tiene una madre que se llama como la mía.

Marisa.

Que ya no quiere volver. Que ve más allá de lo que ven los demás.

***

Desde la ventana de la antigua casa de la familia Tomasini se veía el mar. Ahora, desde la nueva, ya no se puede ver.

Lo que veían, desde la ventana de su casa, orientada al atardecer, era el mar.

¿Qué vi yo en Olmeta? Vi el mar, el infinito, lo desconocido, los viajes, la fuga. De espaldas a la montaña cerrada un escorzo de mar, que sólo se ve bien desde el cementerio, después de las curvas. El punto de fuga, la vía de fuga. ¿Fuga de qué?

De la pobreza, de la miseria, de la insatisfacción, de una vida árida, de una vida limitada, fuga de un lugar angosto, sofocante, donde todos lo saben todo, donde no puedes inventarte una historia diferente sobre ti mismo, donde sólo puedes ser el que todos conocen. Huir es también reinventarse, tener la posibilidad de nuevas narraciones.

Los humanos emigran. Blancos europeos que del Norte emigran hacia el Sur. Hambrientos, obstinados, valientes, ingenuos, explotados, soñadores, irresponsables, miserables. Emigrantes. La pobreza no es prerrogativa de una parte de la humanidad. La explotación, la colonización, la esclavitud, la humillación la han vivido todos los pueblos. La viven todos los pueblos. Todas las razas. Se vive en cualquier latitud. Es una narración incompleta, maniquea, la que le atribuye sufrimiento sólo a una parte de la humanidad, a los negros, a las mujeres, a los habitantes del Sur global. No hay tal cosa. Nunca ha habido tal cosa. Esto es lo que entiendo, que siempre he sabido. Hijo de una familia de emigrantes blancos, europeos, hambrientos, obstinados, valientes, ingenuos, explotados, soñadores, irresponsables, miserables. Emigrante hijo de emigrantes. Así que mi propia sangre escurre en Francia, en Alemania, en Canadá, en Argentina, en México, en quién sabe cuántos lugares más. ¿Qué veía toda esta gente? ¿Qué veo yo?

Los hermanos Tomasini veían el mar. Y se fueron de Olmeta di Capicorsu para nunca volver. Lo que veían François y Paul era el verde y el azul profundo que no te deja descansar, que no te deja en paz. No veían una pared, sino una vía de fuga, el azul era la salida para el occidente, las aventuras, las posibilidades de una vida mejor.

Una vida mejor.

***

El azul intenso que llamaba potentemente a Jacques Mayol al abismo de la profundidad fue el que llamó a los dos hermanos Tomasini al abismo de las latitudes desconocidas y los llevó a un rincón mexicano del cual nunca volvieron.

En el árbol genealógico que me enseña la alcaldesa de Olmeta leo así:

deces: Mexique.

Lugar de la defunción: México.

En el cementerio de Olmeta no hay tumbas de la familia Tomasini. Los Tomasini se fueron, como muchas de las familias de Capicorsu, dejaron esta tierra hermosa y pobre. Blancos, del norte, que emigran al sur. No hay Tomasini enterrados en su tierra. Algunos están en México.

¿En qué lugar desea morir un emigrante? ¿En qué tierra quiere ser enterrado? Ese lugar es su patria.

***

Córcega queda a nuestras espaldas. Dejamos Bastia y sus montañas. Dejamos Capicorsu, sus torres genovesas y su vegetación mediterránea. Dejamos Olmeta y Biguglia y volvemos a la Elba. A nuestra izquierda está la pequeña isla de Capraia. Frente a nosotros el Anillo Occidental de la Elba, donde podemos imaginar a Napoleón esperando nuestro regreso.

Y a nuestra derecha, la isla plana de Pianosa, y detrás de ella, solitaria, imponente, misteriosa, está la isla de Montecristo.

¿Conoces la historia del Conde de Montecristo, Emiliano?

No, papá.

¿Quieres que te la cuente?

Sí.

Mira. ¿Ves esa isla plana ahí? Ésa es Pianosa. Detrás de Pianosa está otra isla, más grande, es una montaña triangular. ¿La ves?

Sí.

Ésa es Montecristo. La isla donde Edmond Dantès encontró el tesoro del que le había hablado el abate Faria durante catorce años en los calabozos del Castillo de If, en el que ambos estaban encarcelados.

¿Quién es Edmond Dantès?

Edmond Dantès fue un gran capitán de barcos, y uno de los más grandes héroes modernos.

¿Edmond Dantès existió en la realidad?

Existió en una novela que escribió Alexandre Dumas.

Entonces no existió en la realidad.

Bueno. Tú y yo estamos mirando aquella hermosa isla y hablamos de él después de más de ciento cincuenta años. ¿Te parece real o no?

Y entonces, ¿qué le pasó a Edmond Dantès?

***

24 de febrero de 1815. Día de San Sergio.

Es en la residencia del Mariscal Bertrand donde se va a llevar a cabo la entrega.

La luz de las cortas jornadas invernales resalta en la

pequeña ciudad de Portoferraio los tonos del azul, del gris, del plomo.

Tenía que ser el capitán Leclérc el encargado de llevar las informaciones a París, pero no ha sido él quien ha desembarcado del bergantín Faraón. Un hermoso buque, por cierto.

Ha sido un joven capitán el que ha llegado en la residencia del mariscal Bertrand. Joven pero seguro de sí mismo. Relata que el capitán Leclérc murió de una calentura cerebral en medio de horribles padecimientos a la altura de Civitavecchia. Que ha recibido los funerales de ordenanza y que ahora reposa en el fondo del mar decorosamente envuelto en una hamaca con una bala del treinta y seis a los pies y otra a la cabeza, a la altura de la isla del Giglio.

El joven capitán no estaba consciente de la presencia, en casa del Mariscal, de su majestad, el emperador de los franceses y príncipe de la Isla de Elba. Sin embargo, la presencia de Napoleón no lo tomó por sorpresa. Entregó el paquete que llevaba por parte del capitán Leclérc y contestó las preguntas del emperador, interesado particularmente en el bergantín Faraón. Un buque tan rápido y en buen estado como ése podría resultar útil a la causa.

"No es de mi propiedad, su majestad, y yo sólo soy el segundo del capitán Leclérc. El dueño del buque es Pierre Morrell, de la casa Morrell de Marsella."

Al escuchar esas palabras, el emperador cambió su expresión seria en una rápida sonrisa.

"Yo los conozco. Los Morrell han sido siempre navieros, y uno de ellos, debería llamarse Policarpo, servía en el mismo regimiento que yo cuando estábamos de guarnición en Valence. Te pido que les mandes mis saludos."

Con estas palabras, el emperador se despidió del joven capitán, que volvió a su bergantín, después de haber entre-

gado el paquete y recibido la carta que iba a entregar en París a Noirtier de Villefort.

Dos días después el Emperador Napoleón Bonaparte dejaría para siempre la isla, eludiendo la vigilancia, y llegaría a Cannes el 1 de marzo, para reconquistar durante 100 días su imperio hasta la derrota final en Waterloo y el exilio en la isla Santa Elena.

Esa carta nunca llegaría a las manos de su destinatario, al ser interceptada por su hijo Gérard de Villefort, y sería la causa del arresto del joven capitán, de su detención en la oscuridad de los calabozos del Castillo de If durante más de 14 años y de su azarosa llegada a la isla de Montecristo.

Pero ésta es la historia de Edmond Dantès.

VIII. DROGA PARA LAS CABRAS

¿Dónde quiere ser enterrado un emigrante?
SERGIO RODRÍGUEZ BLANCO

UNA SÁBANA blanca evoca muerte.

El sudario ligero posado sobre el cuerpo ya indiferente. El fantasma en su más icónica aparición. El espejo de una abuela muerta cubierto por la tela cándida, en el espacio presente, que ya descansa en el pasado, para desaparecer en el futuro.

Una sábana blanca evoca muerte. Es la imagen que irrumpe en mi mente al entrar en este espacio ambiguo, tan impreciso y tan sensato.

Es una terraza amplia de madera del color del café.

***

Las cabras por su naturaleza son obstinadas, tenaces y testarudas, todos lo saben, tanto que suele decirse de una persona muy terca o un poco loca que está como una cabra.

Pero esas cabras eran más obstinadas, tenaces y testarudas de lo normal. Además, estaban muy nerviosas, se inquietaban con facilidad, partían con la cabeza abajo hacia cualquiera que se les acercara. Como si esto fuera poco, en el rebaño chocaban cuernos más de lo habitual. Pero lo más grave era que al llegar el atardecer, cuando se metían al establo, los animales seguían inquietos, no lograban descansar, y la noche la pasaban despiertos. Se trataba de un verdadero misterio algo inquietante, que hace varios días no dejaba tranquilos a unos pastores que vivían en el húmedo altiplano de Kaffa, entre el río Gojeb y el río Omo, al suroeste de la tierra que hoy llamamos Etiopía.

Entre aquellos pastores que vivían en esa zona remota del antiguo reino de Kaffa había un hombre que se llamaba Kaldi, que, como sus compañeros, había notado el comportamiento tan extraño de las susodichas cabras, pero no se había limitado a sorprenderse y preocuparse. Había intentado investigar las posibles razones del misterio. Kaldi notó que los caprinos se estaban alimentando con las bayas de un rojo brillante, de un reluciente arbusto verde, así que él mismo decidió intentar masticar sus frutos. No tardó mucho tiempo para que los efectos excitantes de las bayas rojas empezaran a invadir el cuerpo del pastor Kaldi, quien sabiamente decidió que la cuestión merecía la opinión de una autoridad superior a la de un pobre pastor. Así, arrancó unos cuantos frutos y los llevó con determinación a un sabio musulmán en su monasterio, para que el hombre letrado pudiera someterlos a un más adecuado escrutinio. Pero sabemos que las novedades no suelen ser recibidas con entusiasmo por las autoridades religiosas, que a menudo ven en cualquier cambio posibles vientos y tempestades que podrían amenazar o poner en riesgo los pilares de la fe. Así, el devoto religioso, como era de esperarse, al ver las alteraciones provocadas por las extrañas bayas rojas, sin vacilar ni un momento emitió su férrea condena, prohibió el uso de esa planta alevosa y arrojó con fuerza las coloridas frutitas en el fuego. En pocos momentos pasó lo inesperado: estimuladas por las llamaradas, aquellas pequeñas perlas purpúreas empezaron a desprender un aroma delicioso, embaucador. Rápidas manos entonces quitaron de las brasas los granos tostados, que fueron desmigajados y disueltos en agua caliente.

Así fue como por obra de unas cabras drogadictas, de un pastor curioso y de un sabio religioso en el reino de Kaffa, hace muchos años ya, se pudo saborear la primera taza de café de la historia.

Cuando nació en el Monte Líbano alrededor de 1635, su nombre árabe era Mehrej Ibn Nimrûm, pero la *Nouvelle Biographie Générale* lo registra así: Antonio Fausto Naironi, erudito maronita. *De saluberrima potione cahue, seu cafe nuncupata discursus* se llamó el libro que el monje maronita escribió en 1671, en el que le presentaba a Italia y a Europa la historia, las leyendas y las características de esa bebida exótica procedente de Arabia que ya estaba conquistando el mundo. Se trataba del *qahwa,* que literalmente significa *vino, licor,* y que más en general identificaba a una bebida cuyos efectos excitantes y estimulantes la volverían también una sustancia utilizada como medicamento. La palabra árabe *qahwa* emigró a Turquía, donde se volvió *kahve,* para luego conquistar, a través de las puertas de Venecia, a Europa y al mundo como "café". El café. La droga de las cabras. La misma que estoy tomando yo justo en este momento.

***

El café, aquí en el cafetal donde se produce, no tiene color de café. Aquí el café es rojo, es verde, es oro. Pero esta casa es color café.

La terraza es amplia y me confunde. Tiene sentido, aquí hace siempre calor, humedad. Es una solución racional. Pero para mis sentidos sus dimensiones son exageradas, su extensión, alrededor del centro de la casa, es fuera de medida, su ancho me hace sentir pequeño y en un lugar errado. Acabo de entrar en un espacio externo.

Veo un sillón beige, unas mesas de vidrio, dos sillas de mimbre, un viejo mueble con cajones, colgada a la pared de madera una foto en blanco y negro de todos los hermanos Tomasini, jóvenes, serios, arreglados, rodeando a su madre. Objetos que deberían estar adentro, pero están cómodamente, impunemente afuera.

La foto de los hermanos Tomasini me impresiona. Debe de ser de los inicios de los años cuarenta, y la única persona que sigue viva es doña María Luisa, que ya se ha acomodado en el sillón y dirige la mirada hacia el verde del cafetal, esperando que se le sirva una taza de café.

El centro de la casa, en la entrada de la finca cafetalera que lleva el nombre de Quién Sabe, tiene paredes de madera y resguarda las habitaciones austeras, los baños, lo indispensable y lo íntimo. Del otro lado de las paredes de tabla oscura, el afuera es un interior externo; salas, comedores, una cocina con paredes de vidrio de donde sale Nara y va llegando Pablo, los habitantes de la casa. Pablo es el hijo de don Pablo Tomasini, hermano de doña María Luisa.

Este espacio tan inusual hace que el propio cafetal sea parte del amueblamiento. Las plantas son lejanas paredes, las aves y las mariposas circulan en los pasillos de madera como habitantes de la casa.

En el pasillo externointerno, una sábana blanca cubre un mueble desigual, anguloso, apagado, silencioso. Es el único mueble asimétrico envuelto en una sábana, en medio de un pasillo que lleva a la cocina desordenada y viva. Está ahí. Está. Ignorado, en un tiempo inalcanzable. Me inquieta la imagen, no la entiendo, como no entiendo este lugar que mezcla las fronteras y juega con el adentro y el afuera.

La sábana evoca muerte en los barrancos más recónditos de mi conciencia, en la frontera impalpable con lo inconsciente, y me inquieta como puede ser inquietante lo familiar que se hace ominoso, siniestro.

¿Y eso qué es?

¿Eso? Ah, es la marimba. Ya nadie la toca hace mucho tiempo.

Está muerta.

***

Mira, ésta es una avenida, en el cafetal. Es así porque es la entrada del panteón. Se llama avenida de los muertos. ¡Tatatan tatatan! ¡Es un panteón de a de veras! Te digo que tengo mi lugar apartado aquí. ¡Gratis!

Ernesto se mueve ágilmente en la vegetación, mucho más de lo que se esperaría de un hombre de su edad. No para de hablar, comenta lo que vemos, nombra plantas, recupera recuerdos. Ernesto recuerda. Tiene una memoria prodigiosa. Y lo que no recuerda lo inventa y lo presenta como un recuerdo original.

Pero, ¿aquí qué muertos están?

Muchos. Gente que ha vivido aquí, vecinos.

Pablo Tomasini tiene una voz profunda, el bigote es canoso, la mirada inteligente parece que te sonríe con ironía todo el tiempo. Camina más despacio que su primo Ernesto pero, a la par de él, se detiene a explicarme todo lo que piensa que yo necesite saber sobre el cafetal. Se ha quedado aquí a cuidar la finca que fue de su padre, produciendo café robusta que comprará la empresa Nestlé. Se ha quedado solo con su esposa Nara, profesora de química en una escuela de Tapachula, porque sus hijos ya están grandes y no quieren seguir las huellas de su familia. La producción de café en el Soconusco ya no es la actividad majestuosa que fue en las décadas de oro, durante casi todo el siglo XX. La decadencia de la nobleza cafetalera que se ha tenido que doblegar frente al mercado monopólico de Nestlé es visible en cada detalle de la finca. Lo que fue grande y que generó riqueza hoy es apenas suficiente para cubrir los gastos. Aquí había vida, vivían muchas personas, hay un minúsculo pueblo donde nacieron y crecieron generaciones de trabajadores, principalmente migrantes de Guatemala, expertos en la recolección y elaboración del café. Hay una zona del cafetal con una cancha de futbol donde se han jugado partidos memorables, imposibles, dado que una de las dos porterías está en una bajada. Una cancha diagonal en la que si dejas el balón parado se va solito hacia abajo. La comunidad de migrantes guatemaltecos se ha ido reduciendo por la falta de trabajo. Lo que era opulencia hoy es decadencia.

Este panteón es como público, digamos. Los vecinos vienen y entierran aquí a sus muertos. El terreno es parte de la finca, pero no tiene ningún proceso de administración, no se cobra, no lleva registro. Me avisan que van a enterrar a alguien. El permiso lo damos nosotros, pero también la instancia legal. Por eso lo circulé, porque si no, no tenía límite. Hay familias que se han apropiado. Éstas son tumbas de la familia de la finca de San Lorenzo. Qué tal, ¿cómo estamos?

Bien, gracias a Dios.

El hombre está solo, parado frente a una tumba en la única parte techada del panteón adornado de flores y papel picado de colores para el Día de Muertos, que fue ayer.

Camisa celeste, zapatos negros baratos recién boleados, anillo de oro en el dedo meñique de la mano izquierda, cabello negro teñido peinado con abundante gel hacia atrás, minúsculo bigote negro sutil pegado al labio superior. Quedan por beber tres cuartos de la botella de tequila blanco de una marca desconocida a un lado de una tumba de concreto desnuda.

Ernesto desde lejos lo reconoce sin hesitaciones.

Él es un Catalán. ¿Verdad que está medio locochón el panteón?

Nos acercamos entre las tumbas hasta llegar al hombre que de cerca se ve más viejo y curvo de lo que parecía de lejos.

Mucho gusto, Carlos Catalán. Soy el cuarto hijo de don Juan Catalán. No creo que se acuerden de él.

Ernesto obviamente se acuerda.

¡Sí, por la marimba! ¡Claro que sí!

Me busca con los ojos alegres y la sonrisa que lo caracteriza. Es el momento de lucir su memoria de archivista de recuerdos.

¡Toda la familia de Carlos salió buenísima con la marimba! Son todos músicos. Lleva muchos años en Morelia, ¿verdad, Carlos?

Estoy en Celaya, Guanajuato. Llevo ya treinta años ahí. Pero nacimos aquí, bendito sea Dios. Cortamos café; yo de niño iba a pepenar café, acababa la cosecha y con el morralito. Ya cuando fui creciendo tantito me salió la oportunidad de ir a Tapachula, donde estaba una orquesta pegando muy grande, mi papá me puso un maestro, dijo mi papá, me acuerdo bien, dijo, quiero que sean músicos chingones.

Finalmente, Pablo se une a la conversación. Tu papá se llevaba bien con mi papá.

¡Sí, que Dios los tenga en su gloria! Una anécdota rápido. Un día estaba yo en mi trabajo, estaba yo en el instituto, con la Perla del Soconusco, con el "chato" Vidal, Alfonso Vidal, que en paz descanse también. Trabajé quince años con ellos. Pasó tu tío, don Alejandro, yo estaba con mi hija por la carretera caminando y con mi hija muriéndose de calentura y todo. Llegué yo del trabajo y vi a la niña, tenía como un año, y le dije a mi mujer que había que llevarla al médico, no tenía yo seguro social en ese entonces, y me puse a caminar. Y pasó don Alejandro con su *jeep* y hasta por allá se echó de reversa. Me dijo, Carlitos, ¿dónde va? Y yo, qué bueno, le digo, no pasaban ni combi, ni taxis ni nada en aquella época. Me dice, súbela, vamos, y puuum. Le dije, don Alejandro, al hospital. Me dijo, no, vamos al sanatorio, pero estaba bien caro. Y se metió, y ya salió y dice, ahorita te van a atender, agarró su *jeep* y se fue. ¡En la madre! Salió el médico, la trataron y bien. Y yo preocupado con la cuenta, ¿cómo le voy a hacer? Un sanatorio estamos hablando de ay, un billetote. Le atendieron bien, dieron una receta, un medicamento, todo, voy con el doctor y le digo, doctor, ¿qué le debo? Nada, mi compadre ya pagó. Don Alejandro, que Dios lo tenga a su lado. ¡Qué hombre! Le fuimos a tocar muchas veces a San Juan. ¡Bien mojado! Festejaba él el 24 de junio, tenía su iglesia. En su finca tenía su iglesia. Nos fuimos, con mi hermano Ernesto, híjole, que en paz descanse; ah, pues aquí está sepultado... y nos fuimos... y nos agarró un pinche aguacerazo bien mojado, le dije a mi hermano, oye, no le quedemos mal a don Alejandro, le vamos a tocar las mañanitas en la iglesia, con su marimba. Y tenía su marimba...

Ernesto casi da un brinco. ¡Acá está! Fede, ¡es la marimba que tú viste! ¡Qué chulada!

Carlos retoma su monólogo interrumpido por la intervención de Ernesto.

¡Una chulada! Sí. Les va otra anécdota. Una vez quería hacer el novenario de mi mamá y le pedí a don Alejandro si podía cortar un poco de leña para hacer los tamales. Al día siguiente bajó con un camión lleno de leña. Todos crecimos aquí, mi hermana Chuy, mi hermana Rosa, cortamos café... ¡ehh! Aquí me crie. ¿Te acuerdas, Pablito, que aquí una vez jugamos futbol y por tu culpa perdimos?

¡No fue por mi culpa!

En los penales... ¡ja, ja, ja! Y era un torneo de remate de cosecha de aquí de la finca... pero había liga...

La mano derecha de Ernesto atraviesa repentinamente el espacio vacío entre los cuatro como un avión que despega, para detenerse en el mero centro de nuestro silencio simultáneo.

Pero, ¿a poco no está así? ¡Diagonal!

¡Sí! Una portería hacia abajo, ¡ja, ja, ja!

Todavía está la cancha, la acaban de limpiar los chamacos, lo que pasa es que ya se está yendo la gente.

¿No quieren un tequilita? Lo traje aquí, no sean malitos. Estaba tomando aquí con mis muertitos.

***

Los muertos le pertenecen a la tierra. Ya no son nuestros.

Los muertos no tienen patria. ¿Cuál es la patria de un muerto?

Esta tierra ahora es la patria de muchos muertos, de personas que en vida trabajaron aquí, que sudaron este suelo para plantar, cuidar, cosechar café. Manos pequeñas y prietas de migrantes oaxaqueños, indígenas chamulas de los Altos de Chiapas, mames de Pavencul. Y luego los de tierra fría del otro lado de la frontera, manos guatemaltecas del pueblo que tiene el nombre de un volcán que no existe, Tacaná. Porque el cortador de café, el buen cortador de café, es de tierra fría.

Los trabajadores del café en el Soconusco son nómadas, y muchos son migrantes guatemaltecos, nómadas. No paran de moverse de un lugar a otro, no hay forma de que se queden en una finca.

Llegan a trabajar, cobran su quincena y se van a otro lado. ¿Por qué? Porque algo no les pareció, algo no les gustó, o fueron engañados por el patrón, o porque les van a pagar mejor en otro lugar, o por rumores de que la comida está más rica en otra finca. Pero se van, se cansan y se van.

Los trabajadores migrantes vienen y van.

No hay sombra en el parque central de Tecún Umán, no la hay. Sólo este puto calor que me ahoga. En esta plaza cutre con una fuente en medio hecha de cemento de colores se juntan contratistas que hacen negocio con su gente, su raza. Son mayas guatemaltecos que consiguen trabajadores mayas guatemaltecos para que vayan a trabajar en las fincas del patrón mexicano blanco. El patrón le pide a un contratista guatemalteco en Tecún Umán. Le dice, necesito a tantos. El contratista va y los consigue. Cobra trescientos, cuatrocientos pesos por cada trabajador. Es mucho dinero. No lo puede hacer el patrón, si no se mete en problemas.

Si lo hace el patrón mexicano blanco, se mete en problemas. Hay un sindicato, un grupo de contratistas aquí en Guatemala. Se ponen muy perros, aquí en Tecún Umán, como más allá en Talismán, y si ven contratando directamente al patrón blanco mexicano o a sus empleados mexicanos prietos, empiezan las broncas. Son muy agresivos, muy aguerridos. Son guerreros k'iche' que defienden a sus hermanos de los abusos del hombre blanco.

Los veo ahora en esta plaza cutre medio dormida y soleada. Aquí están los guerreros k'iche', herederos de Tecún Umán, que fue vencido demostrando enorme valentía por el maléfico invasor, el conquistador Pedro de Alvarado, el 20 de febrero de 1524. Sus miradas orgullosas desafían las injusticias del hombre blanco. Esto veo en Tecún Umán en la plaza central.

> El capitán Tecún-Tecum, nieto de Quicab, cacique... con diez mil indios, todos con sus arcos y flechas, hondas, lanzas y otras armas... Y el capitán Tecum, antes de salir de su pueblo y delante de los caciques, mostró su valor y su ánimo y luego se puso alas con que volaba y por los dos brazos y piernas venía lleno de plumería y traía puesta una corona, y en los pechos traía una esmeralda muy grande que parecía espejo, y otra caía en la frente y otra en la espalda. Venía muy galán. El cual capitán volaba como águila, era gran principal y gran nagual...
>
> Y luego empezaron a pelear los españoles con los diez mil indios que traía ese capitán Tecum consigo... Pelearon tres horas y mataron los españoles a muchos indios, y esto sucedió en Pachah.
>
> Y luego el capitán Tecum alzó el vuelo, que venía hecho

águila, lleno de plumas que nacían de sí mismo, no eran postizas. Traía alas que también nacían de su cuerpo y traía tres coronas puestas, una era de oro, otra de perlas y otra de diamantes y esmeraldas. El cual capitán Tecum venía de intento a matar al Tonadiú que venía a caballo y le dio al caballo por darle al Adelantado, y le quitó la cabeza al caballo con una lanza. No era la lanza de hierro, sino de espejuelos, y por encanto hizo esto el capitán.

Y como no había muerto el Adelantado sino el caballo, tornó a alzar el vuelo para arriba, para desde allí venir a matar al Adelantado. Entonces el Adelantado lo aguardó con su lanza y lo atravesó por el medio a ese capitán Tecum.[1]

Los heroicos contratistas k'iche', herederos del capitán Tecún Umán, engañan al patrón blanco mexicano, en un gesto de revancha anticolonial.

Pero los heroicos contratistas k'iche', herederos del capitán Tecún Umán, engañan también a su hermano el trabajador guatemalteco k'iche', heredero del heroico capitán Tecún Umán. Peinan al trabajador y peinan al patrón, porque el contratista aquí en el parque central de Tecún Umán de eso vive, a ver, dame cien quetzales y yo te consigo chamba, cabrón. Y al otro, ¿sabes qué? Por cada peludo dame cuatrocientos pesos. Los heroicos contratistas k'iche', herederos del capitán Tecún Umán, cobran de los dos lados. Entonces si el patrón con más dinero va con su contratista de confianza, que le garantiza los mejores trabajadores, y le dice, oye, tráeme veinte, tráeme cincuenta, él, heroico contratista heredero del capitán k'iche' Tecún Umán, te los trae como pueda. Los pasa ilegalmente. Pero no por ese puente de agua seca. Porque para que pasen

[1] Miguel León-Portilla, *El reverso de la conquista.*

por ahí deberían estar trabajando en regla, con un contrato. Entonces la otra forma es hacerlos pasar ilegalmente, ellos ven cómo le hacen, si vienen a pie, o vienen por combi o los pasan por Unión Juárez, por ese volcán que no existe, el Tacaná. No pasan por las fronteras, por Migración, ni por Talismán ni por Tecún. Le dan la vuelta, pasan por veredas.

O como herederos del heroico capitán k'iche', Tecún Umán, alzan el vuelo, hechos águilas, llenos de plumas que nacen de sí mismos, que no son postizas.

Esto veo en Tecún Umán.

***

Cuando estaba completa la finca eran casi doscientas hectáreas, no todas en producción. Aquí posando y comiendo y trabajando llegaron a haber casi trescientos cincuenta personas en esta época. Aquí era una fiesta. En el 91, 92, 93. Teníamos café arábigo y el café arábigo demanda mucha mano de obra. Hay una cajita así, chiquita, que es una medida. Ocho cajitas de ésas hacen una caja grande. Como son ocho, la cajita se llama octavo. Por llenar esa cajita se les paga quince pesos. Ése es el precio que se les está pagando ahora: quince pesos por octavo. Está haciendo cinco octavos, o sea que está ganando setenta y cinco pesos al día, más la comida, la comida es gratis; dos tiempos de comida, en la mañana desayunan y a las dos de la tarde comen. Pero para cortar ese café, para cortar el arábigo, sí se necesitaba muchísima gente porque hacen eso, cinco, seis octavos. En el robusta te hacen dos cajas, dos cajas y media. De esos cajoncitos chiquitos, en lugar de hacerte cinco octavos, te hacen veinticuatro. Pagas menos dinero la caja, pero igual ganan más porque es más volumen lo que están trayendo. El robusta se presta para eso. Y además en la época de cosecha es ya más pegado a noviembre, diciembre, enero, febrero; cuando deja de llover. El arábigo lo cortas en septiembre, octubre, desde agosto puedes empezar, cuando están los aguaceros terribles. El arábigo en la zona alta madura más tardío. Aquí empieza en agosto, allá empieza en diciembre.

Y el café que estamos tomando, ¿qué es?

Es arábigo, pero es de un terreno que yo tengo en Unión Juárez. Lo que sí puedes decir es que tomaste el café de las faldas del volcán Tacaná.

Pablo, ya dejen de mentirme. El Tacaná no existe. Y tu café está muy bueno.

***

No suelo dejar que la gente beba sola. Hay que acompañarnos en esta agonía solitaria. Recibo de Carlos Catalán un vaso de plástico y le pregunto más sobre su trabajo de músico.

Empecé desde muy chamaco, soy maestro de música en un colegio, pero llevo treinta años viviendo en Guanajuato.

¿Y cómo es por allá?

¡Bendito sea el clima! ¿Les sirvo? ¡Salud! ¡Un placer!

Ernesto levanta su vasito. ¡Está rico! ¡Salud!

Es del bueno... Qué bueno que andas aquí, Pablo, hermano... voy a abusar de tu confianza y disponibilidad de que estás aquí para pedirte... y te quería decir... Aquí con tantas tumbas... ya no vamos a caber, hermano. Mira, si es posible... apartar un... allá, mira, allá, ya chequé, hay puro monte... Y ésos ya no vienen... y esas tumbas, yo me acuerdo de que veníamos con la marimba, hace cuarenta y tantos años, y esas tumbas ya no las visitan. ¿Qué posibilidades hay, hermano?

Justamente venía diciéndoles a ellos que éste fue un panteón público, o sea, es de la finca, pero la finca nunca ha participado en decir sí o no... acá sí, acá no.

Sí, nos han recibido con los brazos abiertos.

Y con todo gusto, Carlos, yo lo que he aprendido, y que me decía mi papá, es que había que respetar esto. Yo sé que, en otros lados, en panteones como éste, ya la gente ha tomado posesión y dice ya te voy a cobrar por enterrar, te voy a cobrar por no sé qué, pero yo digo, ¿cómo voy a hacer esto? Si mi papá nunca lo hizo, ¿yo a cuenta de qué? Y llégame aquí la solicitud y yo digo adelante, no hay ningún problema. Yo casi no me meto, pues. Busquen donde hay espacio todavía, sé que está reducido, sé que hay cada vez más necesidad, pero siempre digo busquen.

Aquí en este espacio, Pablo, aquí está mi tía Vitoria, hermana de mi mamá, ahí hay un espacio, donde está la guayaba, cerca de la naranja, ahí hay un espacio. Y quiero pedirte permiso, hermano, y ahora sí que qué bueno que llegaste aquí, bendición de Dios. Sola mi alma aquí desechando monte a Jesucristo.

Como si hubiéramos tenido cita, ¿verdad? Si nos buscábamos no nos encontrábamos. Andábamos aquí baboseando y de repente dije, mira, ahí está el Catalán. ¿Verdad que te lo dije en cuanto lo vi, Federico?

***

Nestlé al día de hoy siempre mejora el precio del café que establece la bolsa. Si revisando la bolsa el precio del café seco, bola, fuera de doce pesos el kilo, Nestlé pagaría trece o quince pesos por kilo.

Nestlé ha desarrollado una metodología conocida como "escuela Nescafé". La escuela funciona como centro de formación para productores de café y de desarrollo de estrategias que optimicen la producción. Además de eso, Nestlé les entrega material genético de alta calidad, muy productivo, a los dueños de las fincas como Pablo.

El trabajo de Nestlé tiende a homogeneizar las reglas y procesos de producción del café, eliminando prácticas tradicionales que no cumplen con los estándares internacionales de higiene, seguridad, control de calidad, respeto de normas de trabajo. Así que se va barriendo poco a poco la concepción rústica de producción en el campo, en las comunidades. Si le tienen que vender a Nestlé, los productores ya no secan el café con gallinas, gatos, pollos, "chuchos" (como les dicen aquí a los perros) o cerdos circulando. Eso es común, pero atenta contra la inocuidad del producto.

Esto para que los productores hagan sólo lo que les corresponde: produzcan cantidades de café robusta que Nestlé va a comprar. Nestlé se ha convertido en el único comprador, quien establece el precio, las cantidades, las reglas de producción, de cultivo, de salubridad, de trabajo, y que además proporciona las plantas de la única variedad que le interesa, la robusta.

Las plantas.

En un principio, el Instituto Nacional de Investigaciones Forestales, Agrícolas y Pecuarias (INIFAP) reproducía las matas de café robusta a través de estacas enraizadas, pero es un proceso que tarda nueve meses. Y los tiempos del mercado del café imponen otro ritmo.

Nestlé decidió recurrir a otra técnica de reproducción para abastecer a los productores siempre con nuevas plantitas: la embriogénesis somática. Como leo en la revista *Biotecnología Vegetal* de octubre de 2003, la embriogénesis somática es la formación de un embrión a partir de una célula, sin la necesidad de la fusión de gametos. Este método, según Marisol Freire Seijo, autora del texto, "teóricamente, es el más eficiente para la producción masiva de plantas in vitro debido a la naturaleza bipolar del embrión, la posibilidad de ser automatizado todo el proceso productivo, los altos coeficientes de multiplicación en cortos periodos de tiempo, al poder aplicarse los principios de la cinética microbiana y la posibilidad de encapsular estas estructuras y obtener semillas artificiales".

Traducido: mayor producción, menor (mucho menor) tiempo.

Pero también debe tener desventajas, ¿no?

Ah, sigo leyendo y un poco más adelante Marisol me contesta. "Sus desventajas radican en el desconocimiento que existe sobre los parámetros que regulan este proceso, siendo aún limitado el número de especies en los cuales se describe una embriogénesis somática eficiente que permita un uso productivo del método."

La cosa es que esta técnica resulta perfecta para producir plantulitas bonitas que permitan aumentar, aumentar, aumentar la producción de café robusta en poco, poco, poco tiempo.

En México, una de las empresas que ofrecen este servicio es Agromod, de Alfonso Romo, el actual jefe de la Oficina de la Presidencia de la República.

Un matrimonio perfecto que soluciona el problema.

Pablo ahora tiene muchas plantulitas de robusta creadas *in vitro* para venderle a Nestlé. Como todos.

No es que no nos convenga producir arábiga. Simplemente no podemos. No tenemos la producción suficiente. Tenemos que producir café robusta, y para el café robusta el único cliente es Nestlé.

***

¡Qué bárbaro, no me lo esperaba! Me saqué la lotería hoy. Tengo aquí como una hora y media. Vine antier y ayer. Vi a algunos y los saludé, pero no me acuerdo quiénes eran. Yo siempre fui el más humilde que usted pueda conocer. Nací en la finca San Juanito, la suya de don Alejandro, ¿cómo voy a olvidarme de este territorio? Mi apá trabajó mucho tiempo en la finca. Es un sueño lo que estoy viviendo ahorita. La verdad no entiendo qué pasó.

Se sigue tomando tequila "con confianza". Carlos Catalán dice que es para nosotros. Lo dice y se calla. Mira otra tumba de concreto. Levanta el vaso de plástico transparente y se pone solemne, los ojos húmedos.

Pablo interpreta lo que está aconteciendo.

Oye, aquí está enterrado tu hijo Carlos, ¿verdad?

Mi hijo...

Fue muy trágico, ¿verdad?

En un accidente falleció mi hijo, en Celaya. Lo atropellaron. Yo iba a tocar en Querétaro, iba a tocar yo, me pidieron pura marimba, entonces iba a tocar con un grupo. Él, cuando grababa yo en el estudio, se quedaba con el ingeniero mezclando... yo estoy viejo, pero él estaba joven, treinta y cuatro años. Entonces cuando empezó a grabar conmigo tenía como veinte. Era un talento. ¡Un brindis por nuestros muertos!

Levantamos los vasos. En silencio. Luego Carlos Catalán nota mi cámara y decide que sé tomar fotos y me pide que les tome una foto a los tres, a él entre sus viejos amigos, Pablo y Ernesto, pero con su viejo celular, para que le quede la foto a él.

Después del brindis, los tres hombres siguen recordando momentos de su infancia y van negociando una memoria común, a pesar de que los pedazos de memoria individual sobre los mismos hechos no coinciden. Se ponen de acuerdo sobre cómo tiene que ser narrada la memoria colectiva. Un acto de negociación como puede ser la compra de un caballo.

Pero es Carlos Catalán quien con su actitud simuladamente modesta ocupa el espacio del recuerdo. Que siempre es recuerdo de los muertos.

Cuando falleció mi mamá, que en paz descanse, yo estaba en un evento de puros jubilados petroleros allá en Guanajuato. Y me contrataron porque iban a hacer ellos una cena baile y a mí me contrataron cuatro horas la marimba. Pero era entrada previo pago, doscientos pesos con derecho a cena, a bailar y unas cuantas bebidas. Yo me fui a tiempo, armamos todo el escenario y ya íbamos a empezar a tocar, cuando llegó mi mujer en un taxi; mi mujer nunca me buscaba en los eventos. Vi a mi mujer y dije, chingasumadre, algo pasó. Tenía yo tres días, Pablito, que había hablado con mi madre, tres días, mamita... yo la fui a ver ahí por Toluca. Y dijo mi mujer, Carlos, te vengo a decir que tu mamá falleció. Digo, y ¿cómo le hago ahora con este compromiso? Y le dije a mi vieja, habla a México, saca los boletos para Tapachula y nos venimos, si vas a ir, yo me voy solo. La cosa es que llegamos aquí a Tapachula al otro día. Ah, el evento, el licenciado me dijo, me acuerdo, aparte una persona amable que le entiende a uno, ¡qué bonito es! Le dije, mire, le voy a cantar tres horas, que no sean cuatro porque me tengo que ir a México. Me dijo, maestro, no me toque tres, tóqueme dos y yo voy a respetar el acuerdo. Si es posible yo le devuelvo la entrada a todos, y me dice, no se preocupe. Y yo le dije, no sea malo, deme un tequila, ¡ja, ja, ja!, se me cierra el mundo. No le sentí sabor.

Repentinamente baja la voz como si estuviera revelando el escondite de un tesoro maravilloso, robado al rey de Persia. Baja la voz al decir algo doloroso, como he visto hacerlo a hombres mexicanos atrapados en su rol de machos que no sufren en público. Salvo después de emborracharse y llorar como becerros.

La cosa es que dijo el licenciado, señores, el maestro acaba de recibir una mala noticia, acaba de fallecer su mamá en Chiapas y se tiene que ir, el contrato dice que el baile dura cuatro horas, pero quedamos con él en que nomás tocaría dos para poder irse, pero si ustedes tienen inconveniente les devuelvo sus entradas y no se lleva a cabo el baile... y se paró la gente del salón y empezaron a hacerle un aplauso a mi madre, y otro señor dijo, no sé qué opinan los demás pero yo no necesito que me devuelvan la entrada, dos horas para divertirnos son suficientes, él por su profesionalismo va a tocar, porque si otro fuera nos deja colgados y se va. La gente respondió aplaudiendo, yo estaba en otra dimensión, dije, les voy a tocar dos horas sin descansar, una tras otra, danzones, mambos, todo. Acabé, me fui, llegué a la casa aquí en la colonia Xochimilco, en Tapachula. La sorpresa más grande cuando llegué fue cuando me dijo mi hermano que había llegado tu papá, don Pablito. Tiene como diecinueve años más o menos que pasó esto. Se siente muy bonito que una personalidad de ese tamaño llegue y te diga, lo siento mucho. Esto te llega en el corazón y no se olvida nunca, nunca, nunca. Entonces, don Pablito, si lo busco no lo encuentro.

Antes de que don Carlos siga contándonos la historia de todos sus muertos se me ocurre forcejear la situación para obtener una ventaja. Tenemos aquí a un maestro marimbero melancólico y agradecido y una vieja marimba muerta debajo de una sábana blanca. Decido cambiar el curso de esta historia.

Don Carlos, ¿le puedo pedir un favor? La marimba de la que usted estaba hablando hace un momento está abandonada en casa de don Pablo, ¿nos podría tocar algo con esa marimba?

Ernesto explica. Lo que pasa es que esa marimba no tiene...

Y Pablo puntualiza. Sí, la puede tocar pero está desafinada, está sin tela... yo no creo que...

No hay bronca. Carlos Catalán ya se ha decidido. Yo le saco sonido como sea. Sería un placer.

Pablo concluye. Conmigo la puerta siempre está abierta.

Y yo pienso. Es que ahí está la marimba y nadie la toca. Una marimba muerta.

***

Los pasos son inciertos entre las hojas verdes del cafetal y desde hace un rato la botella zanganea vacía en las manos de Carlos, que con paso repentino se aleja de nosotros para acercarse a un arbusto frondoso.

Oye, Pablo, ¿puedo tirar el agua por aquí?

Sí, adelante, Carlitos, la urea siempre es buena para el café.

Sabes, Pablito, yo creo que me voy a vivir aquí el resto de mi vida. Digo, lo que me queda. Luego hablamos. Unos noventa metros, nada más...

Ahí vemos, Carlitos, ahí vemos.

Quiero venirme, no que me traigan. Quiero venirme en vida.

***

¿Se acuerda de mí, doña María Luisa? Soy Carlos Catalán, el hijo de doña Tere. Por casualidad nos encontramos en el panteón con don Pablito y me dijo que usted estaba aquí y vine a saludarla. Que tiene unos cuarenta años que fuimos a tocarle a usted, señora María Luisa. ¿Se acuerda? Soy Carlos Catalán, mi hermano Ernesto Catalán, mi papá Juan Catalán y mi mamá Teresa Morales. Hace cuarenta años.

María Luisa está sentada como niña anciana en su sillón con una taza de café caliente a un lado de la mano derecha. La mirada vieja intenta agarrarse de cada uno de los rostros que la circundan. En sus viejos ojos veo asombro, alegría, desasosiego, y una gran concentración, el esfuerzo para no hundirse en el abismo del olvido. Y aquella sonrisa que ya he visto en la cara de mi madre, la sonrisa de quien no entiende ya completamente lo que se dice a su alrededor, pero que quiere participar. La sonrisa social de quien está luchando en contra de los límites de su cuerpo, de los años, para robarle todavía vida a la muerte, luz a las tinieblas.

Nara intenta darle contexto.

María Luisa, ¿te acuerdas? Doña Tere trabajó contigo hace muchos años allá en México. Ella hacía una cosa que no llegó a enseñarme, pero luego me lo enseñaron tus hermanas, el aceite de mamey; lo hacen tus hermanas, con las semillas del mamey...

Carlos insiste.

Doña María Luisa, ¡aquí estoy yo y me da mucho gusto verla! Aquí me voy a quedar un ratito.

Finalmente, el velo ligero del tiempo libera por un momento sus ojos, que logran enfocar el rostro moreno de Carlos. Los labios entreabiertos se mueven con decisión.

¿Dónde vive?

Yo estoy en Guanajuato, María Luisa, me quedo un par de días. ¿Se acuerda? Hace cuarenta años fue su cumpleaños y fuimos a tocar allá con la marimba, con mi papá, con Ernesto, mi hermano, toda la familia, mi hermana Lolita.

María Luisa asiente. Así es. Esto pasó. Esto fue. Esto es. Le da la mano a Carlos. Mucho gusto, le dice. Te conozco. Te reconozco. Te vuelvo a conocer. Una vez más.

Ernesto observa suceder la vejez de su madre. Entre alegría y tristeza. Y, como lo he visto hacer varias veces, frente a una emoción tan fuerte, repara en algo más.

¡Vamos a preparar de comer!

Pues vamos, le respondo, prometí prepararles una pasta italiana de verdad, una pasta con brócoli, y no es mi intención faltar a mi palabra.

Carlos se despega de María Luisa.

¿Y dónde está la marimba?

Ah, ¡la marimba! ¡Véngase p'acá!

***

Tía, ahora Carlos va a tocar para ti, así que ponte alerta, ponte abusada. Y escucha bien. A ver qué sonido le saca.

En un movimiento repentino, la sábana blanca se levanta como telón de un escenario, y Carlos empieza a sacar sonidos de la marimba.

Desde la madera se desprenden notas algo desafinadas que en el aire se mezclan para evocar la melodía que Agustín Lara le dedicó a María Félix en 1946. Las primeras notas de *María bonita* son difíciles de reconocer. Han pasado muchos años. No es cosa sencilla volver a la vida.

La toqué hace cuarenta y cinco años en casa de don Alejandro. No tiene tela, no tiene nada. Esta marimba está muy amoldada, no tiene tela. También las baquetas están muy desgastadas, todo le falta. ¡Qué preciosidad! Esto es un tesoro y yo voy a cancelar el boleto. Me quedo mañana para arreglarla. Voy a conseguir la cera, la tela para arreglarla. Está afinada. Le falta... no tiene tela, no tiene nada. Está afinada. Con telaraña, ¿qué pasó?

Carlos habla para sí, habla con nosotros, habla con la marimba, mientras las baquetas van agarrando velocidad y confianza, en el reencuentro de dos amantes que llevan décadas sin verse.

La siguiente canción, en honor a este lugar, es *Mi lindo cafetal*.

Carlos está extasiado. En la pausa entre una canción y otra levanta la mirada seria para explicarnos las condiciones del instrumento.

Debe de tener unos ochenta años. Cuero viejo, aguantador. Está afinada, eh. Le falta tela de tripa de marrano y cera, es la que le da la vibración, el aire se escapa si no la tiene. Cuando la tiene, ahí se queda y por eso hay resonancia.

No es posible esperar hasta mañana. Aunque sea domingo, hay que arreglar esta marimba.

Carlos interrumpe su ejecución y el silencio irrumpe en el aire. Deja delicadamente las baquetas cruzadas encima de la marimba. Parece que la está acariciando. O sólo es mi impresión.

Me voy ahora por mi hermano y regresamos con lo que hace falta. Vamos a arreglar esta marimba.

***

Después de un plato de *pasta ai broccoli,* los hermanos Catalán están listos para ponerse en acción. Sus manos se mueven seguras en las viejas maderas de la marimba. La desmontan toda, la limpian, sacan las telarañas, sacan las colmenas.

Carlos explica lo que está a punto de hacer, como hacen los ilusionistas, los borrachos, los niños y los cocineros de la televisión.

Estamos encerando las cachimbas de la marimba y le vamos a poner tela de tripa de marrano para que suelte el sonido. Va acompañada con la tecla dura que se llama hormiguillo, un árbol de Chiapas. Tenemos una belleza aquí, el que ha conocido Chiapas creo que se lleva la mejor impresión. Ésta es cera de abeja. Aquí hicieron las abejas su nido. En las cachimbas. Hay que quitarle todo, la tela de arañas.

Abel, más silencioso, sigue los razonamientos de su hermano.

Esta cera es difícil de conseguir, hay que subirse a los árboles; hay una bola de cera que se llama congo, en los árboles de cedro. Ahí viven las cotorras y cotorrean.

Con la tapa de un bolígrafo Bic y con un cuchillito, los Catalán van puliendo los orificios de las cachimbas.

Mira la basura que tiene adentro. Ay, Pablitooo, las abejas hicieron su nido aquí... ¿Te puedo regañar tantito? Es una reliquia esto y te la dejaron a ti. Se necesitan unos tres días para arreglar esto. Qué tristeza me da.

Abel se suma al regaño.

Y no es todo, le vamos a hacer un diez por ciento, hay que ponerle sortija.

Y Carlos se prepara a dar un concierto.

Orita va a sonar diferente a como la toqué hace rato, ¿sí o no, Pablito? Fíjate que para concierto no debe llevar eso, el sonido debe ser más melancólico. No hay vibración, el puro sonido de la madera. No tiene sortija ni tela.

Empieza a anochecer. Poco a poco los dos hombres van tomando confianza con el instrumento, se empiezan a sentir cómodos; son los expertos, son los protagonistas, son los artistas. Y se va esfumando esa actitud humilde, ese respeto ostentado, para dejar espacio a un lenguaje más colorido, cada vez más alusivo a dobles sentidos sexuales, albures, siempre acompañados de un guiño pícaro del ojo, que con el aumentar de las copas se vuelve menos agradable y más siniestro.

Carlos es el más hablador de los dos, y al final de la obra de restauro improvisado agarra las baquetas y empieza a tocar.

La marimba revivió. Esto es un hecho.

Expulsa de sus orificios tapados con tela de tripa de marrano las notas que se van juntando en el aire bochornoso de la tarde en la armonía de *La Rielera*. Todos escuchamos.

Carlos se pavonea, su cara va cambiando de expresión. Ya no hay huellas del hombre sumiso y humilde que vi hace algunas horas. Cuando me acerco a él, intenta sorprenderme con chistes colorados, cuidando de bajar la voz cuando dirige la mirada a Nara, porque, se sabe, hay que mantener una fachada de decencia frente a las mujeres en este país, salvo luego hacer comentarios ofensivos y disgustosos en cuanto no estén escuchando.

El público pide más música ahora que las notas volvieron a brotar del instrumento olvidado durante décadas.

Mientras los hermanos Catalán arrancan con *El último trago*, doña María Luisa sonríe.

***

En el camino de regreso a Tapachula vamos amontonados los puros hombres y doña María Luisa. Pablo se ofreció a acompañarnos de vuelta a todos. La plática es aburrida. Recuerdos de borracheras, de pendejadas dichas o hechas por alguien que no está presente, que probablemente está muerto. Amargura. Es frecuente que un día bonito y emocionante se acabe de una forma mediocre. Como si no fuera posible evitar una deriva patética después de un momento glorioso. No sé si es mi vida que funciona así o si es la vida de todos. Por lo pronto, es penoso el momento en que los hermanos Catalán se despiden de nosotros, de Pablo. El momento en el que Carlos le dice en voz baja a su viejo amigo Pablo, al que hace pocas horas le juró amistad eterna por su disposición a dejarle un lugar para ser enterrado, que le compartió su comida, su casa, sus botellas, que pues habría que pagarle el dinero que desembolsó para pagar la cera, para pagar la tela, para pagar el taxi.

Siento pena ajena.

Pablo no se esperaba que le presentaran la cuenta.

Por supuesto, Carlitos, ¿cuánto es? Gracias, Pablito, ya sabes, es un momento complicado, serían doscientos pesos, si no es molestia.

Pablo no tiene billetes. Salió de su casa para acompañarnos a todos y no agarró dinero. Son segundos de silencio incómodo. Doscientos pesos. Pueden ser fundamentales doscientos pesos. Qué sabemos nosotros de lo que necesita el prójimo. Lo entiendo. Pero me queda un sabor amargo, un mixto de tristeza y pena, de vergüenza e incomodidad. Aparece desde adentro del coche un billete verde con sor Juana y la deuda está pagada.

***

La noche es húmeda y bochornosa en Tapachula.

¿Qué chingados hago aquí?

IX. SALÓN TOUSSAIN TEMBÓ

Cause we're moving right out of Babylon And we're grooving to our Father's land.

BOB MARLEY y THE WAILERS, "Africa Unite"

EL DESTINO cambia, está en la mente. Uno lo tiene en la mente, pero no sabe qué es lo que le va a pasar. Y el destino cambia, cambia el destino geográfico y cambia el destino que uno imaginó.

Georges Kalume ha llegado a los Estados Unidos, pero fue de los últimos que lo lograron. Lo sé porque WhatsApp me informó que Georges ha cambiado su número y ahora es un número de los Estados Unidos.

Después de mi encuentro con él, Ecuador ha restringido la política de visas, así que ahora los que vienen del Congo como Georges, o de Camerún, o de Irak, o de Ghana, o Libia, o Sri Lanka, necesitarán pagar cuatrocientos dólares para una visa turística.

Ha cambiado también la política migratoria de México. Hasta agosto de 2019, un africano como Georges se dejaba encerrar en la estación migratoria para quedarse ahí unos cuantos días, una semana. Y después lo dejaban libre con un documento de salida. Hoy la frontera sur de México se ha vuelto menos porosa y más militarizada, siguiendo acuerdos internacionales con los Estados Unidos que imponen una menor permeabilidad.

Cambian las cosas continuamente.

En los medios empezaron a aparecer imágenes que mostraban a africanos encabronados, gritando, manifestando, dando y recibiendo golpes de granaderos y soldados de la recién creada Guardia Nacional, que por primera vez deben reprimir un motín de migrantes en Tapachula. Gritos, golpes y lágrimas. Hombres y mujeres que tienen miles de kilómetros en sus piernas, en sus espaldas, en sus ojos, y no pueden contener su frustración.

Tú también estarías encabronado. Tú también estarías tan enfurecido y frustrado como para empezar a pegarle al primer granadero que se te pare enfrente. Imagínate.

Agarraste un avión desde tu país, gastando quinientos o mil dólares. Habías ahorrado ese dinero durante meses, a lo mejor durante años. Llegaste a Ecuador sin visa, y de ahí empezaste un viaje por tierra, cruzando la selva de Colombia y sobreviviendo a sus ríos; pasaste por centros de detención de migrantes en Panamá, Costa Rica y Nicaragua; pudiste atravesar Honduras y Guatemala en autobús, y ahora estás aquí, después de una semana en las oficinas de Migración, con un papel escrito en español en las manos. No lo entiendes bien, pero sabes que aunque debería decir "salvoconducto" dice "aquí te quedas".

Si no son golpes son horas de espera bajo el sol. Formados en filas desordenadas y ruidosas de muchos idiomas.

***

Otra vez en la estación migratoria Siglo XXI pocos meses después.

A primera vista no ha cambiado nada, las mismas caras desesperadas, aburridas, enojadas, misma pigmentación de la piel; hay más negros, muchos africanos, haitianos, hay cubanos con su forma arrogante y pícara de caminar y mirar a los demás como si se sintieran siempre más listos que los otros, como si ellos estuvieran al corriente de secretos, de misterios, ignotos a la mayoría, a los que sólo ellos tienen acceso como si fueran unos iniciados. Pero ha cambiado algo sutil. Esta gente se va adaptando a la situación cambiante. Y este lugar también se va adaptando.

Camino doscientos metros hacia el norte otra vez en la carretera donde se venden pollos, y a los pocos pasos todo cambia, estoy en África, se habla francés, se habla *créol*, se hablan idiomas que ni reconozco porque sólo puedo reconocer lo familiar. Me acerco a un puesto que no tiene pollos asados sino productos para el cabello, aceites, lociones. Lo cuida una mujer negra muy gorda, vestida de un *short* verde ácido, una camiseta anaranjada, unas chanclas gastadas. Por la enorme bocina escondida en la oscuridad del puesto, que ahora observo que tiene también chicles y papitas, sale a todo dar la *Mbongwana* de Fally Ipupa, cantante que meses después descubriré que es una estrella de la música congolesa. Tres sillas de plástico blanco que invitan a tomar cerveza Corona están ocupadas por dos hombres negros que identifico como haitianos o africanos. Ambos están revisando su celular y fuman. Levantan la mirada hacia mí, tratando de entender qué hago ahí, qué quiero. Hay otras dos sillas blancas a la orilla de la carretera. Una está ocupada por un hombre negro con canas en el cabello corto y en la barba. Está sentado mirando a la carretera, que pasa a un metro de sus pies. En ese metro está parado el último personaje de la escena, con unas tijeras en la mano derecha.

Tomo asiento en la silla vacía.

¿Soy el último?, pregunto, *je suis le dernier*?

La mirada de uno de los dos hombres sentados es relajada y seria y tiene la fuerza de una palabra, porque entiendo claramente que me está diciendo que sí. Prendo un cigarro.

Media hora después es mi turno.

El hombre de las tijeras me hace acomodar en la silla blanca, me pone un babero enorme azul que cubre todo mi cuerpo hasta las rodillas dobladas y acomoda una larga tira de papel higiénico alrededor de mi cuello. Todo listo para empezar.

No.

El hombre me deja mirando las hojas de plátano del otro lado de la carretera. Ahí. Y agarra un plato de plástico de arroz, plátano y un pedazo de pollo frito. Y come.

Come. Tranquilamente. Pasan algunas camionetas, pasan personas, pasa un grupo de niños negros con una pelota, pasan dos perros macilentos.

El hombre vuelve, le pone alcohol a una maquinita para rasurar. La limpia con pedacitos de papel higiénico que después tira al piso junto con la otra basura y las latas de cerveza.

En una silla detrás de mí está acomodada una mochilita negra, de la cual el hombre va sacando sus herramientas de trabajo.

Ya está listo para empezar.

Todos conocen a Toussain Tembó. O esto dice él. Todos lo conocen porque es uno de los tres barberos que trabajan en la carretera que va hacia la finca Quién Sabe.

Toussain Tembó lleva cinco meses en Tapachula, viene de la República Democrática del Congo, y su changarro, que es la calle, es el Salón Toussain Tembó.

No hay pérdida en este trabajo, la barba y el cabello crecen cada día. También a los muertos.

Lo dice en francés, pero nuestras voces flotan en un río de sonidos que salen de la bocina oculta en la oscuridad.

Ahora Serge Beynaud canta *Remanbélé,* un reguetón marfileño rápido y atronador.

Tembó me hace sentir mimado sentado en esa silla a la orilla de la carretera. Me mira y me gira la cabeza de un lado a otro para emparejar los pelos de una barba descuidada. Me lo dice.

Tienes la barba descuidada, *mon frère.*

Todos los que me rodean tienen un cabello y una barba impecable, y la mía efectivamente está bastante desordenada, mal cortada, larga y descuidada, sí. Por esto te pago cuarenta pesos, Tembó, para tener una barba perfecta, como la tuya.

Me hace sentir mimado Tembó, se ve que lleva más de catorce años cortando barbas en el Congo, aunque de repente con las tijeras corta con demasiada violencia y me arranca un pelo. Es meticuloso, me mira como si fuera su escultura. Siempre me ha gustado ir a cortarme la barba y el pelo, cuando lo tenía, por esta sensación de cuidado que sólo un barbero puede pasarle a un hombre. Ya sé, muchas sensaciones de cuidado se le pueden transmitir a un hombre. Pero ésa no. Ésa sólo puede dártela un barbero.

Tembó habla porque le pregunto.

Cinco meses es un montón de tiempo.

Je sais, mon frère. Pero, ¿qué puedo hacer?

Si hubiera sabido que acabaría cortando barbas a los negros, en lugar de estar estudiando inglés y tomar un título en los Estados Unidos, Tembó nunca habría dejado su tierra. Pues no.

Yo ya tengo una patria, ¿sabes? Quiero volver, después de hacer lo que tengo que hacer en América.

Nada más que a Tembó le cambiaron los planes y se tuvo que adaptar. No le va mal el negocio, siempre hay gente esperando. Igual no tienen demasiado que hacer aquí tantos africanos en espera de una fecha para obtener una visa.

Le destin est dans notre imagination.

El destino lo imaginamos, pero nunca es como lo imaginábamos.

Tembó me da un espejito que sacó de su mochila negra y me lo pasa, porque no saqué a tiempo mi celular para mirarme. Me gusta, quedó muy bien.

Me sonríe. Me sonríen finalmente también los demás africanos que estaban esperando o fumando ahí. Es Bob Marley con "Africa Unite" el que acompaña el momento en el que pago mi cuenta. Tembó limpia sus navajas con una botellita de alcohol, las seca con papel higiénico que tira en el montón de basura y latas de cerveza que se han acumulado a la orilla de la calle.

Dentro de unas horas estos pocos metros serán una cantina y la música seguirá inundando el aire húmedo y caluroso de Tapachula.

***

Los migrantes protestan, saben protestar. Los migrantes a una dimensión. La dimensión de las víctimas. Esto lo vemos en los noticieros de la televisión, en los videos de YouTube. Lo leemos en los reportajes que definen a Tapachula como "un infierno". Un infierno de prostitución de mujeres migrantes, de violencia, de abusos. Todo eso existe. Pero aborrezco una documentación de la realidad a una sola dimensión.

***

El zócalo de Tapachula se llama Parque Central Miguel Hidalgo y es una plaza alargada entre la Avenida Octava y la Avenida Sexta, que corren de norte a sur. Nunca me ha parecido bonita ni atractiva; un revoltijo de edificios diversos, insignificantes, anónimos en el mejor de los casos, en su mayoría feos. El único rasgo que me llama la atención son esas alusiones repentinas a los edificios de una China imaginada. ¿Dónde están los chinos?

En el zócalo de Tapachula hay una explanada rodeada de algunas pequeñas islas de sombra, generada por unas grandes sombrillas de concreto y por los árboles de *ficus retusa,* más conocido como laurel de la India.

Es domingo en la tarde y la ciudad se anima de familias que pasean por las calles del centro, haciendo pequeñas compras. Esposos que van de la mano, después de haber comido en alguna marisquería, con los niños que los acompañan. En las islas de sombra están los africanos. El Parque Central está ocupado por los emigrantes. Hablan en voz alta, venden y compran comida africana. Caminan en chanclas, hablan muchos idiomas, y si no se entienden pasan al francés o al inglés, lenguas coloniales que permiten comunicarse entre diversos. Observo camisetas de equipos de futbol, prevalentemente ingleses o italianos. Las barbas de los hombres son cortadas y arregladas como lo fue la mía en la mañana por las tijeras de Toussain Tembó. Cascadas de dedos de mujeres africanas anudan vertiginosamente millones de cabellos en miles de trencitas de otras mujeres africanas. Las manos trabajan de forma autónoma al resto del cuerpo, que está ocupado en conversar, observar, reír, gritar.

Pero ha cambiado algo sutil. Esta gente se va adaptando a la situación cambiante. Y este lugar también se va adaptando.

Me acerco más. Me invade las fosas nasales el olor de especias que he probado en el Congo, en Gabón, en Nigeria.

Una bocina dispara un reguetón intenso, ruidoso. En cuanto me voy acercando a las mujeres que hacen trenzas y me fijo en la rapidez y precisión de sus movimientos, en mi mente se hace espacio una melodía que, al parecer, está presente en mi memoria, pero no logro reconocer. El reguetón *créol* es insistente e intento ignorarlo para entender de dónde viene la melodía. Pero la melodía está *en* el reguetón. Me llega como un golpe en la cara la información. El remix que bombardea mis oídos es una versión en *créol* de *Bella Ciao*, la canción de la Resistencia italiana que todos los niños que tuvieron una familia antifascista conocen y que recientemente se ha hecho famosa a causa de la serie española *Casa de papel*. Estoy en *shock*. No me lo esperaba. No entiendo cómo los dj's haitianos TonyMix y Aide Laza llegaron a producir un Frankenstein de este tipo. Al principio sudo y me indigno, el himno de la lucha al fascismo reducido a una aberración para fiestas y desmadres.

Me tomo un trago de mi Coca tibia. Sigo mirando esas manos rápidas que entrelazan mechones de cabellos negros, lacios. Lacios.

Y entiendo que sigo sin entender. Y sonrío finalmente disfrutando esta maravillosa aberración.

***

Pelos lacios de mujeres mestizas, chaparras, gordas, nalgas planas, panza abundante. Maridos parados chaparros, manos pequeñas, panza abundante, pantalones de mezclilla. Hijos obesos con la cara inmersa en sus enormes celulares.

Mujeres africanas que hacen trenzas a mujeres chiapanecas. Ríen en el intento de platicar un idioma inexistente. Maridos que esperan parados observando mujeres que no se entienden, pero se entienden y se ríen juntas. A lo mejor se ríen de ellos.

Miro a mi alrededor. Las clientas son mexicanas. Casi todas.

La ciudad va cambiando y se adapta. En cada momento. Sutilmente.

Me acabo mi Coca.

***

Por fin encontré a los chinos. Los chinos están aquí frente a mis ojos, y son eso. Los chinos son las mujeres que se hacen trencitas en el Parque Central Miguel Hidalgo.

X. EL INVENTO

> Tengo lástima de los que el amor a sí mismos
> ata a la patria, porque la patria no es más
> que un campamento en el desierto.
> JACQUES BACOT, *Tres misterios tibetanos*

EL AVIÓN de Cubana aterriza en el aeropuerto Rafael Cabrera de Nueva Gerona en perfecto horario. Durante el trayecto de cuarenta minutos la azafata nos ofreció un caramelo que no he probado. Lo voy a guardar para acompañar un cigarro más tarde. Saliendo a la calle, el aire es húmedo, bochornoso. Un pequeño grupo de taxistas aborda a los pocos pasajeros del vuelo para ganarse el servicio. Se me acerca un hombre pelón, negro, la piel gastada, las manos grandes.

¿Taxi?

¿Cuánto me cobra para llegar a La Fe?

Son diez CUC.

Sí, pero quiero fumarme un cigarro, tomar un café.

No hay prisa. El café lo invito yo, me dice.

El bar es cutre. No hay alimentos en exposición en la larga barra de acero, no hay alimentos en las vitrinas colgadas en la pared, pero el café, como cada café que he tomado en Cuba, es muy bueno, fuerte. Y ya lleva azúcar.

Los cigarros H. Upman raspan en la garganta, pero el tabaco negro es aromático y rico. No hay prisa.

El taxista me lleva con sosiego a su vieja Lada de color rojo.

Me llamo José, me dice ya viajando con las ventanillas bajadas, que dejan entrar el aire cálido, pero todos me dicen Montalbano porque me apellido Montalvo.

Como el *commissario* que protagoniza una serie de novelas policiacas de Andrea Camilleri, que se hicieron famosas en Italia, y por lo que veo también en Cuba, gracias a una serie televisiva.

Usted se parece al *commissario* Montalbano en efecto, pero en negro.

Se ríe. Me río. En la carretera, la única de la isla, no transitan muchos autos, estamos casi solos y nos rodean cientos de pinos. ¿Pinos en estas latitudes? ¿A nivel del mar?

La Isla de la Juventud antes se llamaba Isla de Pinos. Por eso tantos pinos. Por esto a sus habitantes se les dice pineros. Porque no les gusta el gentilicio juvenenses. Es lo que afirma Montalbano. Yo sería habanero, pero llegué aquí a los dieciséis años. Te cuento.

Tenemos tiempo.

En 1971 José estaba en La Habana junto con sus siete hermanos viendo la televisión, el televisor, dice él con una de las muchas pequeñas diferencias lingüísticas que caracterizan el español de Cuba del mexicano, que hablo yo. Su padre trabajaba seis meses al año como cañero, cortaba caña de azúcar.

Pero la zafra de la caña son seis meses —dice Montalbano.

El tiempo de la cosecha lo conocían bien los árabes, ellos que fueron los grandes artífices de la revolución agrícola de la Edad Media con la que le regalaron a Europa los limones, las naranjas, las mandarinas y todos los cítricos, el algodón y el arroz, el mango y el sorgo, ellos que pudieron lograr que la caña, planta tropical que trajeron de la India, creciera abundante en las costas mediterráneas de Andalucía. Se necesitaba un gran número de trabajadores estacionales del campo para cortar la caña, y éstos tenían que hacer largos viajes para llegar a los lugares de cultivo, cruzando media España.

Safrah.

Así se decía "viaje" en árabe clásico, que en árabe hispánico se volvió "safra".

Fueron los españoles los que se encargaron de traerse la caña de azúcar hasta aquí, para que el papá de José Montalvo la pudiera cortar cuatro siglos después. Durante seis meses al año.

La zafra de la caña son seis meses, me dice Montalbano. Los otros seis meses del año su padre tenía que inventarse la forma de sustentar a su familia. José sabía que sus padres, aun con todo el esfuerzo, no podían darles más que lo mínimo indispensable.

Así que ese día de 1971, viendo el televisor, José se enteró de un plan grande del gobierno revolucionario, se necesitaba gente joven que fuera a poblar la Isla de Pinos.

La Revolución necesitaba escuelas en el campo para combinar estudio y trabajo. Y él había acabado su noveno grado.

En el televisor, José oye también una canción de Silvio. Y cuando en Cuba alguien habla de una canción de Silvio no es necesario poner ningún apellido, porque Silvio es Silvio Rodríguez. Y esa canción entre otras cosas dice "ésta es la nueva escuela, casa y escuela nueva, como cuna de una nueva raza".

Pero lo que más yo vi, que me impactó, era que el comandante en jefe estaba reunido con un grupo de alumnos, de jóvenes, que le hacían una exposición de los uniformes que iban a tener los niños en cada enseñanza, y había muchos jóvenes que seleccionaba y opinaban sobre los uniformes. Imagínese, camisetas, calzoncillos, medias, botas, tenis, pantalón, y yo dije, ¡esto es lo mío! Porque a mí me faltaba todo. Así que dije, ¡me voy pa' la isla! Y ya yo soy pinero.

¿Y no volvería a La Habana?

¿Para qué? Allá yo soy uno más, aquí soy Montalvo. ¿Entiende? Tengo a mis amigos, todo. Me conocen hasta los perros.

Imagino que los pinos, como Montalbano, han llegado aquí desde otro lugar, que han cruzado mares y océanos, y sus semillas han logrado resistir al clima cálido y húmedo y a la altura. Los picos más altos aquí están ciento cincuenta metros por encima del nivel del mar. Los árboles están en hileras, parecen plantados para hacer madera.

Montalbano recuerda que se precisaban profesores para el gran proyecto revolucionario de repoblar la isla. Así, apenas acabó en verano su último grado de secundaria, se incorporó al cuerpo de jóvenes profesores. Cumplió diecisiete años en la isla el 22 de septiembre de 1972.

Siete años después. No. Cinco.

Cinco años después, el 28 de diciembre de 1977, por petición de la Unión Soviética, las Fuerzas Armadas Revolucionarias de Cuba, con sus diez mil soldados, sus escuadrones de aviones MiG-17 y MiG-21, llegaban al escenario de la guerra de Ogaden, entre Etiopía, gobernada por Mengistu Haile Mariam, aliado de la URSS, y Somalia, de Mohamed Siad Barre, apoyado por los Estados Unidos, en uno de los tantos tableros de ajedrez africanos de la Guerra Fría.

Los orígenes del conflicto en el Ogaden, región en disputa en la frontera entre Etiopía y Somalia, podrían buscarse en la división efectuada a finales del siglo XIX entre potencias coloniales, específicamente Italia e Inglaterra, que se dividieron el territorio del Cuerno Africano en diferentes áreas sin considerar mínimamente los orígenes étnicos de sus pobladores. Así, después de la segunda Guerra Mundial, el problema seguía vigente, y cuando Italia dejó definitivamente la protección fiduciaria de Somalia en 1960, el Ogaden seguía en disputa.

Entre diciembre de 1977 y marzo de 1978 la participación de Cuba en la guerra resultó determinante. Etiopía ganó su disputa y Mohamed Siad Barre tuvo que renunciar a su proyecto de Gran Somalia.

A partir de 1977 llegaron muchos niños africanos aquí, de diez, doce años. Llegaron a la isla. Venían miles y miles de niños de todas partes de África. Venían de Angola, de Mozambique, de Etiopía. Yo fui director de una escuela etíope durante cinco años. De puros alumnos de Etiopía. Aquí en la isla.

En 1978 el gobierno cubano cambió el nombre de la Isla de Pinos a Isla de la Juventud.

Sólo son dieciséis kilómetros entre el aeropuerto de Nueva Gerona y La Fe. El tiempo de recuperar del fondo de la memoria una historia de emigrantes africanos.

Montalbano tiene un surco en el rostro, besado por el sol de la tarde, como una especie de sonrisa. Saborea lentamente los recuerdos. Luego pronuncia las palabras, que me los van a consignar a mí, su nuevo custodio.

No tiene prisa.

No hay prisa.

El idioma de Etiopía es el amárico, pero había niños huérfanos que provenían de tribus donde no se hablaba el idioma oficial. Al llegar a la isla tomaban clases de español, geografía de Cuba e historia de Cuba. Y con los niños venían por supuesto profesores de Etiopía, que eran los que les daban clase de idioma amárico. Y de geografía de Etiopía y de historia de Etiopía. El arribo de los niños fue parte de la ayuda internacionalista que Cuba le ofreció a Etiopía, además del apoyo militar.

Cuando ya dominaban el idioma español, se establecía el grado al que cada niño tenía que asimilarse. Después de haber terminado la secundaria básica, tenían la opción de seguir en preuniversitario, si sus conocimientos, su destreza y su formación se los permitían. Los que no lo lograban podían ir a cursar un politécnico. Los que aprobaron el preuniversitario se fueron a estudiar una carrera universitaria y dejaron Cuba solamente después de haberse graduado.

Los ojos entreabiertos de Montalbano son dos fisuras. Inmóviles mirando la carretera vacía inundada de sol. El surco sigue pescando en la memoria, y a los recuerdos que salen de la boca se quedan aferradas emociones poderosas que llenan el aire del vehículo.

Hoy en día muchos de esos niños, de esos alumnos que eran de nosotros, son altos dirigentes y especialistas en las actividades que ellos realizan.

Es una gran satisfacción.

Montalbano tuvo la oportunidad de viajar a Etiopía en octubre de 2018, en una delegación cubana invitada a festejar los cuarenta años de la victoria de la guerra.

Imagínese. Tenían doce años. Y verlos hombres, mujeres, fue hermoso. Tú veías a su familia, con una camisa con la mitad de los colores de la bandera de Etiopía y la otra parte con la bandera de Cuba. Y sus niños tenían al Che Guevara, a Camilo Cienfuegos, en su *pullover*. El esfuerzo que se hizo no fue en vano. Fue una cosa muy bonita.

El botánico francés Pierre Marie Arthur Morelet describió en 1851 el Pinus Caribae por primera vez. Es una especie endémica del occidente de Cuba y de la Isla de la Juventud.

Ya llegamos. Ésta es La Fe.

***

El mar es un muro de agua. El mar es una barrera entre nosotros y nuestros sueños.

Pero, ¿qué sueños?

A principios de octubre de 2016 la Guardia Costera de los Estados Unidos recibió la llamada de un barco camaronero de la isla barrera de Port Aransas que separa el Golfo de Corpus Christi del Golfo de México. Los pescadores habían encontrado en el mar los restos de una balsa y un cuerpo en avanzado estado de descomposición. Las autoridades forenses de Texas confirmaron que se trataba de los restos de un hombre y que había muerto por falta de agua y de alimento. De hambre y de sed. No fue posible reconocer su identidad a causa de la putrefacción del cadáver, pero en los bolsillos de lo que quedaba de su pantalón se encontraban dos documentos de identidad cubanos, uno de Juan Antonio Pupo Pupo y el otro de Amauris Pupo Pupo, junto con la estampa de la Virgen de Regla, la virgen negra vestida de azul que en el sincretismo de la santería cubana representa a la santa yoruba Yemayá, la reina del mar.

Tres meses antes, Juan Antonio Pupo Pupo y Amauris Pupo Pupo habían salido hacia México en un invento, junto con once compañeros más.

Doce tanques de gasolina de doscientos litros, seis de un lado y seis del otro. En medio, tablas, soldaduras, barras de hierro. Una lona para taparse del sol, agua, comida enlatada, algunas medicinas, unas llantas llenas de aire. Lo hicieron parecido a un catamarán de dos puntas el invento.

¿Qué haces en Cuba cuando no tienes nada en casa y debes darles de comer a tus tres hijos?

Un invento.

¿Cómo arreglas un aparato tecnológico que te llegó gracias a tus parientes en Miami, pero no tienes los repuestos disponibles?

Un invento.

¿Qué haces para conseguir dinero para comprarte ropa, juguetes, un celular, unos lentes de sol?

Un invento.

Todos los electrodomésticos cubanos, los carros, cualquier cosa que tenga un motor, sobreviven por el invento. Tu propia casa, el lugar que montas para vivir, los muebles, el horno, las tomas de corriente, las hornillas, diferentes platos de comida jamás vistos en ningún otro lugar. Todo es un invento.

El mayor invento de los cubanos pasa diario y es lo que vas a cocinar.

Hay libros que se consiguen en Cuba que muestran los inventos de mayor éxito, y hay una Asociación Nacional de Innovadores y Racionalizadores, la ANIR, que reúne los máximos inventos cubanos, organiza eventos, publicaciones.

En *Ideas prácticas 2017*, un librito que me consiguió Yunier, amigo idealista romántico que salva, edita, escribe, vende, cuida, colecciona libros en Santiago de Cuba, puedes aprender cómo hacer una lijadora con un disco duro de computadora, descubrir los trucos para transformar una lata vacía de mermelada de guayaba o puré de tomate en un fogón casero. Pero también puedes instruirte en las artes de lograr que los plátanos maduren en tu casa: simplemente, guarde los plátanos en un saco junto a algunas naranjas y verá que se maduran en un dos por tres.

Entonces ¿qué haces cuando necesitas irte de la isla para enfrentar quinientas millas de mar y no tienes un barco, ni una lancha, ni un yate, ni una balsa?

El invento.

Nosotros salimos trece. Una embarcación inventada. No una lancha original. Salimos de aquí trece. Se nos rompió el motor a ciento dieciséis kilómetros de México, ¿sabes? En medio del mar. Y las corrientes nos llevaron pa'l norte. Pa'l norte, pa'l norte. Para Estados Unidos, eh. Y ahí entramos al golfo allá arriba, y a los trece días nos separamos. Seis cogieron cámaras, ésas de tractores, las llantas, con aire, las unieron, nos dividimos la comida y se fueron los seis arriba de esa cosa. Y los otros siete nos quedamos en el invento.

Yoandris Cuenca me mira a los ojos desde el otro lado de la mesa a la que estamos sentados. El calor de La Fe nos hace sudar estando inmóviles. Los mosquitos agreden mis piernas descubiertas. Yoandris suda, pero tiene pantalones de mezclilla largos, que impiden el asalto. Sus pantalones cuestan treinta dólares, más de lo que gana en un mes como profesor de educación física en la escuela local. Tiene treinta y dos años y hace poco más de tres, un primero de julio, se fue de la isla en un invento.

Se fue contento, emocionado de viajar a México, de salir de Cuba con dirección a los Estados Unidos. Un viaje, una aventura. ¡Por fin!

Se fue con doce compañeros pineros después de haber planeado el viaje durante semanas, en secreto. Nadie tenía que descubrirlos.

Si su madre se hubiera enterado le habría mandado la policía para que lo arrestaran. Mejor preso que muerto.

Juntaron el dinero entre todos para cubrir los gastos, para ir comprando la comida, las piezas del motor. El proyecto de la balsa lo hizo uno de los muchachos que sabía un poco de soldadura. Tenía una idea muy abstracta de lo que iba a hacer, pero al final, cuando lo pusieron en el agua, el pequeño invento en forma de catamarán no se hundió.

Cuando yo monté tuve miedo, dije, ¡Ay, mi madre! ¿Qué es esto? Yo me mareo de cualquier cosita, y cuando me monté en aquello en el agua... uff, me pasé los primeros siete días vomitando.

Tenían que haber viajado seis días para recorrer los quinientos kilómetros que separan la Isla de la Juventud de la costa del Caribe mexicano. El domingo 17 de julio de 2016, diecisiete días después de su salida, los náufragos del invento se estaban muriendo de hambre y de sed.

Al día diecisiete nos recogió un barco que era brasileño, pero estaba trabajando en México, una compañía. Era de científicos que estudiaban el mar y nos llevaron para México. En el barco estuvimos cuatro días; nos llevó directo a Mérida y en Mérida nos llevaron para un depósito de Migración. Estuvimos como quince días y de ahí nos regresaron para Cuba.

Se trataba del buque de prospección MV Fugro Brasilis, uno de los buques más avanzados de la compañía holandesa Fugro, especializada en exploración oceanográfica. El buque estaba en el Golfo de México para realizar una serie de levantamientos geotécnicos y geofísicos en aguas ultraprofundas y analizar decenas de miles de kilómetros de mar para respaldar la actividad de perforaciones exploratorias en la bahía de Campeche para la compañía petrolera Pemex. Cuando el buque Fugro Brasilis los interceptó, a ciento treinta millas del Arrecife Alacranes, al norte de la península de Yucatán, los náufragos llevaban días pidiéndoles ayuda a varias embarcaciones que pasaron cerca de su invento, pero Yemayá se lo tomó con calma.

Yemayá les salvó la vida, les permitió volver a sus casas en la pequeña Isla de la Juventud. No les permitió superar el mar, ese muro de agua que siempre regresa a la orilla y aniquila los intentos de escape.

Me encontré a un amigo acá en Gerona, me dice, estoy preparando una cosa pa' irme. Yo, ¿sabes qué? No, gracias.

Con los compañeros de viaje que sobrevivieron al invento, Yoandris no se mantuvo en contacto.

Andamos por ahí, pero andan regados. Hay uno que vive un poquito lejos, no lo he visto, pero sé que está bien. Otro está allá, cuando nos vemos, ¿qué bolá? Normal. Somos como amigos de causa. Compartimos algo pesado, increíble, porque eso es algo que no se hace. O sea, si tú lo piensas, no lo haces. Pero bueno... es que pensaba que iba a llegar. No sé, una locura que te entra...

A los demás se los llevó el abismo, se los llevaron las brujas hasta el fondo del mar.

***

De vuelta a La Habana, a la salida del aeropuerto se proponen una docena de taxistas. Escojo el que me indica mi instinto, el que me cae mejor a primera vista. Saliendo a la calle le pregunto si me puede esperar un par de minutos antes de irnos porque quisiera fumarme un cigarro. Le invito uno.

No gracias, hermano, dentro de unos pocos días cumplo un año de haber dejado de fumar. El año pasado tomé esta decisión el día de mi cumpleaños, el 22 de septiembre.

El mismo día de mi cumpleaños.

XI. CALLE AMARGURA

Nunca he escrito con mayor riesgo de fracasar. Nadie podrá decir de mí que me he facilitado las cosas.

Carta de Walter Benjamin a Gershom Scholem,
30 de enero de 1928

En la frescura de las faldas de un volcán que no existe, el 22 de septiembre de 1882, dos grupos de ingenieros de dos países todavía indefinidos trazaban un surco en la tierra húmeda.

Cinco días después, esos mismos trazos en la tierra húmeda del Tacaná ya no eran surcos, eran fronteras.

Líneas diseñadas en el suelo se hacían tinta en un terreno de papel.

Dos hombres delineaban un surco de tinta en un tratado para definir exactamente dónde empieza la patria.

La patria de Manuel González Flores, en ese momento presidente de México, a partir de aquel 27 de septiembre empezaría en la línea media del río Suchiate, desde un punto situado en el mar a tres leguas de su desembocadura, río arriba, por su canal más profundo, hasta el punto en que el mismo río corte el plano vertical que pase por el punto más alto del volcán de Tacaná, y diste veinticinco metros del pilar más austral de la garita de Talquian.

La patria de Justo Rufino Barrios, en ese momento presidente de Guatemala, empezaría en la línea determinada por el plano vertical que pase por la cumbre de Buenavista y la cumbre del cerro de Ixbul, desde su intersección con la anterior hasta un punto a cuatro kilómetros adelante del mismo cerro.

El Tratado Herrera-Mariscal establecería que Chiapas y el Soconusco son parte de la patria mexicana, que Guatemala renunciaría definitivamente a sus reclamos territoriales relativos a esas zonas, que un pueblo con casas de techado vertiente al estilo suizo sería parte de México y se llamaría Unión Juárez a partir del 18 de octubre de 1870.

Unión Juárez es mucho más fresco que Tapachula y don Antonio está muerto.

***

José Antonio Valera Saá. Hijo predilecto de Unión Juárez. Pensador, ideólogo, humanista, soñador y visionario, Premio Chiapas 2011. Noviembre 2012.

Así leo en la estela blanca en la plaza principal de Unión Juárez. Encima del mármol está un busto de bronce que viste una guayabera. Su cara es solemne y digna.

Creo que llegué tarde. Don Antonio ya no va a poder contarme nada de este lugar.

La vista es agradable, el color verde esmeralda de la vegetación es un bálsamo para la mirada. El pueblo es conocido por la producción de cacao, que hizo famosa la región del Soconusco en el mundo, y el chocolate caliente en la terraza de un bar del pequeño zócalo es la bebida más apropiada al clima de montaña del Soconusco.

***

El calor es insoportable en la calle Amargura, en La Habana Vieja. La búsqueda de un bar para tomar una cerveza helada se hace espasmódica. Mis dos acompañantes, Sergio y Kerim, comparten conmigo la incomodidad del clima bochornoso. Son las dos de la tarde y llevamos horas caminando y sudando.

Avanzamos moviendo un paso tras otro, arrastrando las suelas que se pegan al asfalto. Los calzones, los pantalones, rozan los muslos empapados de sudor, generando un fastidioso dolor en la entrepierna. Sería suficiente una brisa marina, un aliento de aire en estas calles antiguas. Edificios majestuosos de una ciudad decadente. A mi izquierda aparece la puerta de vidrio del Museo del Chocolate. Conozco este lugar. Aquí pasé momentos de auténtica felicidad con una mujer especial, mitad cubana y mitad mexicana. No recordaba la ubicación exacta de este lugar, pero sí sabía que perdiéndome en La Habana Vieja a lo mejor volvería a encontrarlo, y ahora estoy aquí. Una vez más.

La puerta de vidrio se abre y junto con el frío del aire acondicionado el perfume del chocolate invade mis fosas nasales, me devuelve mis recuerdos, y conquista inexorablemente mi deseo.

Entramos. No es una cerveza amarga lo que necesitamos. Un chocolate bien frío y dulce es la bebida más apropiada para el clima tórrido de mar de La Habana Vieja.

***

Una isla acaba cuando empieza el mar.

La linde es un territorio cambiante, el espacio impreciso donde la tierra se separa del agua.

Sentados en el muro del Malecón, miles de ojos habaneros cada día buscan esa exactitud.

Si te asomas, sientes la superficie áspera de la piedra caliente y las rocas oscuras las ves picudas allí, un momento secas y brillantes bajo el sol que nunca descansa ni deja descansar, un momento sumergidas bajo el agua espumosa. La linde existe entre esos dos momentos. El espacio geográfico es imaginable sólo en la fracción de segundo entre ola y resaca.

***

Nos sentamos en una mesita blanca. Los colores que dominan son el blanco y el verde claro, verde menta. Las mesas están casi todas ocupadas por turistas extranjeros, familias cubanas, niños, señoras que ríen y platican. Ya descansamos del calor.

El chocolate con leche que me sirve la mesera vestida de blanco es delicioso. Demasiado dulce para mis compañeros. Cierro los ojos recordando las sonrisas y las miradas amorosas que acompañaron este mismo sabor en este mismo lugar, tiempo atrás.

Un sabor es carnada para pescar recuerdos.

Abro los ojos y en mis manos aparece un folleto verde olivo. *Acerca del chocolate*, se lee en su portada. Mientras converso con Sergio y Kerim sobre nuestras aventuras cubanas, lo que nos queda por visitar, los planes para la noche, distraídamente hojeo las páginas bilingües que en inglés y español ofrecen detalles curiosos de la historia del chocolate. La mirada se detiene en una sola, minúscula palabra: *soconusco.*

Leo.

***

Leo.

Durante el siglo XIX y principios del XX, la palabra chocolate *adquirió una asociación especial y muy interesante con la malversación de fondos públicos, un problema común a la sucesión de gobiernos corruptos que sufrió la isla por aquellos tiempos. Tan usado fue el término, que en 1887 se publicó un libro para denunciar las prácticas fraudulentas de los españoles en Cuba titulado* El país del chocolate (la inmoralidad en Cuba)*: “A Cuba no se va hoy —tronaba el autor, F. Moreno— en busca de bienestar o de una modesta posición, sino a robar; a robar, sí, ésta es la frase, un poco descarnada, es cierto, pero que condensa de un modo inequívoco, aunque fatal, la aspiración de cada emigrante”.*

En su Nuevo catauro de cubanismos *(1923), don Fernando Ortiz explica la etimología: “Chocolate. Sinónimo de* soconusco *en ambas acepciones. El chocolate era el chivo, o sea, el negocio sucio o malversación de fondos o intereses públicos en tiempo de la colonia. Pero ¿por qué tenía esta acepción tan extraña? Intentemos explicarlo en cuatro tiempos: 1º* Chocolate, *sinónimo de* soconusco; *2do* soconusco, *semejante fonéticamente a* soconuco; *3ro* soconuco, *diminutivo de* socono; *4to* socono, *en lenguaje de la germanía, caló gitano o briba del hampa andaluza, significa ‘hurto’; por lo que* chocolate *y* hurto *fueron la misma cosa”.*

***

El mar es un muro de agua.

El mar es una linde dilatada, abnorme.

Una isla no colinda sólo con sus fronteras. La linde la separa de la frontera misma.

***

La bizarra interpretación de Fernando Ortiz no es verdad. Pero no es menos real que la realidad. ¿Dónde están las raíces de Soconusco?

Soconusco es la castellanización de *Xoconochco*. En náhuatl, *xococ* significa "agrio, amargo"; *xocotl* es "fruto"; *nochtli* es "nopal o tuna"; *co* es "lugar". El lugar del nopal amargo o el lugar de las tunas agrias es lo que le da el nombre a la zona de México en la que se produce esta semilla amarga.

***

Sigo leyendo.

Se piensa que el chocolate fue propagado por Europa por los miembros de la Compañía de Jesús. Los jesuitas amaban beber chocolate, y eran muy exitosos comerciantes de cacao "a la gran gloria de Dios". En América del Sur ganaron mucho dinero con el comercio de cacao, pues las órdenes religiosas españolas podían exportar e importar sin pagar impuestos. El duque de Saint-Simon, embajador francés en España en 1721, contaba cómo en 1701 llegaron de las Indias 8 grandes cajas sospechosamente pesadas, con rótulo que indicaba "Chocolate para el Reverendísimo Padre General de la Compañía de Jesús"; cuando los inspectores abrieron una hallaron unas enormes tabletas, al parecer de chocolate, pero en realidad eran barras de oro, envueltas en una gruesa capa del delicioso manjar. Como la Compañía no quería admitir el comprometedor cargamento, el oro fue enviado al rey, y el chocolate a los que descubrieron el engaño. El duque también consigna que cuando visitó la sede de la orden, le ofrecieron "el mejor chocolate que nunca he probado", pero este lujo clerical llegó a su fin en 1767, cuando Carlos III expulsó la Compañía de Jesús de los territorios españoles.

Así se lee en la página verde olivo.

***

Abro los ojos.

No logro ver el Tacaná, ni siquiera desde la falda del mismo Tacaná.

Un hombre joven que vive en un pueblo cercano me dice que él solía subir cada semana al volcán, que ahí arriba hay una cancha de futbol donde se puede jugar, que la vista es hermosa. Dice que hace años no sube porque ya se casó y pues con los hijos pequeños es más complicado.

Le pido que me enseñe la cumbre del Tacaná.

Debería estar allá. Qué extraño. Justo hoy no se logra ver.

***

Por aquí es por donde pasan los migrantes guatemaltecos que llegan a trabajar en los cafetales, por estos bosques frescos y húmedos, escondiéndose entre pinos y helechos, migrantes nómadas que vienen a hacer lo mismo que hicieron hace cien años los hermanos Tomasini. Hay unos murales en las paredes de un viejo mercado de Unión Juárez. Se ven rostros de mujeres, águilas, una bandera de México gigante y descolorida donde el verde parece casi azul y el rojo tiende al rosado. En el mural se lee "libertà è partecipazione". Una intervención de un italiano amigo de los zapatistas, me había dicho Ernesto, ve a buscar el mural. Pues el mural sigue ahí, con sus palabras que son el lema de una canción famosa del cantautor Giorgio Gaber. Pero nadie en el pueblo parece saber quién lo dibujó ni cuándo. Hace años está ahí, quién sabe, la verdad no me acuerdo, ¿un italiano? Pues no sabría decirle.

***

PUNTO DE
TRIANGULA
CION DE LA
FIJACION
DE LIMITES
ENTRE ME-
XICO Y GUA-
TEMALA E
FECTUADO
SEP 22 DE
1882

***

En el taxi al aeropuerto de Tapachula tengo que ponerme un suéter con capucha, aunque afuera el calor hace que la suela de mis zapatos se vuelva un chicle pegajoso, porque como siempre el aire acondicionado es muy agresivo. La carretera está vacía en esta mañana adormecida de domingo. Estamos a punto de llegar a la pequeña terminal, recorriendo un rectilíneo que costea la pista de aterrizaje. Volteo distraído a mi derecha y ahí está. Enorme y verde entre las pocas nubes que lo rodean, se recorta imponente en el cielo azul cobalto.

Sin dejar pasar ni un momento, saco mi celular de la mochila y le tomo una foto para mandársela a Ernesto. Así me despido de ti y de tu familia Tomasini.

En efecto, el volcán Tacaná existe.

El viaje sigue.

XII. ESTOY GORDO

As a general rule of biology, migratory species are less "aggressive" than sedentary ones.
There is one obvious reason why this should be so. The migration itself, like the pilgrimage, is the hard journey: a "leveller" on which the "fit" survive and stragglers fall by the wayside.
The journey thus pre-empts the need for hierarchies and shows of dominance.
The "dictators" of the animal kingdom are those who live in an ambience of plenty.
The anarchists, as always, are the "gentlemen of the road".

Bruce Chatwin, *The Songlines*

Cada mañana, al abrir los ojos, me veo arriba de la Bestia.

No es que recuerde mi viaje. Literalmente me veo encima de la Bestia. Es que en la pared que tengo enfrente en mi cuarto están colgadas dos fotos de Fabio Cuttica que me entregó su esposa, Diana. Después de casi una década de amistad, de aventuras juntos y sobre todo de peticiones infinitas, Fabio Cuttica me mandó algunas fotografías impresas. Representan varios momentos de nuestro trabajo y llevaba mucho tiempo queriendo tenerlas. Fabio es un fotógrafo extraordinario, pero sobre todo era importante para mí tener el testimonio de lo que vivimos juntos.

Así que el 22 de septiembre de 2018, día de mi cumpleaños número treinta y nueve, llegan de Colombia, en un sobre especial de cartón, dos fotografías que ahora están colgadas en mi cuarto, frente a mi cama. La primera es una foto desde arriba de la Bestia. Se ve la cola del largo tren que hace una curva en una zona rural de lo que podría ser Tabasco o Veracruz. En el primer vagón, cerca del fotógrafo, está el único personaje de la foto, un hombre acostado en el techo del tren, completamente envuelto en un saco de plástico negro; de la cara sólo se logra vislumbrar una nariz y una boca, el resto está escondido en una playera gris. Parece un cadáver, pero los que estábamos ahí sabemos que el hombre sólo estaba dormido, probablemente un poco crudo.

La segunda foto es una *selfie ante litteram*, dado que en 2010 los autorretratos todavía no se llamaban así. Fabio y yo estamos sentados en el lomo de la Bestia con un grupo de migrantes hondureños. Fabio tomó esa foto con su Canon 5D, una cámara profesional con la que trabajaba en ese entonces que no está hecha para *selfies*. Quería documentar nuestra aventura. Era el 21 de abril de 2010 y pocas horas después iba a cambiar nuestra vida.

***

La *Bestia* bufa y chilla sobre los rieles. Son casualmente las diecisiete en punto y, sin ningún aviso previo, el tren empieza a moverse, lentamente. Leeeentaaaaameeeeenteeeeee. Casi no se mueve si lo ves desde arriba. Pero sí, las ruedas están girando. Los últimos pasajeros se trepan en las pequeñas escaleras de metal. No vaya a ser que pierdan el tren después de haber esperado a que saliera durante tantos días.

Los que tenían dinero se quedaron a dormir en alguna casa cerca de la línea del ferrocarril. Amontonados en colchonetas en una habitación en la que dormían uno al lado del otro. Con un solo baño para todos. Los demás tuvieron que encontrar un poco de sombra bajo los árboles o directamente debajo del tren. Algunos comerciantes de Arriaga te dejan usar el baño de su negocio. Cada vez que cagas son quince pesos. Todo cuesta el doble, o el triple. No hay alternativa, no te puedes alejar demasiado del tren, porque puede partir en cualquier momento, sin avisar, como ahora.

Hace unos minutos empezó a circular la voz de que el tren estaba a punto de moverse. La espera lánguida en la sombra se ha convertido en un hormiguear de personas. Llegan hombres y mujeres desde las calles cercanas, con mochilas, bolsitas de plástico, colchonetas, cobijas, gorras, botellas de agua. No llevan mucho, lo indispensable. Salen de todos lados a la vez, como pingüinos migrantes trabados en un Antártico tropical. Los ojos escondidos en la sombra que proyecta la visera de la gorra. En silencio. Con decisión.

Los vagones se llenan de miradas, de sonrisas de alivio, porque la mayoría de las personas que están aquí llevan tres días acampadas como pueden, esperando que el tren decida moverse.

El tren decide moverse. Porque el tren no es un objeto inanimado. El tren tiene voluntad, es una entidad viva. Y no es amigable. Por eso le dicen la Bestia.

La Bestia tiene un cuerpo vivo, músculos de acero, aliento de vapor, la voz de un ave de rapiña. La Bestia tiene voluntad propia, puede ser caprichosa y cruel, dejar que te quemes vivo en sus láminas de metal, durante las horas interminables de espera en medio del campo bajo el sol. Puede desmembrarte el cuerpo, si te equivocas al pasar de un vagón al otro, si te quedas dormido, si no respetas su camino. Puede tirarte al suelo, con la ayuda de las ramas que te van golpeando, brazos externos al cuerpo que cumplen sus órdenes azarosamente. Y puede dejarte aquí, y poner fin a tu viaje.

Pero la Bestia es voluble, puede ser misericordiosa, llevarte rápido en su lomo hacia el norte. Puede ser piadosa, no reclamar tus extremidades, tus carnes, perdonar tu cuerpo sin devastarlo con su metal aullante. Puede ser clemente, arrullarte con dulzura, fuera del alcance de policías, agentes migratorios, secuestradores, mientras cruza pedazos de país que te acercan cada vez más a tu destino.

El destino.

También hay miradas preocupadas por las nuevas incógnitas del viaje. ¿Nos asaltarán? ¿Nos golpearán? ¿Nos violarán? ¿Nos secuestrarán? Preguntas comunes, constantes, que ocupan espacio en las mentes de cualquiera de las personas que están subiendo esas escaleras de acero.

De las cuatrocientas personas que están encontrando un lugar lo menos incómodo posible aquí arriba en este momento, sólo veinte llegarán a cruzar la frontera norte. Y de esas veinte mujeres que he contado, a lo mejor llegará una. A lo mejor dos.

Cada uno de nosotros sabe que éstos son los números, dice Henry. Pero mira las caras. Todos pensamos en el fondo que entre esas pocas personas vas a estar tú. Yo por ejemplo estoy seguro de que voy a llegar.

Los vagones, larga espalda inhóspita de la Bestia, se llenan de gente. Emigrantes de Honduras, Guatemala, El Salvador, algunos cubanos, pocos de América del Sur, sobre todo de Venezuela y Ecuador. Trepan con dificultad los cinco metros de los vagones y toman su lugar en el techo. Quisieron esperar hasta el último segundo disponible porque el acero arriba es incandescente, después de haber absorbido el calor del sol vertical durante todo el día, y multiplica el calor que no parece disminuir por la tarde.

Llevamos tres días esperando el tren en este hoyo bochornoso de Arriaga. No es cierto. El tren ya estaba aquí. Lo que estábamos esperando es que partiera hacia el norte. En algún momento. Tuvimos que llegar a Arriaga, porque después de que el huracán Stan pasara por esta zona en octubre de 2005 y arrasara con las vías de comunicación del sureste de México, el tren de transporte de carga que todos conocen como "la Bestia" ya no sale de Tapachula. Han pasado cinco años desde entonces, es verdad. Pero esta zona no es conocida mundialmente por la rapidez en la reconstrucción, sino por los vientos que la atraviesan, es uno de los centros de producción de energía eólica del sur de México, pero considerando el calor tórrido que hace, en estos días los vientos deben de estar soplando en otros rumbos del Istmo de Tehuantepec.

Los hombres y las mujeres que están subiendo al lomo de la Bestia han recorrido casi todos a pie los doscientos cuarenta y siete kilómetros que separan Arriaga de Tapachula en una semana de camino siguiendo las vías del tren.

Subo la escalera de metal que han usado mis compañeros de viaje y al llegar al techo del vagón siento vértigo y un escalofrío. El vértigo por la altura. El escalofrío por la emoción. Entiendo ahora estas sonrisas nerviosas. No es sólo miedo lo que sienten estos jóvenes hombres sentados a mi lado. El miedo a que los criminales los asalten, a caerse del tren, a que los deporten. Es palpable y real también la enorme emoción por la aventura que está a punto de empezar. Han cruzado sus países, Honduras, Salvador, Guatemala, para llegar aquí. Han vivido ya abusos, violencias y dificultades. Pero ahora empieza una nueva etapa del viaje: hay que cruzar México. Y es una gran aventura.

Encuentro mi lugar en un vagón de techo plano a un lado de un par de hondureños con los que he convivido en estos días previos a la partida. Me amarro a la Bestia con una cuerda, e intento acomodarme como puedo sentado en un cartón, a un lado de Fabio Cuttica y de Juan de Dios García Davish, un periodista chiapaneco que nos acompaña en la travesía como nuestro *fixer*. Llevo semanas programando este viaje y por fin estoy encima de la Bestia.

Y por fin se empieza a mover.

***

Arriba de la Bestia tienes que treparte. El techo de lámina arde cuando le pones una mano encima. El aire está caliente y húmedo y la ropa se te pega al cuerpo. En el vagón, Fabio y yo nos acomodamos junto con el grupo de hondureños con los que viajamos hace días. Está Henry, que vivía en New Jersey, perdió a su esposa y fue deportado hace pocos meses porque lo cacharon manejando sin licencia. Y sin documentos migratorios. Lárgate inmediatamente a tu casa, *beaner son of a bitch*, le dijeron. Sí, pero tengo una niña de un año y medio. *It's your problem*. Ahora Henry monta la Bestia.

Está Christian, que, desde el departamento de Olancho, una zona rural interna de Honduras, dejó a su mujer, dejó a sus tres hijos y dejó su lucha, porque él estaba en la resistencia en contra del golpe de Estado de 2009, el golpe que todos ya olvidaron. Christian nació en el pueblo de al lado del de Isis Obed Murillo, el chavo de diecinueve años a quien el ejército de su país le voló la cabeza el 5 de julio del año pasado, durante una manifestación en el aeropuerto de Tegucigalpa, donde los hondureños antigolpistas estaban esperando el regreso, en avión, de su presidente legítimo, Manuel "Mel" Zelaya. El avión nunca logró aterrizar, pero los militares decidieron disparar para dispersar a la multitud. A Isis la bala le perforó la nuca y lo mató al instante. Al día siguiente, Christian estaba en su funeral en Guayape. Yo también estaba ahí. Y estaba en el aeropuerto el día anterior.

Se lo digo.

Claro, me dice él, me acuerdo de ti, te reconocí hace un buen rato. Estabas en un grupito de periodistas.

Sí, éramos pocos aquel día, muy güeros, muy extranjeros. Él me conoce desde entonces, y yo me lo encuentro acá en búsqueda de su pasaje hacia el norte.

Porque no quiero que mis hijos crezcan en esa mierda, no quiero que crezcan como unos miserables.

Luego está Óscar. Este camino ya lo ha recorrido hace poco tiempo. Con su hijo. Logró hacerlo cruzar del otro lado. Pero luego la *Border Patrol* los agarró. Óscar se echó tres meses de prisión y luego lo mandaron a la chingada pa' su casa. Y ahora él vuelve a intentar.

A ver quién es más terco, si ellos o yo.

Al atardecer viajamos con el viento en popa a la apabullante velocidad de veintitrés kilómetros por hora encima de esta máquina infernal. Uno dice, uy, ¿qué serán veintitrés kilómetros por hora? Te tardas menos caminando. Bueno, al parecer si intentas lanzarte del tren en movimiento a veintitrés kilómetros por hora tienes buenas posibilidades de destrozarte en las roquitas que se recortan a los lados del ferrocarril. Así que es mejor atarse bien para no correr el riesgo de caer de este tren que parece correr como corre un gordo cuesta arriba.

Hablando de gordos, en nuestro vagón de primera clase viaja también nuestro Virgilio, el colega chiapaneco Juan de Dios, unos ciento cincuenta kilos de periodismo.

Lo han subido a la fuerza aquí arriba, un poco porque los migrantes son solidarios y lo veían en dificultad, y un poco porque daba mucha risa ver al panzón treparse encima de la Bestia, sudando y murmurando maldiciones entre dientes. Juan de Dios ha recorrido la zona en la Bestia muchas veces, sus fotos son una referencia en el ambiente y su experiencia es realmente amplia. Ha sido fundamental su ayuda en los días anteriores a este viaje. Esto no quita que es cómico ver cómo se sube al tren.

En la amenidad del atardecer alguien en el techo del vagón hace aparecer mágicamente un juego de baraja. Y el vagón se vuelve un casino. Un partido entre campesinos emigrantes del interior de Honduras consiste en gritar muy fuerte, amenazarse de muerte e insultar recíprocamente a sus respectivas madres, hasta agotar las cartas. En el techo de la Bestia es todo más impactante porque se corre también el riesgo de caer. Fabio está amarrado a una soga que aseguramos al vagón, para poder sacar las increíbles fotos que ilustrarán revistas en papel couché. El gordo se desploma en la lámina con aire complacido. Yo charlo con Henry y me lío unos cigarros muy codiciados entre estos señores. Somos realmente una alegre pandilla de goliardos.

Lástima que estos amigos están arriesgando el pellejo para llegar a esa pinche frontera que los separa del SUEÑO.

En las alas del viento tragamos kilómetros. Después de tres horas recorrimos la distancia equivalente a la que separa la Ciudad de México de Toluca y estamos a punto de entrar en el florido estado de Oaxaca. La oscuridad nos abraza y nos sentimos bien.

¡Carajo, por fin logramos tomar este pinche tren!

Luego la Bestia reduce la velocidad. Dices, ¿más lento que así? Sí, aún más lento. Muy lento, casi a vuelta de rueda. La gente se calla. Deja de pendejear. Por dios, chicos, están migrando, no andan de excursión con la escuela. ¡Un poco de seriedad!

Los primeros relámpagos abren brechas en la oscuridad. Llegan de los dos lados del ferrocarril. Junto a gritos desgarrados. Ves a Henry sujetarse de la cuerda que era de Fabio y desaparecer en la oscuridad. Ves a Christian bajarse por la escalera como un oso que baja de un árbol. A Óscar de plano no lo ves. Porque ese convenenciero ya se esfumó desde hace rato. Se fue. Se evaporó.

Esos culeros están asaltando el tren.

Ya valimos verga.

***

Lo que ves es gente que se lanza del tren en movimiento, que se echa un clavado en la oscuridad de la noche: sombras que saltan en la sombra. Los gritos, desde el suelo, se hacen cada vez más cercanos, hasta que el tren se para del todo. La primera cosa que hacemos es tirarnos bocabajo en el techo del tren, no vaya a ser que alguna bala decida plantarse en medio de la frente de los valientes periodistas. Sí, porque alguien ahí abajo ha empezado a disparar. Las voces de los hombres encapuchados, cubiertos de tinta negra en la negritud de la noche, están gritando amenidades como "hijos de su puta madre, ¡bajen del pinche tren! ¡Los vamos a matar a todos!"

No se ve ni madres, aparte de los relámpagos de luz disparados por las linternas de nuestros nuevos amigos encapuchados y las escasas luces de la entrada del pueblo de Chahuites, un poco retirado todavía.

En el techo del tren no queda casi nadie: Fabio, Juan de Dios, yo y un migrante borracho que está roncando y babeando. Se tragó cantidades importantes de algún licor barato y apestoso en Arriaga y está tirado bocabajo a pocos metros de nosotros. Ni se ha dado cuenta de lo que está pasando.

Aparecen en el techo del tren un par de encapuchados. Llevan armas largas y se ven bien feos. Ahora, de cerca, logro reconocer el uniforme. Se trata de dos agentes de la Policía Federal. De cerca quiere decir que uno de los agentes enmascarados se me para enfrente y ahora me apunta en la cara un AR-15, uno de aquellos fusiles de asalto que están tan de moda entre las fuerzas de seguridad de medio mundo. Y otra descarga de insultos y amenazas de muerte. Nosotros, sólidos en nuestras posiciones, no cedemos un paso, apostándole todo al hecho de que evidentemente la que nos apuntan en la cara debe de ser un arma de juguete y pronto el agente nos va a decir que todo es una broma.

Dentro de mí: se acabó. Aquí se acaba la historia.

El miedo es una sensación física. Es un fluido que circula en tus venas. En todas tus venas al mismo tiempo. Paraliza tus movimientos. Pulsa en tus sienes. Agota el oxígeno en tu garganta.

Me van a matar. Me van a matar. Me van a matar. Esto es lo último que voy a ver. Y está de la verga.

No soy capaz de hacer nada. No hago nada. Intento no mirar la boca del fusil, demasiado cerca. Demasiado cerca. Así, clavo mis ojos en un punto ligeramente arriba de la cabeza del hombre que me grita en la cara, que dice que me va a matar.

Pero no pasa nada. No me mata.

Mientras tanto, ahí abajo los demás policías enmascarados, que serán unos treinta, han logrado detener a un centenar de nuestros compañeros de viaje, los que no han logrado escaparse. Los hicieron acostar en cuatro filas, cara al suelo. Para ser más convincentes, los treinta federales dan empujones, golpes, levantan la voz, las manos, aplastan las caras de la gente en el polvo con sus botas bien boleadas. Nosotros, ahora que les hicimos entender nuestras razones a los dos oficiales que nos siguen apuntando el fusil en la jeta, decidimos aceptar su amable propuesta y empezamos a bajar del pinche tren.

En todo el tiempo que ha pasado hasta ahora no se ha visto ningún funcionario del Instituto Nacional de Migración, lo que vuelve automáticamente ilegal este operativo de la Policía Federal. Otro elemento que lo vuelve ilegal es el hecho de que estos amables tutores del orden y la ley siguen disparando al aire con sus fusiles bien machos. Y está muy prohibido. Ah, casi se me olvida que otra cosa que hace ilegal el operativo es el hecho de que los encapuchados están robándoles el dinero a los migrantes. Bueno, para ser precisos, les están robando todo lo que tienen. Sistemáticamente, con orden, para luego dejarlos ir en la noche, a la merced de violadores y asesinos que seguramente están escondidos en la oscuridad.

Los migrantes que se quedan detenidos al final son los que no tenían un peso. Son cuarenta y siete. Y hay que ver qué hacer con ellos. Y con nosotros, que, en todo este tiempo, ya más de media hora, seguimos vigilados por estos dos amigos armados con sus AR-15.

La situación es un poco complicada y tensa. Los federales nos identificaron como periodistas italianos y no saben bien qué hacer con nosotros.

Mientras lo descubren a través de incomprensibles comunicaciones vía radio con los superiores, a uno de los dos amigos encapuchados que nos cuidan se le ocurre hacer bajar a nuestro colega Juan de Dios, que se ha quedado sentado arriba del tren. Hablándole a Fabio con tono imperativo, le dice:

Dile a tu amigo que se baje.

Pues dile tú, ¿yo qué?

Silencio.

Es tu amigo, ¿no?

Sí, pero no soy yo el que quiere que se baje.

¡Bájate, cabrón!

Silencio.

¿Cómo se llama?

Juan de Dios.

¡Juan de Dios!

¡Eh!

¡Bájate!

Silencio.

¡Que te bajes, cabrón!

Silencio.

¡No puedo!

¿Cómo que no puedes? ¿Por qué no puedes?

¡Porque estoy gordo!

***

En un instante, las carcajadas traspasan los pasamontañas y se liberan en el aire húmedo y oscuro de Chahuites.

La escena se congela. Es una foto. La foto que Fabio no puede tomar, porque desde el primer momento los policías le prohibieron sacar su cámara, y pues con un AR-15 apuntando a tu cabeza tiendes a seguir las instrucciones.

La Bestia silenciosa y pesada descansa estacionada en medio del camino sin sacar ni un ronquido. Las luces de las camionetas de la policía a sus lados, las lámparas cortan la oscuridad de las diez de la noche en la entrada del pueblo. Oscuridad densa. Decenas de hombres tirados en el piso a los dos lados del tren, las manos entrelazadas detrás de la nuca, con algunos policías enmascarados y negros apuntando sus fusiles. Dos hombres con las cámaras colgadas al cuello, parados a unos diez metros de la boca de la Bestia frente a dos policías. La máscara de uno de los dos, levantada hasta los ojos, deja ver una boca, una nariz. Así que tiene un rostro, cosa que lo coloca en la especie de los humanos.

Dos oficiales en el acto de subir la escalera para llegar al techo. Ahí una sombra enorme, sentada, todavía atada, esperando. Y un bulto borracho tirado a su lado.

Nada se mueve. O nunca estuvo en movimiento.

El policía con un rostro no puede evitar reírse. Se ve que está al mando, tiene unos lentes pequeños, y su máscara subió hasta la frente. Ahora parece un gorrito negro tipo el que usa Joe Pesci en *Mi pobre angelito.*

Le habla a Fabio.

Bueno, si no puede solo, ayuden a su amigo a bajarse. No puede quedarse ahí.

¡Ni loco! Está muy gordo, nos vamos a romper la espalda.

¿Entonces? ¿Qué hacemos?

Ustedes quieren que se baje, pues que lo bajen sus agentes.

Ya estamos en una película de Tin Tan. El oficial piensa. El fotógrafo italiano tiene un punto interesante. Con la expresión seria, el oficial les ordena a sus subalternos que bajen al gordo.

¡Bajen al gordo!

Ves las dos sombras que ya están en el techo. No puedes ver sus caras, pero sabes que están mencionando la madre de su jefe en voz baja. Baaaaajaaaa. Pero obedecen. Y poco a poco, con la ayuda de otros dos que esperan abajo, logran bajar al hombre que nos salvó la vida. Bueno, tampoco nos salvó la vida. No nos iban a matar. Probablemente gracias a nuestros pasaportes italianos, porque en este país la vida de un periodista mexicano, de provincia, no vale lo mismo que la mía.

Mientras tanto, los otros pasajeros del tren siguen tirados bocabajo, esperando que en algún momento llegue un funcionario de Migración. Que llega más de una hora después, acompañado por algunos colegas en cómodas camionetas, en las que tienen que subir los viajeros centroamericanos.

Nosotros: libres y vivos.

Lo que nos queda en el pecho es la sensación de impotencia frente a un abuso. La normalidad de la lógica del más fuerte, tan común, tan oprimente.

Alguno de estos valientes y locos viajeros llegará a realizar su sueño, el de construir las casas de los ricos en California, en Oregon, en Carolina del Norte. Se olvidará de las dificultades que tuvo que pasar para llegar ahí, o hará tesoro de ellas. Pero llegarán más. Cada uno de los migrantes lleva consigo la vida de todos aquellos que lo han precedido y que lo seguirán. Cada presente de cada migrante es la repetición de una historia hecha de miseria, horror, sueños, valentía, entusiasmo, locura, aventura. Y cruce de fronteras.

XIII. CARAVANAS

—Voi siete napoletano, eh?
—Sì, ma no emigrante. No pecché ca' pare che u napulitan' nun po' viaggià. Po' solo emigrà.
MASSIMO TROISI, *Ricomincio da tre*

CUALQUIER migrante se construye en el camino. Se va imaginando. Y al estar imaginando se va narrando a sí mismo.

***

Otra vez en la Bestia. Otra vez hace mucho calor y Fabio cumple años. Es el 26 de julio de 2011 y la Bestia nos está esperando. A Fabio y a mí, y a unos cientos de migrantes más que anoche estaban bailando, cantando, comiendo pastel en *La 72*, el albergue de migrantes que se acaba de inaugurar en Tenosique, Tabasco, y que toma su nombre del número de migrantes asesinados en un rancho de San Fernando, Tamaulipas, en agosto de 2010. Hace menos de un año.

Así que estamos listos para subirnos otra vez a la Bestia. Hoy con menos ilusión y más tranquilidad que la vez pasada, porque junto con nosotros vienen más periodistas, representantes de organizaciones defensoras de migrantes, curas, estudiantes y académicos. Hoy parte la segunda caravana migrante "Paso a Paso hacia la Paz".

La primera se organizó en enero como consecuencia de una denuncia del padre Alejandro Solalinde, que había llevado a la luz pública una desaparición forzada de migrantes centroamericanos en la zona de Chahuites, en el estado de Oaxaca. Poco tiempo después de mi pase por ahí. Sospecho que varios de los encapuchados que tuve el placer de conocer en el lomo de la Bestia entrando a Chahuites tuvieron más éxito en otra ocasión.

De verdad hace mucho calor y no es un detalle secundario de los que se debería prescindir al inicio de una narración, como enseñan los manuales de periodismo. Es que yo ya sé, al igual que la mayoría de estos muchachones hondureños y salvadoreños, que ahí arriba, en las láminas de metal que se van calentando bajo el sol, se van a cocer nuestras nalgas. Y se suda un montón aun estando parados en la sombra, esperando a que parta el tren.

Tabasco le gana a Chiapas en humedad. ¡Bien hecho, Tabasco!

Contentos de participar en la marcha migrante, nos subimos todos al lomo de la Bestia y a las ocho de la mañana dejamos atrás la ciudad de Tenosique, que entre otras cosas le dio los natales a José María Pino Suárez.

***

Viajaremos arriba de este tren durante las próximas treinta y nueve horas, hasta llegar al bonito puerto de Coatzacoalcos, Veracruz, treinta y nueve horas en las cuales tendremos mucho calor, nos acabaremos el agua, los bolillos, jugaremos cartas, le cantaremos las mañanitas al fotógrafo italiano que justo hoy cumple años, ¿cuántos, don Fabio? Treinta y ocho, ¡muchas felicidades! Tendremos mucho miedo, nos aburriremos, fumaremos muchos cigarros, haremos entrevistas y seremos entrevistados, nos amarraremos con cuerdas al tren para dormir, dormiremos y tendremos sueños breves, inquietantes y movidos, sueños que hablan de huir, de escuchar ruidos y de ramas de árboles que se mueven y te atacan, evitaremos las ramas de los árboles en el camino, despiertos, dormidos, seremos golpeados por las ramas en el camino, muchas ramas; tendremos mucho calor, mucho más calor, esperaremos cuatro horas parados en medio del campo húmedo de Tabasco a que nuestro chofer, el piloto del tren, decida que ya nos hemos rostizado lo suficiente bajo el sol, y luego correremos para no perder el tren que se vuelve a poner en marcha justo mientras estábamos echando una meadita en la sombra de una planta de café, recibiremos comida y agua de gente desconocida al llegar a Palenque y nos despediremos de unas periodistas de la televisión japonesa (¡la televisión japonesa!) que con sus cremas solares, sus pantalones cortos color kaki, sus camisas de manga corta color kaki y su sombrero kaki de explorador de la sabana decidirán que hasta Palenque es suficiente, que ya se pueden bajar, ya vieron lo suficiente, *arigató,* nos contaremos historias tristes, nos contaremos historias felices, chistes, guarradas, nos contaremos los chistes más tontos del mundo, nos tomaremos el tiempo de reír, observar la selva exuberante que nos rodea, la compararemos con panoramas colombianos, hondureños, guatemaltecos, salvadoreños, cubanos, italianos, ay, no mamen, Italia no se parece nada a esto, ¿qué saben ustedes que nunca han salido de Honduras?, ¡cállese vos gringo maje malparido, ni hablás bien español!, ah, ¿y ustedes qué? Todos muy Miguel de Cervantes, ¿verdá? ¿Cervantes quién? ¿Ves? Justo a lo que voy, y no saben nada de mi país, mi patria, mi tierra, ahí volveré algún día y seré millones, como lo dijo aquella vez Túpac Katari, pues yo también volveré a Honduras, digo, si no me bajan de aquí y me secuestran otra vez, si llego al gabacho y logro quedarme, luego pienso volver, es que en esta misma zona hace seis meses me bajaron del tren mientras intentaba regresar a Jiústontejas, ahí viví cuatro años y ahí fue donde me agarró el *AIS* y que me deportan otra vez a Honduras, y pues nada, los Zetas, los *Zetuchos*, lo diremos en voz baja porque pensamos que en cualquier momento nos pueden asaltar, pero también escucharemos a Fray Tormenta explicarnos que el problema deriva de la política migratoria del gobierno federal, que favorece a las organizaciones criminales, que el caldo de cultivo para que las organizaciones criminales hayan crecido tanto es lo que el Estado (con e mayúscula) les ha permitido hacer, así que el Estado es el primer responsable; entonces entenderemos una cosa muy importante que los periodistas siempre ignoran para ganarse los premios hablando de los Zetas y del narco y de los cárteles que dentro de unos siete años mi amigo Oswaldo Zavala explicará que no existen, estaremos amontonados, aguantando la lluvia del segundo día de viaje, en el cual el observador atento podrá notar una baja en el entusiasmo y una alta en la angustia, incrementada por el hecho de que nos estaremos acercando a Veracruz, que la falta de sueño y de agua nos pondrá un poco paranoicos, de que los policías que acompañarán la caravana se la pasarán tomando fotos al tren como si fueran cualquier turista, entre medias sonrisas, sin que falte el Javier, el mismísimo de Jiústontejas, que opine, riendo fuerte, sobre los federales, que andan bien acobardados y enojados hoy porque con el apoyo de la caravana tenemos la facilidad de avanzar, porque cuando vamos solos por acá los cobardes nos detienen, nos arrestan, nos golpean y nos entregan a los Zetas, pero como hay tantos medios que nos acompañan no lo pueden hacer y les molesta, y nomás se la pasan tomando fotos, putos, y nos matará el calor, los calzones clavados en el culo, el no poder bañarnos, oler a bestias todos, algunos más, nos estaremos callados largos ratos, siempre más largos, siempre más, para luego volver a reír de alguna pendejada o volver a humedecer los pómulos avergonzados en el palmo de la mano escuchando una confesión en la oscuridad, un recuerdo, un deseo, una narración que no se quiere interrumpir.

***

Cuando tú paras el camino, es como que se le pudre todo por dentro.

Cualquier migrante se construye en el camino, se va rehaciendo, se va imaginando y al estar imaginando se va narrando a sí mismo. Y narrándose, entra en estados de expectativas bellas. ¿Por qué tú y yo, que viajamos en ese animal tan siniestro constantemente, veíamos a los migrantes sonriendo? Siempre traen una gran tragedia adentro, de situaciones difíciles, pero ¿por qué sonreían?

***

Porque es una gran aventura también. Y la aventura les permite narrar una posibilidad. Les posibilita pensar en una expectativa que no iban a tener nunca, nunca, nunca en su lugar de nacimiento. Al evadir por un momento el espacio tan miserable, tan de exclusión, de tanta violencia, buscan los términos de cómo quieren ser. A lo mejor al final, Fede, terminan no siendo lo que ellos dicen, pero lo hermoso es cómo se van construyendo su propia narrativa. Y se están imaginando con recurso económico, no con dinero; están imaginándose en su familia, que les va bien, que van a la escuela. Que luego eso puede cambiar cuando llegues, es otra cuestión. Pero cuando están en el viaje están hablando de la posibilidad de ejercer un derecho, de tener más, mucho más de lo que tengo acá en casa. Cuando tú lo paras, los traumas de la frustración son tan terribles, porque le estás rompiendo su narrativa, le estás rompiendo el cuento. Y nunca le rompas el cuento de su felicidad a un ser humano. Nunca lo hagas, porque entonces entran otros escenarios, y entre ellos el de la violencia. Y eso es de la belleza de viajar. Tú y yo hemos viajado mucho, y al ir viajando nos imaginamos, nos re-imaginamos. Nos narramos de otra forma. Cuando vemos algo, algún monumento, una montaña, un río, nos narramos de otra forma, como que nos cambia la vida en ese momento, porque vivimos de narrarnos en todo el tiempo, de renovar nuestro sentido de... no somos estáticos, porque nos hemos reconocido nosotros en el derecho a cambiar constantemente, no ser una especie de figura pétrea. Y cualquier migrante hace eso, ejerce también el derecho a imaginar posibilidades de futuro. Y es muy feliz, porque tú y yo los oímos, que en cuanto llegue yo quisiera que mi hijo fuera a la escuela, y tuviera buenos zapatos... La mayoría está diciendo "quiero que sea profesionista". A lo mejor no saben lo que quiere decir ser profesionista, pero ellos dicen "quiero que sea profesionista". A lo mejor imaginan un futuro que nunca podrían narrar quedándose anclados en su casa.

A Javier Urbano, profesor de estudios migratorios de la UNAM y la Ibero, lo conocí en aquel viaje de treinta y nueve horas en la Bestia de Tenosique a Coatzacoalcos.

Trepado al techo del tren, atado con una cuerda, sudado como taco de canasta, como todos los demás, con la misma expresión de incertidumbre y expectativa en la mirada. Una sonrisa amistosa.

No recuerdo nuestra conversación, pero recuerdo lo que pensé mientras me hablaba aquella vez. Me decía en silencio en mi mente, mira a este hombre chaparro, moreno, rechoncho, despeinado, con la ropa desgastada, su chalequito azul, qué bien habla, qué culto es este migrante. Es verdad que emigra todo tipo de gente, no sólo los más jodidos.

Sólo después supe que era un profesor trabajando en el campo, como lo había hecho ya muchas veces. Pero ¿qué? ¿Un profesor no puede ser emigrante? ¿Un emigrante no puede ser profesor? Lo había encasillado por su apariencia, por su pigmentación, por su fenotipo, su estatura, su cara de emigrante. Es lo que hacemos todo el tiempo. Es lo que hacía yo en ese tren y lo que todos hacen al verme a mí, "güero", "gringo", "europeo", "privilegiado".

Javier Urbano, para su trabajo de campo, utilizaba una estrategia muy distinta a la mía. La suya era la mimetización, la mía la exageración de la diferencia.

Hoy, a casi diez años de aquel encuentro, razonamos sobre nuestras obsesiones de siempre y las recientes caravanas migrantes.

***

Una marea humana. Miles de personas a finales de 2018 han forzado a los medios del mundo a voltear a verlos. Se han puesto en marcha, cruzando Honduras, El Salvador, Guatemala, juntándose del otro lado de aquella frontera de agua seca, para irrumpir como una masa humana al sur de México, en Tapachula, cruzando ese puente de agua, para entrar en la oscuridad de México. Y seguir caminando.

Estamos aquí y estamos cansados de no ser vistos. Ahora tienen que voltear a vernos. Nos tienes que mirar a los ojos. Estamos vivos, existimos.

Javier se exalta, entre las paredes de un color beige

deprimente de su cubículo en la Universidad Iberoamericana, cuando le pregunto sobre las caravanas.

A ver, Fede, deja por un momento de lado quién la organizó, porque de eso podemos discutir, es otro boleto, pero cuando la caravana se presenta frente al mundo y dice, a ver, yo tengo el derecho a manifestarme públicamente y ejercer mi derecho a la protesta y mi derecho a migrar y en forma organizada, y se juntan en cinco o siete mil personas en una sola vez, ¿qué es lo que están diciendo? Dicen, quiero dejar de pasar en la oscuridad, quiero dejar de pasar en la absoluta ignorancia y quiero que la gente fije su mirada hacia mí. Es decir, quiero ser un actor. Y cuando tienen esta conciencia de organización, que no es de clase, es de organización, el Estado responde. Imagínate lo que puede pasar cuando grupos se den cuenta de que pueden tener más derechos organizándose, en caravana. Y ¿cuál es la reacción del Estado? Es casi paranoica. Inmediatamente sale la narrativa: son violentos, ya darán un portazo, nos llenan de problemas. Sí, a ver, es que esos siete mil pasan cada semana. Es cierto. Ah, es que tú quieres que pasen en la oscuridad. Tú no quieres que sean actores de su propio destino, tú quieres que sean objetos, moldeables según las filias y fobias de los partidos políticos y demás, porque si siguen pasando en la oscuridad tú no tendrás que rendir cuentas a nadie. Y entonces ¿qué pasa? Tienes la reacción de un montón de actores, a nivel global. Viste reaccionando a Donald Trump, que, bueno, eso es normal. Viste reaccionando a las autoridades mexicanas, pero también viste reaccionando a muchos países de Europa, a Francia, a Alemania, diciendo, ¿qué está pasando allá? Y el Estado explica, es que estos siete mil pasan cada semana, cada quince días, y entonces ¿por qué tanta atención en ese grupo? Porque ahora quieren tomar una posición, quiero decir, este grupo ahora te está diciendo, quiero sentarme en la mesa para que hablen de mí, pero conmigo presente. Más o menos el mensaje, que no implica conciencia necesariamente, pero sí implica un acto embrional de algo que puede sentar base a futuro, ve tú a saber. Y en ese sentido yo te reitero: ¿cuándo has visto a otro grupo social intentando romper un esquema de represión, excluyente, racista, homofóbico? ¿Cuándo has visto que alguien rompa eso? Es la población migrante, y un poco es el resumen del por qué en mi lectura debe hablarse del migrante como un actor revolucionario.

***

No lo creo, Javier. No me parece un actor revolucionario. Tampoco me compro mucho de lo que me dices. Es en Tijuana, la ciudad de la luz, donde seré capaz de ver lo inquietante que son las organizaciones que se dieron a la tarea de armar esta caravana mediática.

Ahora prefiero seguir caminando.

***

Acampados.

La Ciudad de los Deportes se ha transformado en un enorme campamento, en el cual miles de personas están esperando.

Esperan a que se les permita irse, esperan volver a ponerse en marcha. Afuera, las negociaciones son fervientes entre las instituciones de la Ciudad de México, los activistas, los líderes de organizaciones que se declaran representantes de los migrantes, los curas como Alejandro Solalinde, el impulsor de las primeras caravanas migrantes hace casi una década. Adentro se espera, se comen tortas ofrecidas por quién sabe qué organización humanitaria, o por la misma jefatura de gobierno de la Ciudad de México; se recogen cobijas, se fuma, se mea y se caga en donde se pueda, donde en otro momento la gente viene a ver un evento deportivo, escondidos detrás de un muro, debajo de una escalera. No se puede salir y no se puede entrar. Hay que esperar.

Las historias son un mantra, cambian los nombres de pueblos o ciudades remotas en países centroamericanos, cambia el acento, cambian detalles sobre cómo ha sido asesinado el vecino, el hijo, la hermana, sobre cómo se tenían que pagar las cuotas, sobre quién estaba amenazado por quién.

La migración se vuelve entonces narración de historias individuales de violencia. Querían que vendiera drogas, querían que me metiera a la Mara, querían matarme. Y me fui. Me violaron, me golpearon, me secuestraron. Y me fui.

Quiero darles un futuro mejor a mis hijos.

A mis hijos.

Un futuro.

Mejor.

Miradas al suelo, miradas que evaden miradas, miradas móviles. Pies dolidos, celulares entre las manos duras, mochilas pequeñas, peinados cuidados, lentes de sol, cejas cortadas, capuchas, uñas postizas.

Las mismas preguntas de los periodistas. Las mismas respuestas de los migrantes.

¿Cuántos días llevas en camino? ¿De dónde saliste? ¿Saliste solo? ¿Qué te ha pasado? ¿Cuántos años tienes? ¿Con quién dejaste a tus hijos? ¿Cuántos años tienen? La violencia está muy dura. Los narcos no nos dejan vivir. Después de que mataron a mi hermano. Ocho y tres. Ya no hay trabajo. Mi mamá se quedó con ellos. Vienen aquí conmigo dos, uno se quedó con mi marido. Busco un futuro mejor para mis hijos. Un futuro mejor. Un futuro.

Pocos hablan de golpes de Estado, de economía transnacional basada en la explotación de recursos naturales, de ocupación del territorio por parte de grandes empresas productoras de soya, de café, de mineras, de petroleras, de compañías turísticas, de la deuda con el Banco Mundial o de las políticas de ajuste estructural del Fondo Monetario Internacional, del Plan Puebla Panamá, de la Iniciativa Mérida.

La migración narrada y reporteada como una *rational choice* individual, que se debe a "la violencia" y al "narco". Y todo tiene sentido, todo está explicado.

Y luego los niños. Por el amor de dios, ¡los niños migrantes!

La búsqueda frenética del dolor, de las lágrimas, de las violaciones-a-los-derechos-humanos.

Mírenlos. Volteen a verlos. Son las víctimas. Volteen a verlos. Les damos voz a los que no tienen voz.

Los que no tienen voz.

Llegan muchos autobuses, forman una larga columna. La negociación ha terminado. Ya pueden pasar.

La columna lentamente se pone en marcha atravesando la Ciudad de México, la ciudad-ombligo, escoltada por las luces y las sirenas, bajo las miradas curiosas, molestas, aburridas, distraídas de los que esperan colgados al volante escuchando los clásicos de los ochenta, noventa y más.

La columna de buses repletos llega a la Villa, morada de la Virgen de Guadalupe, y descarga humanidad en la Casa del Migrante Hermanos en el Camino.

Aquí se registran, por favor. Aquí tienen tiempo de

contar su historia a los medios. Su historia. Antes de volver al camino hacia el norte.

***

Las imágenes de la caravana de 2020. Miles de personas amontonadas en la frontera de agua seca tratando de romper la barrera de hombres y escudos de plexiglás de la nueva Guardia Nacional de México. Empujones, macanazos, gases, insultos, lágrimas, cámaras, micrófonos, indignación, violaciones-a-los-derechos-humanos.

Miles de personas que, de otro país, más allá del borde, quieren entrar en bola, sin documentos, por el solo derecho de existir, de transitar, por la necesidad de hacerse ver, de cruzar a un mundo mejor, hecho de trabajo, bienestar, leyes, protección de derechos, respeto, abundancia, cultura, servicios, comida, bebida, variedad, felicidad.

Los bárbaros quieren acceder a los privilegios que son tales porque los que están del otro lado, los bárbaros, pagan el costo. Los bárbaros hablan de historias individuales, todas parecidas, no hablan de ajuste estructural, pero lo llevan en la carne, lo encarnan, lo actúan. Y ya lo quieren todo.

Pero todo no es para todos. Todo tiene un precio y se tiene que pagar. La ciudadanía, como en cualquier imperio, es la que define quién está adentro y quién está afuera.

No se puede evadir. No se puede salir. No se puede entrar. No se puede brincar. No se puede traspasar el *limes*.

***

El *limes*. Palabra latina de la cual deriva *límite*, era para los romanos la frontera, pero sin nuestra obsesión moderna para las fronteras en sí.

El *limes* para un romano era un camino. Ah, porque los romanos tenían sus propias obsesiones y estaban obsesionados con los caminos, las calles, las carreteras. Durante el Imperio romano se construyeron más de cien mil kilómetros de carreteras, la mayoría de las cuales siguen existiendo y siguen siendo utilizadas. De ahí viene el dicho de que todos los caminos llevan a Roma. Fundamentalmente porque era cierto. Roma era el centro del cual se desprendían miles y miles de kilómetros de caminos.

Bueno, el *limes*, para un romano, era ese camino en las regiones más remotas del Imperio. Pero lo más importante no eran los muros ni las rejas ni los recintos, sino buenas calles que ofrecieran movilidad a los legionarios en el caso de que los bárbaros decidieran incursionar en el territorio del Imperio. Las legiones romanas estaban preparadas para interceptar a los bárbaros antes de que pudieran empezar a saquear. O eventualmente después de que lo hicieran.

Así, el *limes* es un espacio más que una línea. Es una zona de frontera, una región, que necesita de un cuidado particular, un mando militar especial, unos fuertes, unas torres de observación, muchos soldados, los *limitanei*, un comandante de las tropas de frontera, *dux limitis*, y una filosofía de vida basada en la interacción más que en la exclusión.

Eso es un *limes* romano.

***

Tapachula es espacio liminal, en el sentido romano.

Es un espacio poroso, bastardo, impreciso, que se escapa a cualquier deseo de definición.

Pero es un espacio militarizado, para que se defienda lo más importante: la ciudadanía. Para que pertenencia y exclusión definan quién tiene derechos y quién no, quién tiene acceso a los beneficios y quién no.

***

Tres mil novecientos veinte kilómetros más al norte, Tijuana la fea, Tijuana la viciosa, Tijuana la descarada, Tijuana la horrible, Tijuana la indiferente, es también un *limes.*

***

El Norte es una incógnita.

XIV. UNA SONRISA PERFECTA

No me hables de dientes ni de dentistas.
FEDERICO MASTROGIOVANNI

EN UNA silla minúscula en la oficina del Sleepy Hollow RV Park está sentado un hombre enorme.

Es un indígena extremadamente gordo, debe de pesar al menos unos trescientos kilos y su cuerpo flácido desborda la frontera de todos los espacios vacíos que ofrece la silla de oficina. En silencio, está esperando a que se cierre la puerta detrás de mí antes de levantar la mirada del papel que tiene en las manos. En la pared frente a la entrada está colgado un cuadro que representa a una mujer nativa americana rodeada por un aura azul en una noche nevada en un bosque. A un lado de ella, una luna gigante con una cabeza de lobo en su interior. Otra obra representa un atardecer en el desierto; en el cielo se levantan y se confunden los que interpreto como espíritus de un águila y de un lobo. De los marcos de ambos cuadros están colgadas unas vistosas plumas de águila.

Los objetos de este cuarto parecen querer confirmar todos los clichés más baratos sobre los nativos americanos.

El mastodóntico recepcionista se llama Ray. Me ofrece su mano gigante al presentarse. Con toda calma, responde a mis preguntas sobre los precios de su RV park, me dice que puedo estacionar mi vehículo en un espacio equipado con agua, electricidad y a veces otros servicios. No especifica cuáles otros servicios.

El Sleepy Hollow se encuentra en el territorio de la reserva de la tribu quechan de la que Ray es un miembro. La pequeña oficina prefabricada es la última construcción que se encuentra en la estatal 186, antes de llegar a la caseta de Migración para cruzar la frontera de California con México. A pocos metros de aquí está la ciudad de Yuma, y no puedo evitar pensar en la película *3:10 to Yuma*, con Glenn Ford y Van Heflin. La del 57, no la otra de 2007 con Russell Crowe y Christian Bale. Bueno, a pocos metros de aquí, además de empezar México, también empieza Arizona.

Cuando Ray habla tengo la sensación de que le da enorme flojera, sin embargo, habla mucho. Me dice que los principales clientes del Sleepy Hollow RV Park son los que en la zona se conocen como *snowbirds*, pájaros de la nieve, que a la par de las pequeñas aves de las que toman el nombre, son migrantes estacionales que proceden de Canadá y de los territorios más al norte de los Estados Unidos cuando empieza el largo invierno.

Los *snowbirds* llegan en camper a finales de noviembre y se quedan hasta que se acabe el frío, alrededor de abril, en uno de los más de treinta parques equipados para casas de ruedas de la zona, justo como éste. Algunos son más de lujo, tienen canchas de golf, albercas, hileras de palmeras. Otros, como el Sleepy Hollow, son mucho más sencillos, o modestos. Así dice Ray. Modesto.

En su mayoría los clientes son ancianos ya jubilados. Ray me da permiso de ir a conocer algunos de los *pájaros* que están hospedados aquí.

Al salir de la oficina, el gordo quechan vuelve a sumergirse en la lectura de sus papeles, como si yo nunca hubiera entrado. Afuera de la puerta de aluminio, el desierto.

Hacia México, en la estatal 186 hay pocos autos. Hoy es 7 de diciembre de 2012. Mañana, del otro lado de la frontera se festejará la llegada de los pájaros de la nieve, se abre la temporada turística en el lado mexicano. Mañana habrá muchos autos entrando a Los Algodones, el "pueblo de los dentistas".

***

En este momento, a finales de 2012, Fabio Cuttica vive en Tijuana. Volverá a Colombia, dentro de algunos años, para instalarse en Bogotá y construir su familia, pero en este momento de la historia vive en Tijuana. Se mudó aquí porque su esposa colombiana, Diana, empezó una maestría en El Colegio de la Frontera Norte.

Un día me dice, oye, me hablaron de un pueblo de dentistas cerca de aquí, cerca de San Luis Río Colorado. ¿Vamos?

Fabio, no me hables de dientes ni de dentistas. Me da escalofríos.

No soporto hablar de dientes. Ahora mismo que escribo esto me empieza a dar un malestar en la boca, en los dientes, en las encías, en la mandíbula. Una sensación que se vuelve un escalofrío que invade mis hombros, la espalda, las piernas. Me repugna.

Me parece una historia divertida, así que empiezo a organizarme.

Pocas semanas después estamos a bordo de un camión en la Rumorosa, la autopista sinuosa que conecta Tijuana con Mexicali y que atraviesa un paisaje que todos definen como lunar en medio del desierto. No sé cómo se ve la Luna, pero la Rumorosa es un camino lleno de curvas, subidas y bajadas, donde las piedras redondas cambian de color con el variar de la luz y embellecen la majestuosidad del desierto. Desde ahí arriba, sin preaviso aparece el otro lado, California, donde corre una carretera casi paralela, para luego desaparecer. Pero el otro lado es mucho menos hermoso que éste.

Siempre coincidimos Fabio y yo en el placer de buscar y contar historias poco comunes; historias pequeñas, olvidadas, él con su cámara y yo con mi grabadora.

Odio los dientes. Los dentistas me aterrorizan. Ya me dio escalofrío.

***

El doctor Guillén acaba de construir un puente en la boca de Jeff, un hombre que desde Phoenix ha cruzado la frontera para curarse los dientes.

El doctor Guillén trabaja en el estudio Tracey's Dental. Es uno de los más de cuatrocientos odontólogos que en noviembre de 2012 están activos en la aldea de Los Algodones.

Antes aquí había más cantinas y burdeles que casas, me dice el doctor Guillén. La aldea de Los Algodones ya se conocía en la época de Benito Juárez, era una posta de paso, es más antiguo que San Luis Río Colorado y, por supuesto, que la misma Tijuana. La gente durante décadas venía a Los Algodones por sus burdeles y sus cantinas. Ahora vienen los ancianos a curarse los dientes.

Jeff ahora tiene un puente en su boca.

Detrás de su mascarilla azul, José Guillén saca las cuentas.

Aquí un incisivo lo pagas a tres mil quinientos dólares, cuando en los Estados Unidos te cobran doce mil. Acabo de hacer cuatro operaciones importantes a una paciente. Le cobramos dos mil quinientos dólares y ella nos dijo que, en Colorado, de donde ella viene, le piden veinticinco mil. Diez veces más. Por esta razón hay tantos turistas, porque en los Estados Unidos curarse es carísimo y mucha gente de clase media no puede gastar tanto dinero, no lo tiene. Aquí cuando vemos llegar a los pájaros de la nieve, sabemos que con ellos también llegan los viejitos.

La primera cosa que ves si entras en Los Algodones desde los Estados Unidos, cuando dejas atrás el paso fronterizo, es una farmacia morada, la Purple Pharmacy. En un gran letrero luminoso fluyen en rojo vivo los nombres y los precios de los medicamentos más conocidos: Ibuprofen a 3.99 dólares, Diovan a veinte dólares, Norvas a 4.50 dólares, Viagra a 7.99 dólares. En la Purple Pharmacy también puedes comprar licores. Esto es lo que imagino, si la enorme botella de tequila de cinco metros que se erige a un lado de la entrada no tiene otro significado oculto.

Desde temprano en la mañana aquí es un gran movimiento de barbas y cabellos blancos, sombreros multicolores, protectores solares, lentes oscuros, y una cantidad increíble de sillas motorizadas que viajan a toda velocidad. Son hombres y mujeres blancos, todos de más de sesenta años, con bermudas, en los pies unos tenis ortopédicos en las dos variantes, blanco o beige, gorritos de béisbol que dicen "I love Alaska" o "Sweet home Alabama" y una sonrisa amigable y relajada en la cara. Una sonrisa brillante. Una sonrisa perfecta. Son los *pájaros de la nieve.*

Las pocas calles de la aldea se llenan de jubilados gabachos que pasean sin temor en un lugar de la frontera norte de México, como si fueran en el malecón de Puerto Vallarta, mientras en la mayoría de las ciudades fronterizas hay una alerta roja para el turismo estadunidense, considerándose México en general y el norte del país en particular, zonas de alto riesgo a causa de la violencia.

Porque aquí estos turistas ancianos son sagrados, son lo más importante. Porque son una mina de oro que cada año hace prosperar la economía del pueblo. Cariñosamente se les dice "abuelitos".

Y los abuelitos son los dueños del pueblo. El flujo turístico de jubilados de los Estados Unidos y Canadá empezó a finales de los años sesenta, cuando algunos pioneros, entre los cuales el doctor Bernardo Magaña Padilla y su cuñado, el doctor Jesús Medina, abrieron los primeros estudios dentales de la zona.

El consultorio del doctor Magaña se encuentra a un lado de la Purple Pharmacy, en la entrada del pueblo, si se considera que la mayoría de los turistas entran por la frontera. Los pisos y paredes de su estudio están cubiertos de mármol de Carrara, blanco y negro. Hay bustos de mármol blanco de Nefertiti y otros personajes históricos, sillas de charro y fotos de caballos. Por encima del mármol blanco y negro, las paredes de la oficina de Magaña están tapizadas de títulos universitarios, reconocimientos profesionales, diplomas de todo tipo enmarcados en oro. El más reciente es el de "Forjador de Baja California", otorgado en 2012 por la Fundación Acevedo, A. C., "por su sobresaliente desempeño e impulso a la Odontología nacional, al desarrollo agrícola y como fundador de centros de educación media y superior en el Valle de Mexicali". En las fotos aparece muy joven, expresión decidida, lentes y peinado como se usaban en los años sesenta. Era 1969 cuando llegó aquí un joven dentista egresado de la UNAM, que vio la posibilidad de trabajar en el último rincón de la frontera norte.

Lo que ves aquí es muy diferente a como lo encontré yo cuando llegué, en 1969. Donde ahora hay farmacias, médicos y dentistas, hace unos cuarenta años había puros burdeles. Yo mismo fui a cerrarlos uno por uno cuando fui delegado aquí. Soy originario del Valle de Mexicali, pero no conocía Los Algodones. Sabía que aquí había tráfico, había posibles clientes. Claro, llegaban a Los Algodones a los prostíbulos, a emborracharse, a vivir el lado oscuro de sí mismos. No podías caminar en la calle sin toparte con un borracho, con las prostitutas que hacían su negocio.

Magaña queda casi escondido detrás de su gran escritorio de mármol. Es un hombre chaparro, delgado. Está casi hundido en su cómoda silla de piel negra, dejando entrever su rostro enmarcado en una barba bien cortada, gris /blanca, al igual que su cabello bien peinado. Sus manos no dejan de moverse durante la conversación, poniendo en primer plano un Rolex de oro macizo y voluminoso. Su mirada es irónica y socarrona. Es un hombre que parece estar muy acostumbrado y a gusto en el poder.

En su monólogo, Magaña se dibuja a sí mismo como el que transformó este pueblo, en el punto más al norte de todo México, de un burdel de frontera a un pequeño paraíso para ancianos. Fabio y yo lo miramos con desconcierto, pero con cierta dosis de ironía. Es inevitable que Fabio le ponga un apodo en romano porque Magaña (que en italiano se escribe *magagna*) significa "problema, transa, engaño". Así que todo lo que diga, desde el oro y los mármoles que abundan en su estudio, tiene un tinte siniestro y al mismo tiempo cómico. Magaña dice que fue un cambio gradual, que tomó mucho tiempo, pero aquí lo consideran uno de los pioneros, de los que cambiaron el destino de este tramo de tierra algodonera, donde el producto más importante, después del alcohol en las cantinas y las prostitutas, era el algodón, que se cultiva desde hace siglos.

Yo mismo, cuando fui delegado municipal, empecé a cerrar burdeles. Y en un pueblo como éste, que vivía de la perdición, no fue nada fácil, sobre todo porque no se veían todavía las potencialidades de este lugar. Y la verdad ni yo las veía en aquellos años. Simplemente quería limpiar el pueblo para poder trabajar, para tener pacientes que vinieran a curarse los dientes.

Finalmente, Magaña se levanta de su escritorio para enseñarnos el consultorio. En cada lóculo hay algún paciente con un dentista trabajando en su boca. La abundancia de mármol da al lugar un aspecto algo grotesco. El doctor me lleva a ver los sanitarios.

Los baños son fundamentales, deben ser siempre impecables. Es una de las reglas de higiene más importantes.

Efectivamente son muy limpios y, claramente, todo está hecho de mármol.

Siendo tan conocido, son muchas las voces sobre el doctor pionero. Que se haya enriquecido con su negocio no es un secreto, ni él intenta esconderlo.

Prefiero ser cabeza de ratón que cola de león. Aquí me hice grande, pero nunca se me olvida que cuando nací no traía nada, y cuando me vaya no voy a traer nada, ni zapatos, ni Rolex, ni nada. Pero mientras estoy aquí, disfruto lo que tengo.

Y lo que tiene es mucho. Además de la clínica dental, fue fundador del colegio que forma dentistas, el único en Los Algodones.

Entre sus propiedades: cultivos de algodón, que comercializa en Japón. Antes de acompañarnos a la salida, Magaña nos regala una cajita de dátiles que comeremos en la noche en nuestro pequeño cuarto de hotel. Es productor directo de estos frutos en las afueras del poblado, en el Rancho Magaña. Doscientas hectáreas de plantíos entre dátiles y algodón.

Al darme la mano, me enseña su sonrisa de anciano feliz y rico.

Hemos construido un pequeño milagro aquí, me dice sin ninguna modestia, escribe esto.

Su sonrisa es una sonrisa perfecta.

***

Tengo una cita con el cuñado del doctor Magaña, el doctor Jesús Rafael Medina, otro pionero que tiene su consultorio cerca de la *línea*.

Recorriendo los pocos metros que separan a los dos cuñados, hay que hacerse espacio entre los cuerpos lentos de los turistas. Las calles de Los Algodones están repletas de gente. Aunque la fiesta de bienvenida es mañana, ya empezó la temporada turística con los primeros fríos en el norte de los Estados Unidos. Las risas poderosas y las pláticas en voz alta de los turistas hacen pensar en una localidad de mar durante el *spring break*.

En la entrada del consultorio de Medina, una anciana señora blanquísima con el pelo pintado de azul está tomando una cerveza en medio de la calle. Son las once de la mañana. En realidad, son las diez, según el tiempo de Tijuana y Mexicali, pero aquí, para que los turistas se sientan más cómodos, se ha adoptado informalmente el horario de Arizona. Así que son las once, hora de Yuma.

Medina es uno de los médicos que en Los Algodones suministra la terapia conocida como quelación, a través de la cual, dicen sus promotores, se eliminan metales pesados de la sangre como el mercurio, el arsénico, el uranio y el plutonio. Medina lleva veinticinco años suministrándola y para él es una cura milagrosa.

Es una técnica muy beneficiosa para limpiar las arterias y prevenir infartos y problemas coronarios. Claro, todavía hay quienes nos atacan, pero las pruebas empíricas están de nuestro lado.

La técnica no está prohibida en los Estados Unidos, aunque no sea reconocida como terapia eficaz para enfermedades circulatorias más que cualquier placebo. La razón por la que muchos pacientes vienen aquí es seguramente la accesibilidad del precio de los tratamientos, hasta cinco veces más económicos que en los Estados Unidos.

Y para que yo vea los beneficios del tratamiento, el doctor Medina me permite pasar a la sala de suministro del "suero".

Hundidos en enormes sillones verdes están unos veinte pacientes, conectados con tubitos a unas bolsas llenas de líquido. Los cinco televisores LCD colgados en las paredes transmiten documentales de animales salvajes. Un hombre que se ve bastante anciano con una gorra de Santa Claus en la cabeza respira de un cilindro de oxígeno, esperando con paciencia que se acabe el "suero".

Una mujer sonriente platica con su marido, que está parado de pie a su lado. Me acerco para entender de qué se trata su tratamiento. Me dice que se llama Janeth, que viene de Ontario, en la parte oriental de Canadá, y lleva siete años con la terapia de la quelación. Dice que cada invierno llega con su esposo Thomas desde Toronto para limpiarse la sangre.

¡Este tratamiento es un verdadero milagro! Antes tenía muchos problemas de circulación, los médicos tradicionales me habían dado pocas esperanzas de sobrevivir, pero con la quelación llevo siete años de maravilla. Pero lo más increíble es el efecto que tiene sobre mi cerebro. Me siento más lúcida, pienso con más claridad, es como si la quelación me hubiese ayudado a quitarme un velo que me opacaba la mente.

La técnica es muy controvertida en la comunidad científica y no le reconoce los efectos benéficos en el tratamiento de enfermedades circulatorias o cardiacas, pero es sorprendente la convicción con la que estos pacientes defienden el tratamiento.

Le pregunto a Janeth si ella también percibe un olor raro en la sala. Dilata los ojos y suelta una carcajada. Luego me mira con condescendencia, como si estuviera hablando con un pobre desafortunado.

¡Claro, es nuestro sudor! Los químicos que nos inyectan pasan por nuestra sangre y van a los riñones, pero una parte también son expulsados con el sudor. Y la verdad lo que sale es bastante apestoso, por esto después de cada tratamiento mi esposo se queda unos metros atrás de mí, pues le da asco el olor, pero es un mal necesario.

***

A pocas decenas de metros del puerto fronterizo, en una explanada que se acaba de construir, un grupo de jóvenes está armando las últimas lonas para la fiesta de mañana. Todo debe estar listo, la fiesta de bienvenida es una tradición que lleva más de dos décadas, siempre organizada en estas fechas por los dentistas y médicos de Los Algodones.

A la una de la tarde, horario de Yuma, ya se ha formado una fila de carros en espera de cruzar el paso fronterizo, que en este punto cierra invariablemente a las diez de la noche. Se tardarán un par de horas en cruzar la línea. Todavía hay tiempo de unos tragos más en los bares del centro, todos con música en vivo desde la mañana. La vida de Los Algodones está concentrada en el día, entonces a la una de la tarde la actividad se parece a la de un sábado en la noche en cualquier otro lugar turístico.

También los *table dance* están abiertos y llenos. Más en el día que en la noche. El más famoso es el Hawaii Club, en la calle Cecilio Garza, a una cuadra de la avenida principal.

Entrar en un *table* a la una de la tarde se me hace un poco bizarro y encontrarlo lleno de estadunidenses jubilados con sombreros de paja y margaritas en la mano lo hace más grotesco. Si se considera que anoche, cuando pasé por aquí para ver cómo estaba la movida, encontré sólo a las bailarinas con la cara aburrida y al gerente, la cuestión se hace inquietante.

Uriel lleva diecisiete años trabajando en el Hawaii. Cuando se vino de Sinaloa era un chavito y se juntaba con los jóvenes propietarios del bar que lo hicieron gerente. Me recibe en una oficina minúscula, llena de cajas de cerveza, con un monitor de computadora en el que se observan todos los movimientos del bar, a través de un circuito cerrado de cámaras. A un lado de la oficina están los probadores de las *teiboleras*.

La mayoría de mis clientes en el día son los viejillos. Les gusta venir con las muchachas, les encanta, sobre todo a los de ochenta años.

Tiene una expresión divertida y me enseña videos de los días pasados, grabados en su computadora. Son puros ancianos, tomando cerveza, invitando a bailarinas a sentarse en sus piernas.

Ellos vienen de once de la mañana a cinco de la tarde. Van al dentista, ellos los preparan y muchas veces les dan unas tres horas de espera para que se les seque el trabajo, y esas tres horas las pasan acá. Llegan, piden su cerveza, agarran una muchacha, cogen y se van. A veces hay hasta tres horas de fila caminando en la línea. Tons los viejillos que se la saben vienen aquí a hacer tiempo, se esperan hasta las cinco, que baje la fila, y mientras, se toman unas cervezas y se llevan una morra.

Mientras cuenta la dinámica del cliente-tipo, Uriel se ríe y hace repetidamente el gesto de golpear la palma de la mano con el lateral del puño.

En el monitor veo que está entrando un grupo de ancianos; dos están en silla de ruedas eléctrica. Todos tienen un sombrero en la cabeza. Se sientan a una mesa y son rodeados por bailarinas. Sin pensarlo dos veces empiezan a toquetearlas, a agarrarles las nalgas y los senos.

Mira, ¿ves cómo es acá?, comenta Uriel señalando el video, allá en el *gabacho* vas a un bar y no te dejan hacer nada, si te acercas a una muchacha, si le tocas una nalga, te corren a patadas. Aquí no, les damos luz verde, aquí en México se sienten más libres, y están más contentos. Por esto, aunque no tengan que ir al dentista, estás seguro de que acaban aquí.

Con detalles me describe a sus clientes.

Son tranquilones ellos, sabes a lo que vienen. Agarran una mujer, le pagan un trago, se empastillan de Viagra y vámonos. Tengo un cliente, se llama Bob, no sé si se llama así de verdad, pero aquí le decimos Bob. Tendrá unos ochenta y cinco años. Está chaparrito, güerito, pero bien macizo. Ese señor se lleva tres mujeres. Viene unas tres veces por mes. Se lleva una muchacha al cuarto, luego baja, se toma dos cheves, se queda abajo nomás el tiempo de las dos cervezas, ponle unos veinte minutos, se lleva otra morra al cuarto, baja, otras dos cervezas y se lleva otra. Y uno dice, ¿cómo le hace este cabrón? Una de las morras me dijo un día, se parece a mi abuelito, pero ¡que no se le baja esa madre!

Al bar Hawaii llegan también muchos jóvenes de Yuma, sobre todo en los fines de semana, cuando los ancianos no están y el bar se vuelve un antro.

Y a las 9:50 de la noche los ves a todos bien pedos; salen corriendo porque a las diez les cierran la línea. Algunos hasta brincan el cerco si llegan y está cerrado, porque no pueden llegar a su casa al día siguiente, pues sus viejas los matan.

Cuando se acaba mi plática con Uriel, en el Hawaii hay mucha más gente que cuando entré. Está un señor no muy anciano que ha llegado con su mamá, y con ella está tomando una cerveza en la barra, viendo la exhibición de la bailarina Veronika, que está abrazando el palo encuerada.

El grupito de señores que entró hace un rato está muy

entretenido con unas cinco bailarinas, manos bien hundidas en las tangas, los cachetes rojos de alcohol y de excitación.

Afuera el día es luminoso, la luz del desierto es extrema, como sus temperaturas.

Con Fabio decidimos cruzar la frontera para tener una idea comparativa con el otro mundo.

***

Después de unos cuarenta y cinco minutos formados en la fila, unos funcionarios de Migración, por una vez no tan desagradables, nos dejan entrar en los Estados Unidos. Estamos en territorio quechan, una tribu que, como se lee en su página de internet, era "conocida por sus guerreros expertos y por sus comerciantes". Actualmente, sus miembros se ganan la vida con el comercio, la agricultura, los casinos y otras actividades, entre las cuales resaltan minisúpers y los Recreational Vehicle Parks.

Junto a unos enormes anuncios del Quechan Casino Resort. Ubicado en la Algodones Road, a un kilómetro al norte de la frontera, está la entrada del Sleepy Hollow RV Park. Rodeado por el desierto, un pequeño prefabricado con un letrero blanco que dice *office*, es la única construcción además de las decenas de campers estacionados ordenadamente.

Con el permiso de Ray, el encargado quechan del Sleepy Hollow, voy a buscar algunos huéspedes, algunos *pájaros de la nieve*.

A un lado de un enorme y lujoso camper rojo metalizado está sentada una pareja, tomando el sol de la tarde, con un perrito que le hace compañía. Betty es originaria de Durango, pero lleva toda la vida en California. Con su esposo Charles, al que le dicen Carlitos, vive en Yuba City, cerca de Sacramento. Desde 1997 pasan aquí tres meses al año, en las épocas más frías.

No tenemos grandes problemas de salud, pero nos gusta aquí, dice Carlitos, un hombre alto, con barba y bigote blanco y una sonrisa cordial, es muy tranquilo aquí, es un buen lugar donde ir a descansar.

Claro, y no pasa día sin que Carlitos vaya a tomarse sus margaritas en Los Algodones, ¿verdad?

Betty se divierte acompañando a su esposo en el lado mexicano de la frontera, pero también admite que no es un lugar donde quedarse tanto tiempo.

Hay gente que viene y se queda hasta seis meses aquí. A mí me parece aburrido, en Yuma no hay mucho que hacer, y de todas maneras nosotros tenemos una casa donde regresar.

Algunos de los ancianos que llegan aquí en invierno vendieron su casa y todo lo que tenían para comprar un camper, como los vecinos de Charles y Betty.

Ellos vienen cada año, comenta Charles, vendieron casa y todo en Colorado cuando Jerry se jubiló, hace más de quince años. Desde entonces viven en un camper, viajando, pero ahora Jerry ya no puede manejar, se mueve en silla de ruedas, y ya no tienen un lugar a donde regresar. Yo no quiero acabar así. Quiero tener una casa donde envejecer y morir, pero entiendo que para mucha gente una casa de verdad es un lujo.

A pocos metros del camper de Betty y Charles hay otro mucho más modesto. Afuera, sentados en unas sillas de camping, están dos hombres y una mujer platicando. Murray y Ada Reed son canadienses, de Calgary, y Carrol es de Montana. Los tres vienen desde 1992 a pasar el invierno aquí, siempre en el Sleepy Hollow. Este año Carrol perdió a su esposa y es la primera vez que se mueve solo.

Los dos canadienses se declaran expertos conocedores del pueblo de Los Algodones, han pasado por muchos consultorios médicos y dentales, aunque, subrayan con cierto orgullo, su sistema sanitario en Canadá les cubre muchos gastos.

Pero estando tanto tiempo acá, por comodidad uno aprovecha, dice Ada tejiendo a dos agujas, nosotros conocemos a todos en el pueblo, sobre todo Murray; restaurantes, bares, y todos los *bartenders*. Vamos juntos al Frogs y al Hawaii casi todos los días, ¿verdad, Murray?

Murray la observa divertido tomando una lata de Budweiser.

Murray no habla mucho, pero es amigo de todos, continúa la mujer, hasta los agentes de Migración lo conocen. Ya es uno más del pueblo.

Cuando pregunto qué dicen sus hijos sabiendo que se quedan aquí tanto tiempo, su sonrisa se hace más triste.

Los hijos de casi todos los que estamos aquí ya se han ido. Casi todos venimos solos porque ya los hijos hacen sus vidas, y los ancianos nos quedamos solos, y además en lugares fríos. Entonces uno se organiza, y viene al sur, a socializar con otros ancianos, porque nuestras familias ya no nos necesitan.

***

La Algodones Road corre a un lado del Sleepy Hollow RV Park hacia el norte. Antes de regresar a Los Algodones quiero llegar a Yuma, ver el lugar que, por el costo de vida, se transforma cada año en meta migratoria de decenas de miles de jubilados canadienses y de los estados norteños. Tan sólo en la zona de Yuma hay treinta y tres RV parks, algunos de los cuales son verdaderos centros de recreo, con canchas de golf, albercas, centros comerciales e hileras de palmeras.

La ciudad de Yuma es muy ordenada y limpia; sus calles amplias no son muy transitadas. Es una típica pequeña ciudad de provincia de los Estados Unidos, y no hay mucho que ver. El centro es una sola calle donde se concentran algunos bares, un teatro, tiendas de *souvenirs*, un par de fuentes. El contraste con la vida y el color de cualquier ciudad mexicana la hace parecer aburrida hasta para unos jubilados estadunidenses, que en Los Algodones encuentran una vitalidad de calle extremadamente atractiva. No hay comparación entre el silencio ordenado y aburrido de una calle de Yuma con la diversión de unas margaritas heladas de cualquiera de los bares del pequeño pueblo fronterizo, donde además los turistas estadunidenses son tratados como reyes.

Regreso rápidamente a México y entiendo la razón por la que entre cinco y diez mil personas cruzan a diario la frontera para ir a tomarse una copa a Los Algodones.

***

La noche es tranquila en el pueblo de los dentistas. Después de las diez las calles están desiertas. Los ambulantes que venden artesanías mexicanas se han ido desde las primeras horas de la tarde y se preparan para la fiesta de bienvenida de mañana, que abre formalmente la temporada turística. Como cada noche, Fabio y yo nos encerramos en el hotel a discutir sobre las actividades del día siguiente. También es el momento en el que comentamos los encuentros del día que se acaba. Es inquietante ver cómo nuestras colaboraciones de alguna forma nos llevan a escenarios grotescos.

El día de la fiesta, el puerto fronterizo es un río de gente que llega en auto, caminando, en los omnipresentes carritos eléctricos. Desde las ocho de la mañana el poblado de Los Algodones se inunda de cabezas blancas, caras sonrientes en busca de su fiesta, de diversión.

Las tiendas cercanas a la frontera han sacado banquitos. Se regalan probaditas de medicinas, productos para el cuidado de la piel, chochitos de todo tipo, pero sobre todo tequila y margaritas. Hay una mesa casi en medio de un crucero donde se preparan margaritas. Los ancianos *pájaros de la nieve* son una multitud en busca de un trago gratis. Se amontonan cerca de los tres jóvenes que a velocidad impresionante preparan cocteles sin parar. Los turistas casi asaltan el banquito, toman su trago, lo beben con voracidad y se vuelven a formar para pedir otro. Una señora canadiense, con una playera que dice "I am Canadian", no para de tomar y de reír, saca de su bolsa una gorra roja en forma de hoja de maple y tomando su margarita saluda a todo el mundo tarareando el himno de su país.

Enfrente de la Purple Pharmacy, dos muchachas regalan paquetes de medicinas varias: Dexilant, Tramadol, Metformina. Hombres y mujeres se acercan con bolsas, canastas, mochilas con nombres de improbables localidades turísticas visitadas en viajes de grupo, de Acapulco a Madrid, pasando por París y Los Cabos, y agarran sin mirar de qué se trata. Llenan sus contenedores y siguen adelante, hasta el siguiente mostrador.

Frente a otra farmacia hay una mesa con una ruleta. Un hombre hace girar la bolita y a cada número corresponde un medicamento diferente en regalo, o un cepillo de dientes, o, en el peor de los casos, un "hasta luego" gritado enfrente de todos. Hay por lo menos treinta ancianos formados y sonrientes en espera de su golpe de suerte en la rueda de la fortuna.

En la entrada de cada bar hay meseros que ofrecen *shots* de tequila a todos los que pasan. La atmósfera es eufórica. Ya a las diez de la mañana abundan los ojos vítreos, las expresiones de borracho. Parece un día de feria, nomás que una feria sólo para viejos.

Los voluntarios han trabajado duro y a las nueve de la mañana el nuevo auditorio, la explanada pública para los eventos, está lista para abrir sus puertas a los más de quince mil turistas que cruzarán la frontera.

En el palco se preparan grupos de baile tradicional de adolescentes procedentes de Sinaloa, Chihuahua, Durango y Baja California. Abajo, empiezan a tomar lugar miles de ancianos en la explanada cubierta por lonas recién instaladas, para que la piel blanca y vieja de los abuelitos no se queme con el sol del desierto. La fila para la comida ofrecida por los comerciantes de Los Algodones ya cuenta con decenas de personas. Nada en comparación con la fila para tomar cerveza gratis. Para un vaso de cerveza hay que esperar casi una hora bajo el sol.

Después del desfile de pequeños políticos locales que dan la bienvenida a "los hermanos del norte, el patrimonio más importante de Los Algodones", empieza el *show*.

Mientras miles de bocas ingurgitan al unísono tacos de guisado, frijoles y totopos con guacamole, los jóvenes danzan bailes populares en representación de un México que ya no existe. Detrás de las mesas, a un lado de la fila para la cerveza, hay puestos de las farmacias que regalan paquetes de medicamentos surtidos si los ancianos logran tirar una bolsita llena de arena en unos cuadros de madera con números, si pueden centrar una botella con una pelota, si se ponen una gorra que dice "Sanident". Los ancianos turistas, en una excitación colectiva, hacen de todo, se dejan hacer todo por los organizadores, en una especie de trance de grupo, donde el límite entre diversión y abuso, entre gracioso y grotesco, se va esfumando y se disuelve en la gran cantidad de alcohol.

Los policías presentes ayudan a un hombre a levantarse después de haberse tropezado en una banqueta y haber volado con sus dos cervezas en la mano, en el asfalto caliente. Unos paramédicos ponen unos puntos en la cabeza de otro jubilado que cayó bocarriba en el suelo frente a su esposa que ahora lo justifica, es que está muy borracho mi marido, no se dio cuenta.

Mientras tanto la música ha cambiado, un guitarrista local de pelo largo y aspecto rockero está interpretando grandes clásicos de la música mexicana y del rock. Al ritmo de "Pretty woman", "I can get no satisfaction", "The Wall", "Samba Pa Ti", manadas de parejas invaden el escenario en bailes seniles salvajes.

Una mano me agarra el hombro, al voltear veo a una anciana mujer sudada, con los cachetes rojos por el esfuerzo, que me invita a bailar. Es Janeth, la señora que encontré en el salón de la quelación. La última vez que la vi estaba conectada a una bolsa de líquido amarillento con un tubo de plástico. Ahora, medio borracha, me invita a bailar una macarena. Me levanto y me lanzo al ruedo tratando de absorber su entusiasmo, su alegría, su excitación. Y me pierdo en el baile enloquecido. Y me olvido de mí mismo.

La edad por primera vez me parece una frontera relativa.

***

En la tarde la fila para regresar a Yuma es demasiado larga. Muchos se encierran en el Hawaii a hacer tiempo. Otros están formados pacientemente, cargando bolsitas llenas de medicamentos, regalitos de artesanía, llevándose un poco de humanidad, de diversión, tratando de vencer a la única verdadera enfermedad que abunda en estos turistas *sui generis:* la soledad.

***

En este mismo desierto, seis años más tarde, por primera vez llegará una caravana de migrantes centroamericanos con la intención de cruzar la frontera.

XV. EL NORTE ES UNA INCÓGNITA

I want to go to San Diego
I want to go why no puedo?
MANU CHAO, *Bienvenida a Tijuana*

De los cuerpos celestes, vuélvete a los asuntos humanos: verás que las razas y los pueblos han cambiado de lugar. ¿Qué significan las ciudades griegas en medio de países bárbaros? ¿Qué significa el dialecto macedonio entre indios y persas? La Escitia y todo el territorio de aquellos pueblos indómitos deja ver ciudades de la Acaya situadas en las costas pónticas. Ni la amenaza de un invierno perpetuo ni el talante de sus hombres, tan hosco como su cielo, han sido un obstáculo para quienes han cambiado de lugar sus casas. En Asia hay una multitud ateniense; Mileto vertió su población en setenta y cinco ciudades distintas; todo el litoral de Italia que baña el mar del Sur fue la Magna Grecia. Asia reclama para sí a los etruscos; los tirios habitan África, España los cartagineses; los griegos se introdujeron en Galia, en Grecia los galos; el Pirineo no impidió el paso de los germanos. La movilidad humana se lanzó por lo intransitable, por lo desconocido. Llevaron tras de sí a sus hijos, a sus mujeres y a sus padres cargados de edad. Unos, zarandeados por un errar prolongado, eligieron un lugar asequible, no por decisión, sino por cansancio; otros impusieron sus leyes con las armas en tierra ajena; a algunos pueblos, cuando se dirigían a lo desconocido, los tragó el mar; otros se establecieron donde los depositó la falta de recursos. Y no to-

dos tuvieron la misma causa para dejar y buscar su patria; destrucciones de sus ciudades por armas enemigas expulsaron a unos, despojados de sus posesiones, arrojados a las ajenas; a otros los alejó una sedición interna; a otros un enorme exceso de población les hizo irse, con objeto de mitigar la tensión de la ciudad; a otros los echó una enfermedad o los continuos movimientos de tierra o algunos defectos insoportables de un suelo estéril; a algunos los atrajo la fama de una vega feraz y extraordinariamente alabada. A cada uno apartó de su casa una causa distinta.

De todas formas, está claro que nada ha permanecido en el mismo lugar en que nació. Continuo es el peregrinar del género humano. Todos los días cambia algo en tan gran orbe; se echan nuevos cimientos de ciudades, surgen nuevos nombres de pueblos, tras extinguirse los anteriores o tras cambiarse a la llegada de otro más fuerte.

Todas estas migraciones de pueblos, ¿qué son sino exilios comunitarios?[1]

***

Los que han llegado a Tijuana a finales de 2018 están exhaustos, dispersos, inciertos.

Las caravanas se han dividido, deshilachado al cruzar la inmensa república mexicana. Tapachula es el ingreso a la oscuridad, Tijuana es la salida a la luz.

En la ciudad de Mexicali, en noviembre de 2018, cientos de personas devastadas por la interminable travesía quieren descansar. Quedarse en la capital administrativa de Baja California, ciudad fronteriza gemela de Calexico, para buscar la manera de cruzar individualmente, pasando desapercibidos, para el otro lado.

[1] Séneca, *Consolatio ad Helviam matrem.*

Los organizadores anónimos, que no dan entrevistas si no se trata de medios amigos, de periodistas activistas, insisten en que se tiene que llegar en bola a Tijuana, que los migrantes tienen que cruzar la Rumorosa para llegar a reclamar atención a Tijuana, ciudad mucho más atractiva para los que necesitan visibilidad y fuerza simbólica.

Las caravanas se descomponen. Los migrantes no son títeres, son sujetos. Se levantan voces discordantes. A mí no me conviene llegar a Tijuana. La Rumorosa es muy peligrosa, hace frío, el desierto te puede matar.

Pero la Caravana Migrante tiene que hacerse ver, tienen que llegar a Tijuana, no es aceptable la solución individual. Las organizaciones humanitarias organizadoras, como Pueblo sin Fronteras, que han convocado la caravanización de la migración en 2018 desde los países de Centroamérica, son financiadas con dólares que provienen de las fundaciones más diversas del capitalismo estadunidense, necesitan visibilizar el problema de la migración a nivel internacional, niegan fines políticos que no sean el simple humanitarismo, el apoyo a los migrantes. No pueden parar. No pueden ahora que falta el cierre espectacular en la garita de Tijuana, frente a las cámaras de medio mundo.

Algunos migrantes deciden que en Mexicali se acaba su caravana. Otros aceptan la propuesta de los organizadores y se ponen en marcha con pocas ganas a través del desierto de la Rumorosa para llegar a Tijuana.

Los veo ahí en la carretera caminando. Acabo de bajar en auto la Rumorosa desde Tijuana. Hace frío. El desierto es el picor del sol y las navajas de viento.

En el lado opuesto de la carretera se ven los primeros, caminan en fila, en grupos de dos, de tres, de cinco, dos más, uno aislado, luego cuatro. Mochilas, capucha, una botella de agua. Caminan.

Voy acompañando a un equipo de la televisión italiana que llegó aquí para cubrir la Caravana Migrante, porque es un tema actual. Se acercan las elecciones de la mitad de mandato en los Estados Unidos y la migración es un asunto electoral. Yo trabajo como *fixer* para ganarme un dinero extra. Pagan bien, en euros, en efectivo.

Llego con una *troupe* de periodistas italianos que no tienen idea de lo que están haciendo.

Para alcanzar a los caminantes nos dirigimos hacia Mexicali y en el primer retorno volvemos a tomar la autopista en dirección de Tijuana, en dirección de la Rumorosa.

Bajamos del coche como los héroes, los que documentan la Historia en mayúsculas. Como reporteros de guerra. Así debe de sentirse este colega acostumbrado a repetir preguntas vacías en las calles del mundo creyendo que está documentando la Historia. El camarógrafo, más experto, más anciano, tiene el cinismo y el humorismo sin esperanza del que ha visto demasiado y está convencido de que con nuestro trabajo no se corrige nunca nada. Va cargando su cámara y lo único que busca es la estética y el dramatismo. Me recuerda al camarógrafo de *Territorio comanche*, la primera novela de Arturo Pérez-Reverte después de veinte años como reportero de guerra, que habla de la cobertura del conflicto en Sarajevo en 1992. El cínico camarógrafo Márquez, que había registrado demasiada miseria y muerte a través de su lente y lo único que pedía era poder grabar la explosión de un puente.

Me siento patético en esta situación. Tres periodistas italianos caminan con paso esbelto a la orilla de la carretera y del desierto, tratando de alcanzar a estos seres humanos en marcha, en silencio. Caminan rápido. No quieren hablar. No se dejan entrevistar. Tienen algo más que hacer. No están obligados a contestar las preguntas en español incierto de un periodista ignorante. Y no lo hacen. El periodista voltea hacia su *fixer* con expresión molesta, impaciente, de urgencia, como preguntándome por qué. Como exclamando cómo se atreven. Le están haciendo perder el tiempo. En pocas horas tiene que mandar el servicio montado para que esté listo en el noticiero de la mañana. Voltea hacia mí. Yo he viajado con personas como éstas muchas veces. Me ofende la manera en la que se acerca, su arrogancia, la banalidad de sus preguntas, de dónde vienen, cuántos días llevan viajando, han padecido violencias, a dónde quieren llegar, de qué huyen. No quiero prestarme a esto. Es humillante, es denigrante. Está callado con su micrófono en la mano y voltea hacia mí. Ayúdame a que esta gente conteste mis preguntas, me está diciendo con la mirada. No abre la boca, pero es lo que me exige. Yo te pago por esto. Hazlo. Obviamente lo hago, traduzco sus preguntas pendejas. Hago lo que debería hacer él. Tratar de ver frente a mí a una persona y no a un migrante. Un igual. Alguien que tiene derecho a estar cansado, desesperado, molesto, sin ganas de hablar. Anda, amigo hondureño, ayúdame tú a ganarme este dinero, contéstale algo a este pendejo. Algo, lo que tú quieras, las mismas cuatro respuestas de siempre. Cuéntale de la violencia, de los abusos, de las llagas en los pies. Las llagas funcionan siempre. No le des nada más, no lo merece. No lo digo, pero esto transmiten mis ojos. Mientras hablo con este joven con un suéter azul, la capucha encima de la cachucha, los zapatos deformados, la mirada concentrada, el periodista pelea con el camarógrafo sobre la falta de tiempo, sobre el encuadre, sobre el dramatismo. No hay tiempo, hay que apurarnos, hay que sacar tres o cuatro entrevistas, ¿cómo está la luz?, éstos no quieren hablar, nos va a agarrar la noche. El coche que rentamos y el chofer que lo maneja nos acompañan lentamente por la carretera. Finalmente, el joven acepta contestar las preguntas, aparece el micrófono con pelusa azul antiviento, desaparezco yo del encuadre. Dos minutos de preguntas, un minuto de respuestas a medias. Y a buscar a otro.

Este viento que levanta remolinos sería tan bonito si no cortara la cara. Me consuelo porque yo esta noche voy a dormir en mi cuarto de hotel en Tijuana.

Seguimos caminando y se acerca el atardecer. Lo que parece no acercarse es la Rumorosa, que queda siempre a la misma distancia. Aparecen pulgares levantados, en el gesto internacional que pide un aventón. Nadie baja la velocidad, ningún coche se detiene a cargar mugrosos migrantes centroamericanos, ningún camión.

No es cierto. Uno se para. Es un tráiler. El chofer se baja. Los migrantes en un primer momento no se la creen. Un segundo después están corriendo para ganar un lugar en la parte trasera del vehículo de este transportista que viaja vacío.

No tengo carga y vuelvo a Tijuana, intenta decir, cubierto por gritos de júbilo. No tiene sentido que esta gente se pase la noche caminando y yo con el tráiler vacío.

El periodista no captura las palabras del chofer porque está preguntándoles qué sienten a los chavos que se agarran a patadas para subir. La noticia para él es la desesperación. Para mí es constatar que existe el sentido común, la decencia, la lógica.

Las tomas son hermosas, lo dice la sonrisa del camarógrafo satisfecho. Pero todavía falta un contraluz. El contraluz dramatiza. El contraluz está chingón.

Seguimos caminando junto con los que no lograron subirse, las tomas de sus expresiones decepcionadas, traducir las preguntas obvias, cómo te sientes.

¿Es necesario seguir preguntando cómo se sienten?

Pasan los minutos, la tarde se va volviendo noche. El desierto empieza a ingurgitarnos. Un bocado de sombras para una criatura hambrienta hecha de polvo.

Se los va a tragar a ellos, porque los heroicos periodistas internacionales se van para las sábanas perfumadas y las almohadas suaves.

Ya los veo a los lectores buenos y justos que se complacen por esta crítica a los periodistas buitres. Los veo asentir con la cabeza o con la mente; claro, malditos periodistas que se aprovechan de los pobres migrantes, ellos que deambulan en la oscuridad del desierto para alimentar las gargantas voraces de los periodistas.

Si llegaron hasta aquí y siguen pensando que los periodistas somos unos mierdas y no merecemos dormir en una cama cómoda, de verdad no sé qué hacer con ustedes. Vuelvan al capítulo uno.

Todos deseamos dormir en una cama cómoda. Y cada vez que duermo bien estoy feliz de hacerlo, de poder hacerlo, y espero que pueda hacerlo también en el futuro. He dormido en la Bestia amarrado a mis compañeros de viaje, recibiendo los golpes de las ramas, y está de la verga. No es deseable. Es necesario. Pero cuando se puede evitar es mejor.

Estoy pensando en mi cama cuando llega el segundo buen samaritano. ¿Cómo sé que justo estoy pensando en eso? No lo sé, pero sé que lo he estado pensando. Es una herramienta narrativa. Funciona mejor que decir: no sé en qué estoy pensando cuando llega el segundo buen samaritano. Sería más honesto decir así.

No sé en qué estoy pensando cuando llega el segundo buen samaritano. Tal vez en la almohada suave que me está esperando en Tijuana, tal vez en mi hijo Emiliano, al que le mando fotos del desierto, de los migrantes caminantes que me han enseñado las fotos de sus hijos, a los que les he enseñado las fotos del mío. La verdad no sé en qué estoy pensando, pero llega este tráiler de doble remolque lleno de coches japoneses nuevos. Y ahora los migrantes no se sorprenden y empiezan a correr sin vacilaciones. Se trepan, se ayudan, se empujan, se patean, gritan y se ríen. Finalmente se ríen a carcajadas. Uno de ellos me dice que le llame mañana. Tengo su número, me lo dio después de una media hora de caminar juntos en el viento. El periodista y el camarógrafo estaban platicando entre ellos de dramatismo.

Esta profesión es cuestión de tiempo. Es cuestión de caminar juntos. Es cuestión de dar y recibir, de ver al otro como igual. Ni más, ni menos. Sin paternalismo, sin falso interés.

Oye, de verdad perdón por las preguntas de ese cretino. ¿Sabes? No me alcanza mi sueldo y necesito trabajar.

Pero eres blanco, ¿de verdad no te alcanza el sueldo?

Soy blanco e italiano, no sólo blanco. Y muchas veces paso épocas difíciles. Muchas veces me va mejor.

¿Oye, y las italianas están tan buenas como dicen?

¿Qué te digo? Deberías ir y ver con tus ojos, pero no, todos bien clavados con los Estados Unidos. Pues verás puras gringas. Aparte seguro tienes novia o esposa en Honduras. ¿De dónde eres? De Honduras, ¿verdad?

Sí, pero mi esposa se quedó allá con los niños.

Ah, entonces ¿tú en lugar de ir a trabajar y mandarle dinero vas a buscar novias?

Ja, ja, ja.

Sí, ríete, cabrón. Ya veo que no te fuiste para buscar un trabajo, sino te fuiste lejos de tu esposa.

Ja, ja, ja. ¡No es cierto! Vamos a buscar una vida mejor.

Ah, no me vengas con estas mamadas de la vida mejor, te van a explotar allá, y le vas a mandar tus ahorros a tu esposa para que críe a tus hijos sin ti.

No, porque ella me va a alcanzar con los niños en cuanto yo pueda pagarle el viaje.

Uy, y mientras tanto, ¿qué vas a hacer?

Trabajar. Vi que tienes cigarros, ¿me regalas uno?

Va, pero no le digas a todo el mundo, que ya sé cómo acaba esto; acaba que el güero se queda sin nada que fumar y los pobres hondureños chingándose todo mi tabaco.

Ja, ja, ja. No le digo a nadie, te lo prometo.

Va. ¿Y ya sabes cómo vas a pasar?

La verdad no. Pensaba quedarme en Mexicali, pero esta gente de la caravana dijo que teníamos que irnos a Tijuana a manifestar.

Si me preguntas a mí, me parece una pendejada que se vayan todos en bola a Tijuana. Nunca jamás los van a dejar pasar si los ven así. Aparte todos feos, sin afeitarse, sin lavarse. De ninguna manera los van a dejar pasar. No te ahogues con el tabaco.

Es verdad. Yo también pienso que no nos van a dejar pasar. O podemos ir juntos. Tú eres gringo, ¿no? Tú les dices y pasamos juntos ja, ja, ja.

Oye, mira que soy güero, pero a mí gringo no me lo dices. Tampoco se vale ofender.

¿De dónde dijiste que eres?

Italiano.

Ah, sí, italiano. Pues se parecen todos los blanquitos.

Uff, ustedes también se parecen todos. A ver tus hijos. A ver si salieron bonitos o feos.

Ay, mis niños están bonitos.

A ver. Sí están. Es que no se parecen mucho a ti.

A ver el tuyo.

Aquí está. Está guapetón, ¿verdad?

Sí. ¿Seguro que es tuyo?

Pues no. Pero tú tampoco. Te paso mi número. Así si llegas vivo a Tijuana me mandas un *whatsapp* y me dices que todo bien.

Pásame el tuyo. Seguro se te olvida.

Ya llegó tu raite, cabrón. Corre.

El camarógrafo tiene su toma, los migrantes desesperados arriba de su tráiler de doble remolque lleno de coches saludando. En contraluz. Ya podemos volver a Tijuana.

***

El campamento está lleno de periodistas. A varios los conozco, hemos cruzado caminos en años de coberturas; a algunos los respeto, a otros los desprecio. Nos saludamos a señas, miradas rápidas.

El campamento está atascado de gente y va a reventar. Antes de la caravana este lugar era la Unidad Deportiva Benito Juárez, un centro deportivo a un lado del muro. Ahora las tiendas de campaña ocupan gran parte del suelo. En el lado norte, a un paso de la reja que nos separa de la abundancia de California, una hilera de baños químicos se interpone entre nuestra mirada y el Muro. Más allá, la realización de los sueños de libertad. A un lado de los baños químicos, que forman lentas coladeras de lodo, orina y heces, en el espacio intermedio que hasta hace pocos días era una cancha de futbol, hombres, mujeres y niños se bañan en unas regaderas al aire libre, buscando residuos de privacidad frente a los ojos esquivos de sus compañeros de viaje y frente a los lentes hambrientos de pornomiseria de los fotógrafos y camarógrafos internacionales que necesitan mostrarle al mundo la Tragedia. No sirve de mucho que algunos les digan que ya, que ha sido fotografiado, documentado, capturado cada momento de esta caravana, que también nosotros tenemos derecho a la privacidad. Pero es que no entienden. Los migrantes no tienen agencia. Tienen que tolerar dócilmente la necesidad de contar el Horror, la Desesperación, la Pobreza.

Son los primeros días de diciembre de 2018 y este lugar va a reventar. Son cientos las personas que están aquí, esperando que algo pase. Pronto serán miles. Y no pasa nada.

Los han convencido de venir en bola a Tijuana. Las palabras de los organizadores gringos, forrados de dinero de fundaciones gringas, de iglesias evangélicas gringas, han empujado esta caravana. Pueblo sin Fronteras es una de las organizaciones que con más fuerza ha ido armando el gran *show* mediático que ha traído a miles de personas hasta aquí. Para los intereses de los migrantes, hubiera sido más oportuno quedarse en otros lugares, en Mexicali, por ejemplo, donde no fueran tan visibles y donde pudieran encontrar la forma de cruzar. Pero para el gran *show* de la miseria y de la lucha era necesario llegar a Tijuana y enfrentar al monstruo, la policía, el poder, el Estado, el enemigo, el capitalismo. Pero en Tijuana no está permitido hacerse notar. En Tijuana si quieres sobrevivir te tienes que mimetizar lo más posible. Es la antesala del sueño americano, un curso intensivo antes de llegar a la luz, es la gran prueba. Tijuana es el muro de luz con el que chocan miles de vidas y de ilusiones. Luz clara que te ciega. Tijuana es un reto. Si sobrevives aquí, si logras hacerte invisible, si logras no perder la fe y la esperanza en este lugar que te reta, quizá vas a tener alguna oportunidad de brincar para el otro lado. Quizá vas a tener esperanza de lograrlo. Si Tapachula es el lugar en el que empieza el viaje en colectivo, en caravana, Tijuana es el opuesto, es la individualidad y la invisibilidad.

Y lo demuestran los cientos de regurgitados, retornados, deportados, que se quedan trabados aquí, de este lado del muro. Algunos para siempre. Ignorados por la ciudad que sigue su camino.

Por esto el muro que está justo aquí al lado de la Unidad Deportiva Benito Juárez no se puede brincar. No lo van a lograr. Punto final.

Después de varios días de espera, la frustración se vuelve desesperación. La comida es mala, escasa, la convivencia de hondureños, guatemaltecos, salvadoreños, nicaragüenses, se hace cada día más pesada. Activistas de Pueblo Sin Fronteras vuelven a aparecer para organizar una marcha que llegue a la garita fronteriza. Los ánimos se calientan, finalmente habrá acción.

Después de horas de espera, lentamente los migrantes empiezan a marchar. Hablando con algunos de ellos me doy cuenta de que varios piensan que al finalizar la marcha lograrán irrumpir en California con la fuerza. Otros están convencidos de que las autoridades migratorias de los Estados Unidos cederán a la presión y les otorgarán permisos temporales, aceptarán sus peticiones de asilo.

Hay esperanza y cansancio en las caras que me rodean. Los pasos lentos nos llevan cada vez más cerca del paso fronterizo. Se ve la garita, se vislumbra finalmente el deseado país de la abundancia, del trabajo, de la esperanza.

Así, los gringos que están metidos en todos los movimientos radicales de los últimos años están aquí marchando, usando a los migrantes para hacer un planteamiento político. Preparándose para lo que viene, que será una derrota para los participantes de la caravana, y la visibilidad política de los organizadores.

***

La garita está blindada. En el cielo vuelan drones y helicópteros. Están transitando en el lado de San Ysidro, pero amenazantemente cerca, y parece que en cualquier momento van a entrar. O a salir. Depende del punto de vista. Van a cruzar esa pared imaginaria que se levanta por encima del último centímetro de muro. Los policías fronterizos están disponiéndose como hoplitas griegos, con sus macanas, sus escudos, sus cascos, sus fusiles, sus botas, su legitimidad.

De este lado, al sur del muro, miles de personas que poco a poco, a lo largo de la marcha por las calles incrédulas de Tijuana, han ido creyéndosela. ¿Qué tal si de verdad pudiéramos cruzar por aquí? Quizá logramos romper el cerco, brincar el alambre de púas, los torniquetes, la barda misma, y ya está. El ánimo, que al salir del Deportivo Benito Juárez parecía apagado e indeciso, se ha tonificado, electrizado, galvanizado, también gracias a la obra de algunos migrantes que han tomado las riendas del aspecto político-ideológico de la marcha. Gritan, incitan a la revuelta, a la rebelión, mencionan palabras desgastadas y vacías, pero que siempre siguen teniendo un encanto especial, como derechos, dignidad, pueblo, raza, Latinoamérica. Al llegar a la garita el humor se ha levantado. Ya ni parece ser un problema que los promotores de la marcha, de la caravana, de la revolución, hayan propuesto que se vayan adelante las mujeres y los niños, para que funcionen como escudos humanos, porque, se sabe, a la hora de los putazos los policías de frontera de la mayor potencia mundial se van a abstener de romperles la cara a las mujeres y los niños. Claro, ¿por qué no?, parece una idea genial, y durante unos minutos se vuelve la estrategia general.

Luego, al acercarse a la garita, algo pasa.

Como una ola que iba montando poderosa, amenazando muerte y destrucción, se disipa en los últimos metros de arena antes de llegar a la playa, la multitud que se había engrosado, engreído, enaltecido, por las calles de Tijuana, se desinfla frente a los últimos metros antes de llegar al muro. No es una ola que se rompe impetuosa en el choque con el escollo. Es la conciencia de los pueblos jodidos del mundo, que se dan cuenta de que no van a poder con el poder.

Tan sencillo como eso.

Y claro, siguen ahí, gritando, exigiendo, pero algo se ha roto.

***

Recuerdo la parte trasera de una camioneta blanca a finales de 2005 que viajaba por las calles de El Alto, la zona aimara de La Paz, capital de Bolivia.

Estoy viajando con un grupo de mineros de Cochabamba con los que he pasado todo el día. Me están enseñando a hacer una bomba. En particular me explican la dinámica de la mecha y del detonador. Han participado en la guerra del agua en 2000 y en la guerra del gas en 2003, movimientos en contra de la privatización de sus recursos naturales, con la que lograron que se escapara el entonces presidente del país, Gonzalo Sánchez de Lozada, el Goni. Les dicen los Talibanes. Porque llevan barba y son muy determinados. En una dinámica extraña a dos años del inicio de la agresión de los Estados Unidos contra Afganistán, y a cuatro años del atentado a las Torres Gemelas, en Bolivia los talibanes son vistos de alguna manera positivamente, porque en el imaginario de resistencia latinoamericano representan un pueblo en resistencia que lucha en contra del imperialismo yanqui. Como estos jóvenes barbudos.

No todos son aimaras. Algunos son quechuas. Pero todos tienen manos pequeñas, de color café, nudosas y fuertes. Se dice que, en las batallas de guerrilla en El Alto, bastión aimara que dentro de pocos meses dará su visto bueno para la elección de Evo Morales, los aimaras han tumbado puentes peatonales con la pura fuerza de sus brazos, porque desde ahí sus hermanos militares le disparaban a la gente. Se narra que los aimaras han movido vagones de trenes con la pura fuerza de sus brazos, para que las tanquetas de los hermanos militares no llegaran a invadir El Alto.

El poder de movilización y resistencia de los aimaras de Bolivia lo he visto con mis ojos en los días anteriores. Lo seguiré viendo.

Pero ahora recuerdo un fragmento de conversación que tuve con uno de los talibanes, sentados en la parte trasera de una camioneta blanca por las calles de El Alto en la tarde de finales de 2005.

Recuerdo que le preguntaba por qué estaba tan convencido de que iba a ganar Evo Morales. Le preguntaba por qué creía que iban a vencer a la oligarquía blanca que llevaba siglos mandando.

Recuerdo la seguridad y tranquilidad de su respuesta: porque somos más. Y vamos a ser más. No importa si no es ahora. Por cada hijo que tienen ellos, nosotros tenemos cinco, seis, siete. Somos más. Y cuando llegue el momento, los vamos a tumbar. Mientras tanto seguimos en la lucha.

Recuerdo. ¿Quién sabe? Han pasado quince años desde entonces. Lo que sé es que he repetido tantas veces esta anécdota que creo que es lo que recuerdo. O a lo mejor la repetición misma ha construido un recuerdo. A lo mejor ese barbudo no me dijo nada. Tal vez esto es lo que me hubiera gustado que dijera.

Digamos que estoy razonablemente convencido de que dijo algo así.

El punto es que es cierto. Y es lo que pasa con la migración.

En su libro *El increíble viaje de las plantas*, el biólogo Salvatore Mancuso nos recuerda que hasta las plantas se mueven constantemente, y emigran, de las formas más increíbles y fascinantes que se nos puedan ocurrir. Mucho más creativas que los seres humanos. Y lo que hacen todas las especies en el planeta son dos cosas: sobrevivir y reproducirse.

Frente a la garita de Tijuana se me ocurrió esto. O se me ocurre ahora que pienso en aquel momento al que asistí. Lo que es lo mismo.

Los pueblos de América Latina han luchado de muchas formas en contra de la opresión. Exactamente como todos los pueblos del mundo. Y han encontrado formas diferentes de enfrentarse al poderoso en turno.

Tal vez ese día no hayan podido lograr brincar ese muro, y hayan ganado sólo visibilidad.

Tal vez los ganadores de ese día fueron los organizadores, que como siempre lograrán recibir fondos para su relato de salvadores del mundo y de los jodidos.

Porque la historia de los pueblos es una historia larga de derrotas constantes y de victorias efímeras.

***

Así, Túpac Katari fue traicionado por algunos de sus hombres, algunos de los cuarenta mil que conformaban su ejército rebelde en lucha con el Imperio español. En la noche del 9 de noviembre de 1781 en Achacachi, uno de los cuarteles generales de los aimaras en los altos de Bolivia, Julián

Apaza, que había tomado el nombre quechua de Túpac, que significa "serpiente", y el nombre aimara de Katari, que también significa "serpiente", el líder indígena que había logrado movilizar a miles de personas en contra del poder español, después de sitiar la ciudad de La Paz durante meses, fue entregado por su propia gente al virrey Agustín de Jáuregui. No había querido aceptar la amnistía ofrecida por el virrey a cambio de la rendición.

Según cuentan las crónicas, que se mezclan con la leyenda, momentos antes de que los cuatro caballos a los que estaban atados sus brazos y sus piernas le descuartizaran el cuerpo, jalándolo en las cuatro direcciones, y momentos antes de que el verdugo le cortara la lengua, para que nadie escuchara sus últimas palabras, Julián Túpac Katari logró pronunciar sus últimas palabras, que se volverían inmortales y que se transformarían en el eslogan de generaciones de luchadores antimperialistas.

Enfrentando al enemigo español gritó: A mí sólo me matarán, pero mañana volveré y seré millones.

***

Nos miramos a los ojos. En un hormigueo inmóvil frente a una pared humana.

La frontera.

Nos miramos a los ojos y sabemos que aquí acaba el viaje. Nadie va a pasar.

Hay helicópteros, drones, policías. La marea se ha detenido. La marea se ha desaguado. Nadie va a pasar. Hoy no. Ni mañana. No por aquí. Habrá que mimetizarse, desvanecerse, para encontrar un hueco, una grieta, una falla en este muro.

Nos miramos a los ojos. No se acaba aquí. No se acaba

hoy. Ni mañana. Los ojos de los miles que conforman este mar lo saben. En silencio desafían a los perros guardianes del imperio. Les dicen, no nos van a detener. Les dicen, es sólo cuestión de tiempo. Les dicen, volveremos y seremos millones.

XVI. TIENDÓPOLIS

Quien teme al lobo, no vaya al bosque.
Proverbio húngaro

LAS HOJAS de pino huelen en mis fosas nasales y crujen bajo mis pies.

Un reflejo involuntario pescado en la memoria de la infancia de mi cuerpo me obliga a voltear hacia la base de los árboles en busca de una mancha, de un grosor. Cada vez que entro en el bosque mi cuerpo recuerda. Y busca. Como un perro las trufas. Mi cuerpo huele, se encoge, entrecierra los ojos y busca. Ni me doy cuenta. Sólo lo hago. No. No hay ni un solo *Boletus edulis,* los hongos que buscaba desde niño con mis padres en los bosques del Trentino, al norte de Italia. Lo que hay es un pequeño camino casi invisible entre las ramas abundantes de estos pinos.

Avanzo con cautela tratando de figurarme lo que voy a encontrar. Si es que voy a encontrar algo.

Hace tres horas era temprano y yo estaba subiendo a un autobús en el Port Authority Bus Terminal, la central de autobuses más concurrida del mundo. Era una de las doscientas mil personas que a diario transitan por esta central, que se van o llegan en camión a la isla de Manhattan. Después de dos horas de viaje llegué a Lakewood y al bajar del camión me vi rodeado por taxistas mexicanos y centroamericanos, leyendo el periódico y platicando en español sentados en el cofre de sus coches amarillos esperando clientes.

Buenos días. Me dijeron que hay gente viviendo en un bosque por aquí, digo en español a todos y a ninguno en particular.

Silencio. Me miran.

¿Me podrían decir cómo llego al bosque?

Uno de los taxistas cierra el periódico y se levanta lento del asiento de su coche con la puerta abierta. Se me acerca y me explica que tengo que ponerme a caminar por la carretera hasta que vea el bosque.

¿No prefieres mejor que te lleve en taxi?

No. Gracias. Quiero ir caminando. Para ver el paisaje.

La County Route 528 es la carretera y efectivamente flanquea un bosque. No es muy transitada y desde aquí el bosque parece cualquier bosque. No se puede imaginar que ahí adentro, en algún lado entre árboles y arbustos, hay una comunidad.

Lo único que se alcanza a ver es un pequeño sendero que se desprende entre los árboles. Por ahí me meto.

Así que no hay hongos ni frambuesas silvestres. Pero al adentrarme en el verde de la vegetación poco a poco empiezo a ver otros colores: azul, blanco, amarillo. Van apareciendo las primeras carpas.

Stop.

Sentados en un tronco hay varios hombres. No los había notado. Son cinco. Uno es blanco, los demás morenos. Parecen mexicanos. Las latas de cerveza se detienen en su breve camino entre la panza y los labios que las iban a besar. No. Ya no. Están en el aire. Sólo se mueven los ojos que voltean hacia mí. Cinco pares de ojos que preguntan. ¿Quién eres?

Un hombre, el más grande de los cinco, el más gordo, el más pelón, se levanta sin proferir palabra. En su mano la lata de cerveza parece de juguete, casi desaparece. Su cuerpo es una masa compacta y está hecho de preguntas. ¿Qué quieres? ¿Qué haces aquí?

Es verdad. ¿Qué hago aquí?

***

Naomi Klein está hablando en medio de Zuccotti Park, en medio de Wall Street, en medio de la punta más al sur de Manhattan. Naomi Klein está rodeada de gente que aplaude. No es cierto. La gente que rodea a la escritora canadiense Naomi Klein, la que escribió *No Logo* y *The Shock Doctrine,* no está aplaudiendo. No, porque aquí se hace la revolución y en la revolución se hacen cosas bien locas. No aplauden. Ellos mueven las manitas arriba, como si fueran mariposas, como girasoles, aplauden en lenguaje de señas para sordos, para no interrumpir, para no hacer ruido.

Naomi Klein está hablando y es de noche.

Llevo una semana aquí. Todos los días en Zuccotti Park, que es un parquecito minúsculo en la zona de los negocios de Manhattan. Todos los días a la salida del Metro me como un *hot dog.* El mejor *hot dog* que he probado lo venden en un carrito de *hot dogs.* Como salen en las películas de los años ochenta o noventa ambientadas en Nueva York. Todos hemos visto miles. Vine a Nueva York porque hay un movimiento, en este octubre de 2011, que ha ocupado Wall Street. Se llama Occupy Wall Street.

Llevo una semana cruzando la ciudad vertical para

venir a hablar con la gente, para tratar de explicarles a los lectores de Italia, Suiza, Brasil, México, lo que está sucediendo aquí. Y hablo de Nueva York con la desenvoltura del trotamundos, como si Nueva York fuera cualquier lugar.

Parece que no siento nada, ¿verdad? Parece que es muy normal que hable de Manhattan, de Wall Street, de sus *hot dogs*. Me hace muy cosmopolita. Es parte de la mamonería de los periodistas. Hacer como si fueran realmente ciudadanos del mundo en cualquier lugar. Como aquel periodista español que escribe sobre Nueva York y nos cuenta de sus dificultades para encontrar un departamento *cool* con su sueldo gordo de corresponsal de *El País*. Y sus amistades mamonas y su tono que intenta ser gracioso. Y sus anécdotas aburridas de alto burgués con un sueldo por arriba de los doscientos mil dólares al año.

Ah, pero nadie se sorprendió de que hablara con desenvoltura de Ciudad Hidalgo o de Tecún Umán. ¿Ven cómo son?

La verdad es que en cuanto supe que tenía que ir a trabajar a Nueva York me entusiasmé. La ciudad para mí es gris azul es metálica es fría arriba y caliente abajo es una desconocida familiar; está en muchos recuerdos que no tengo, en una memoria que no es mía. Es la ciudad de Woody Allen, de Joseph Mitchell, de Bruce Willis y Samuel L. Jackson en *Die Hard* (la tres, obviamente), de Frank Sinatra, de *Friends,* de Danny Amatullo y Leroy Johnson en *Fame,* de Travis Bickle en *Taxi Driver,* pero también de Ratso y Joe Buck en *Midnight Cowboy*. Para mí Nueva York es Central Park en invierno en *Home Alone 2*. Es la lucha entre Stay Puft Marshmallow Man y los Ghostbusters. Es esa esquina de Brooklyn que Auggie Wren lleva años fotografiando en *Smoke,* es Paul Auster, son los bares donde Tommy DeVito y Henry Hill se enfrentan en *Goodfellas*. Son las arenas para las venganzas de Amsterdam Vallon y

Bill "The Butcher" Cutting en *Gangs of New York*. Los bares fumosos de Miles Davis, John Coltrane, Chet Baker. Los *stand-up* de Louie C. K.

Así es ella para mí y me da orgullo poder decir, voy a trabajar a Nueva York. Quisiera poder decirlo más seguido, como si no me importara.

Hace unos días cruzaba caminando el Brooklyn Bridge hacia aquí, hacia el corazón de los negocios, y estaba rodeado de gente. Personas de todos lados, sobre todo jóvenes. Los rascacielos, edificios símbolo de los Estados Unidos mercantiles desafiando el cielo, y en el aire un ruido continuo. En las calles personas, algunas acampando, y en el aire ese zumbido incesante, persistente. Cerca de aquí hay un sitio de obra abierto las veinticuatro horas, el que dentro de unos años será el nuevo World Trade Center, en la misma área en la que hasta el 11 de septiembre de 2001 surgían las Torres Gemelas.

Pero, conforme me voy acercando a Zuccotti Park, el ruido de los barrenos y martillos neumáticos se va esfumando, sustituido por el sonido rítmico de tambores y bongós que los ocupantes tocan sin parar.

Es extraño ver esta minicomuna rodeada de edificios de acero, de vidrio, de mármol, de hombres con trajes de miles de dólares que van a hacer millones en los bancos de Wall Street o en la bolsa de valores o sabe Dios adónde. Las vallas rodean el espacio ocupado. No se entiende si representan una protección para los que están adentro o para los que están afuera. ¿Cuál es el espacio sitiado, el *business quart* o el pequeño parque ocupado? ¿Cuál es el animal en extinción en el zoológico de Wall Street, el toro de bronce o este chavo que lleva puesta la máscara de Guy Fawkes de *V for Vendetta*?

El New York Police Department (NYPD), la policía de

Nueva York, ha desplegado decenas de agentes que vigilan las actividades de los manifestantes que se han instalado en el parque y al mismo tiempo regulan el tránsito y el tráfico. Las fuerzas del orden conceden espacio dentro de límites muy bien definidos. Cualquier transgresión puede costar el arresto; ya le ha pasado a muchos ocupantes. Es lo que pasó en el puente de Brooklyn el primero de octubre, cuando más de setecientas personas fueron detenidas por cientos de agentes por haber transgredido las reglas.

Las reglas.

Se puede protestar, claro, pero no se puede hacerlo de manera arbitraria. Es la autoridad que establece hasta dónde, que establece qué es lo permitido y lo prohibido. Y los manifestantes lo aceptan. Discuten y aplauden como sordos, sin hacer ruido, cuando hablan sus compañeros. Y respetan las reglas.

Entre los ocupantes, Bryan es parte del servicio de orden de Zuccotti Park. Mide más de un metro noventa, cabeza rapada, unos cuarenta años. Los tatuajes tribales en ambos brazos y en el cuello le dan un aire combativo. O esto es lo que pienso cuando lo veo. Pienso que le gusta pensar que tiene un aire combativo. Pero no lo tiene. Viste de negro y todo el tiempo un cigarro prendido pende del lado derecho de su boca. Bryan está aquí desde el primer día, eso dice, y estaba entre los setecientos detenidos del primero de octubre. Ahora le está explicando a todo el mundo, con paciencia, y con claridad, qué es lo que tienen que hacer los ocupantes, cómo tienen que comportarse para no tener problemas con la policía.

La policía hace su trabajo y nosotros no tenemos que oponernos o provocar, y ni siquiera caer en sus provocaciones. Las reglas se tienen que respetar, y si ellos la infringen entonces nosotros podremos denunciarlo. En el caso del puente de Brooklyn hubo un malentendido. La manifestación se movió de la banqueta a la calle y no teníamos autorización para ocupar la calle. La policía estuvo obligada a detener a las personas que ocupaban abusivamente la calle porque bloqueaban el tráfico. Hay quien dice que fue la misma policía la que nos empujó hacia la calle, induciéndonos, de hecho, a violar la ley. El asunto es que no podemos permitirnos pasar de la raya, porque eso puede significar el desalojo inmediato.

No entiendo bien la lógica. Se protesta en contra del sistema, en este caso el turbocapitalismo, y se protesta en el lugar símbolo del turbocapitalismo: Wall Street. Pero si llega papá y te dice que no puedes bajarte de la banqueta, pues obedeces. Si te dice que no puedes destruir, pues obedeces. Pedirle permiso a papá para protestar en su contra es un poco contradictorio. Es como si un movimiento pretendiera destruir una ciudad como forma de protesta radical en contra del sistema, pero luego se esperara que el sistema mismo no respondiera, que de alguna forma protegiera a los destructores. Es demencial. ¿Dónde queda entonces la responsabilidad política? Si el papá-sistema-opresor me da permiso de destruir, si me dice, sí, mijo, hazlo, desahógate bajo mis condiciones, no va a haber consecuencias, ¿acaso no es lo más paternalista del mundo?

Todo esto pienso con mi nueva cámara Canon 5D recién comprada colgando de mi cuello, frente a los ocupantes y a las decenas y decenas y decenas de periodistas y documentalistas entrevistando, fotografiando, filmando, con sus cámaras, mucho más nuevas que la mía recién comprada, colgando de sus cuellos.

Hay demasiada prensa y no está pasando nada. Llevo

una semana aquí y no sé qué voy a contar que no haya contado mejor esta joven periodista alemana ultratecnológica con un arete en la nariz y un micrófono azul, que está parada filmando a mi lado.

Las vallas separan el espacio ocupado del resto de la ciudad. Los transeúntes no pueden detenerse a mirar desde afuera lo que pasa de este lado de la barricada, porque la policía interviene inmediatamente y les pide que circulen. Los curiosos tienen que entrar en el espacio cercado; si quieren ver tienen que cruzar la frontera.

Adentro no se pueden colgar en los árboles pancartas, carteles o letreros, ni ningún otro tipo de material. No se puede dejar basura. Por ello, pequeños equipos de limpieza con sus escobas recogen papeles, colillas, platos y vasos de plástico a lo largo de toda la plaza. No está permitido usar megáfonos ni micrófonos ni bocinas. Es que no está permitido amplificar la voz. Por eso cuando habla Naomi Klein, o cualquier otro orador, se hace la ola.

La ola: el que habla se para al centro de un pequeño grupo de personas y dice cualquier cosa, una opinión, un pensamiento, un detalle organizacional. Los que están a su alrededor repiten, gritando, la misma frase, que llega hasta los bordes de la plaza, hasta la valla, hasta el mundo exterior, en olas de voces concéntricas. Así, dice la ola, no se rompen las reglas, se rodean.

Me recuerda ese juego que hacíamos de niños en el que uno decía una cosa en el oído de otro que estaba a su lado, que a su vez se lo decía a otro que a su vez se lo decía a otro. Así, en una fila larguísima de niños. Y al final el último gritaba lo que le había llegado y nunca tenía nada que ver con la frase original. Si el primero había dicho, quiero mucho a mi mamá, el último podía gritar, yo no como bacalao. ¿Cómo se llamaba ese juego?

Bueno. Martín Cobián está acá y es de Puerto Rico. Es un activista de Puerto Rico y todos sabemos la importancia que tienen los latinos y los grupos que los gringos definen como minorías en los movimientos sociales. Martín dice cosas muy contundentes. Como ésta.

Tuvimos que sustituir la confrontación directa con la creatividad. No podemos confrontarnos cara a cara con la policía porque nos hubieran desalojado en pocos minutos y nuestro objetivo es permanecer aquí, seguir siendo visibles, resistir sin caer en sus provocaciones. Durante la manifestación en el puente, mientras los agentes nos agarraban a macanazos y nos arrestaban, un jovencito, güero y sonriente, ha empezado a gritar, cada vez que nos dan un macanazo en la cabeza el pueblo americano y el pueblo global voltean a ver lo que está pasando y se levantan. Ustedes entraron en nuestro circuito mediático publicitario. ¡Muchas gracias por participar!

Hace una semana un portero con uniforme azul me indicaba el camino hacia el elevador en un edificio de la Upper West Side, a un lado de Central Park. El elevador me subía rápido por dieciséis pisos y con mi mochila en el hombro tocaba la puerta de la casa de mi amiga Liliana, periodista italiana corresponsal de *SkyNews,* a quien conocí hace un año en Haití.

Liliana me dio hospedaje porque quise venir a cubrir esta protesta tan extraña en la que los protestantes (no la religión, sino los que protestan) dicen cosas que me dejan sin palabras, como Martín.

***

Un gran trozo de leño arde en la hoguera improvisada a la mitad del claro en el bosque, entre una tienda y otra. La mujer enciende un cigarro con la colilla del anterior. Farfulla en voz baja palabras en polaco, para sí misma. ¿Es polaco? Intenta acercar al fuego las manos cubiertas por guantes sin dedos.

En torno al fuego, junto a la mujer anciana, están otras personas. Cinco son mexicanos y el sexto es un güero. El güero debe tener unos veinticinco años. La barba es espesa, rojiza. Su cuerpo es atlético. Escucha a los demás que hablan en español y se queda callado. Fuma. Los latinos platican y toman cerveza Pabst Blue Ribbon, la más barata que se pueda encontrar en las tiendas de Lakewood.

En torno a la fogata se están persiguiendo gallinas y pollos, ahí corren, en ese espacio común que es una plaza entre las tiendas de campaña que son los edificios de esta comunidad. Eso está pasando cuando aparezco desde el bosque. Y todo se detiene por un instante.

Me acerco con cautela. Me hacen preguntas. Contesto y me presento. No están contentos. Miradas serias. No nos gustan los periodistas. También soy estudiante. Estudio en México. ¿Dónde? En la UNAM. ¿A ver? Demuéstralo. Aquí tengo mi credencial de la UNAM. Mira. Y ¿qué haces acá? Vine a conocer a los que viven en el bosque. No somos una atracción turística. Somos personas. Yo no soy un turista. Soy una persona. Bueno. Ven a tomarte una chela con nosotros. Ten. Gracias. Buenos días. Mucho gusto.

Las latas de cerveza vuelven a tocar los labios. También los míos ahora. Y los labios vuelven a hablar.

En este pequeño espacio robado a los árboles la camarilla de mexicanos interrumpe a momentos el parloteo con extensos sorbos a la cerveza barata. Esto es el control de seguridad, donde cada foráneo debe convencer al grupo de que no tiene malas intenciones. Ésta es la entrada de lo que ahora se conoce en la zona con el nombre de Tent City, una de las muchas tiendópolis que han nacido en todos los Estados Unidos en los últimos tiempos.

En 2020 salió una película que se llama *Nomadland* en la que el personaje principal, interpretado por la actriz Frances McDormand, después de la crisis de 2008 (que los gringos llaman Great Recession, la "Gran Recesión") y la muerte de su marido, abandona su pueblo en la zona de Detroit y se va a vivir en su furgoneta por el oeste de los Estados Unidos, junto con muchas otras personas seminómadas y sin trabajo como ella.

Ah, pues en Tent City estoy en la película que se filmará dentro de diez años, rodeado de gente que se ha ido a vivir al bosque porque con la crisis económica de 2008 perdieron la casa, el trabajo y los ahorros de toda una vida.

No pensaba que terminaría así cuando dejé Polonia. Más valía quedarme allá, ¿no? Morirme de frío acampando en un bosque.

La mujer polaca se llama Nina y un cigarro está eternamente prendido entre sus dedos. Tiene sesenta años y los ojos azul del cielo. Me dice que lleva tres años en la comunidad de Tent City. Me dice que su marido la corrió de su casa.

Me pegaba. Por problemas económicos. Mucha violencia.

La mira fijo el mexicano grandote y pelón. La mira con aprobación. Con cierto cariño, diría yo. Él dice llamarse Joel, pero acá escucho que le dicen el Coyote. Que con el acento gringo parece *Coyóri*. Joel es el que me hizo todas esas preguntas al llegar. Es el guardián de la comunidad. Lo es porque la comunidad, que son unas setenta personas, lo ha decidido así. Lo es porque es muy grande y se ve feo. Se ve como un tipo que no quieres enfrentar. Dentro de unas horas, cuando insistirá para escoltarme de vuelta al pueblo, junto con el güero que siempre camina callado a dos metros de nuestros talones, Joel el Coyote me dirá que confían en él porque fue guardaespaldas. Y también porque estuvo en el Ejército Popular Revolucionario, una de las guerrillas del estado de Guerrero.

Pero ahora acaricia a su perra Tormenta, esta pitbull blanca con motas negras que no se aleja de él. Acaricia a la perra y toma cerveza frente al fuego. Va a ser frío este invierno. Ya falta poco. Va a ser frío.

***

Supe de este lugar platicando con una señora en Zuccotti Park. Una señora con la que estuve hablando de cualquier cosa durante más de una hora y que al final me dijo, oye pero si quieres ver cómo ha pegado la recesión deberías irte a dar una vuelta en ese bosque de New Jersey. Me parece que se llama Lakewood.

Así, agarré un autobús y me fui a New Jersey.

Lakewood. Un poblado de unos de noventa mil habitantes, en el condado de Ocean. Un pueblo como muchos en esta zona, muy tranquilo, avenidas amplias, rodeado por bosques de diferentes variedades de pinos y abetos. Además del lago que le da el nombre a la localidad, el pequeño centro de New Jersey tiene muy pocas atracciones, lo que lo hace un lugar perfecto de descanso y *relax* dominguero para neoyorquinos jubilados.

La casita del Coyote está cerca de la entrada, aquí al lado de la fogata. Cuenta Joel que antes del bosque tenía una empresa de instalación de aparatos de aire acondicionado y calefacción, con siete personas a su cargo, en Phoenix, Arizona. En 2008 la crisis lo obligó a reducir significativamente la cantidad de trabajo y tuvo que despedir a algunos de sus colaboradores, todos mexicanos migrantes.

Después de un periodo en North Carolina los negocios continuaban empeorando y él seguía moviéndose hacia el norte, donde suben las ganancias pero también el costo de la vida. Hace siete meses se vio obligado a dejar el departamento donde vivía, aquí mismo en Lakewood, para no vender la furgoneta, que es indispensable para trabajar, y se sumó a los habitantes de Tent City.

Aquí conoció al güero Peter, que ahora es su lugarteniente en la protección de la comunidad y lo sigue adonde sea que vaya. Peter es un exsoldado del ejército estadunidense, recién regresado de Irak. Dice que tiene el Trastorno del Estrés Postraumático, la reacción de sufrimiento psicológico de la que padecen muchos veteranos. De regreso a su patria no recibió ningún apoyo, ni sanitario, ni económico, y se encontró literalmente en la calle. Hay otros exmilitares en situaciones parecidas a la suya en Tent City. No todos encuentran un sentido a sus días como Peter.

A veces Peter habla. Habla y fuma. Fumo con él y las palabras acompañan las volutas de humo y se enredan con ellas hacia el verde de los pinos y el azul del cielo. Peter habla pero habla despacio, voz baja; no te regala las palabras, son un regalo que tengo que valorar.

No es lo que esperas cuando sirves a tu patria y arriesgas tu vida en un escenario de guerra. Regresas y todo colapsa en tus hombros. Yo no supe qué hacer. Sólo sé ser soldado, recibir órdenes. Ahora lo hago aquí. Le ayudo al

Coyote. Él sabe lo que hace y lo hace para la comunidad. Poco a poco saldremos de este lugar y encontraremos algo mejor. Espero.

El Coyote lo considera su sargento y aprecia su capacidad militar, la eficacia, la fiabilidad, precisamente las características útiles para el servicio de protección y seguridad que ha organizado en el campo.

Los otros mexicanos del grupo en su mayoría son jornaleros que en los últimos meses han encontrado trabajos esporádicos, máximo tres veces en una semana. Lo de siempre: construcción, plomería, jardinería.

Pero octubre ya se hace invierno, y como el fuego se come los trozos de leña, el año que avanza consume las posibilidades de ser contratados. Entonces le dedican cada vez más tiempo y energía al cuidado de la comunidad. Es un motivo de orgullo participar en la recolección de leña y en la construcción de pequeños albergues para el invierno.

Si Peter calla, Joel habla por dos.

A mí me iba bien, considerando que soy mexicano y que éste no es mi país, ni el inglés mi lengua. En los años que he pasado aquí siempre he pensado que en el fondo bastaba trabajar duro para hacer dinero, pero sólo funcionó en un cierto periodo. Trabajé como escolta de un político por cinco años, luego empecé con las instalaciones eléctricas y me iba bien, tenía trabajadores y nunca pensé que podría terminarse todo. Al contrario, me decía que si se torcía el rumbo era culpa mía y resultó que el problema se esparció, siendo millones las personas que están perdiendo todo lo que tienen, ya de golpe o de a poquito. Cuando llegué aquí fue extraño al principio, porque no existen las mismas reglas que en otros lugares. No importa mucho el color de tu piel o tu procedencia; importa sobrevivir y vivir juntos de la mejor forma. Ése es el esfuerzo que debemos reconocerle a Steve.

Ah. Steve. Sí. Se me olvidó presentarlo.

Steve Brigham es lo que más se acerca a la autoridad de Tent City. Activista por los derechos de los *homeless*, trabajó durante casi veinte años en una empresa de electricidad de alto voltaje. Pastor protestante, decidió dedicarse de tiempo completo a la causa de luchar por quienes no tienen un hogar. Vive dentro de un viejo autobús escolar estacionado en el centro de la tiendópolis y además de mantener las relaciones con los abogados que voluntariamente apoyan a los ocupantes del bosque es, de hecho, el punto de referencia de la comunidad.

De vez en cuando siento que soy más un soporte moral que otra cosa. Aquí se hace muy difícil la supervivencia a veces, no sólo por las condiciones climáticas, sino porque se crean tensiones, incomprensiones, y yo intento ayudar, convenciendo a las personas, incluso imponiendo mi presencia física.

Steve habla con un tono sosegado y tiene una sonrisa delicada pegada en un rostro serio. Y te mira desde arriba, desde lo alto de sus casi dos metros.

En Tent City hay mucho trabajo por hacer. El que no logra encontrar trabajo afuera tiene derecho a la asistencia comunitaria. Cada día se reparten raciones de comida, que son regaladas por unas organizaciones benéficas o por algunas iglesias locales. Steve se encarga de recolectar todas las ofertas, de organizarlas, almacenarlas y distribuirlas.

Debemos asegurarnos de que cada día haya lo suficiente para los que no tienen qué comer. Hay una pequeña comunidad de inmigrantes mexicanos de Oaxaca que está alejada del resto del grupo. Son nuevos aquí y casi no hablan inglés. Están alejados de los demás mexicanos porque son indígenas y últimamente no han encontrado mucho trabajo. Además, uno de ellos tuvo un accidente en el pie y tiene una infección que lleva días. Entonces vienen aquí y se les da de comer y medicinas para curarse. Quienes pueden comprarse de comer, por orgullo y por sentido comunitario, no vienen a pedir comida, pero siempre hay para todos, aunque sea pan, o frijoles o atún.

En Lakewood está avanzando un proceso que envuelve a los ocupantes del bosque y a las instituciones locales, manejadas por una comunidad de judíos ortodoxos ricos, que representan la élite local y que quieren evacuar la zona verde porque la reglamentación interna prohíbe la ocupación del suelo público para instalar tiendas de campaña u otras unidades habitacionales.

En septiembre, para no ser desalojados, los ocupantes tuvieron que desmontar las estructuras semipermanentes de madera, que habían sido construidas para soportar la rigidez del invierno que hace un año, en 2010, trajo un metro y medio de nieve. Tuvieron que desmantelar también la pequeña iglesia que la comunidad había construido y que funcionaba tanto de punto de encuentro como de lugar de protección contra el frío. Este año, en vista de la helada, los ocupantes se están equipando con viejas estufas de leña, reparadas por algunos voluntarios, y pilas de leña por arder.

En Tent City se reutiliza todo. Tanto una vieja estufa como una lavadora, que están a disposición de la comunidad y funcionan gracias a un pequeño generador de energía que se intenta usar lo menos que se pueda. En una tienda cerca del autobús de Steve se almacena la comida que se puede conservar, como frijoles, atún, comida enlatada y galletas. Hay también letrinas comunes y se trata de mantener el bosque limpio lo más posible. No faltan elementos que no cooperan, pero el papel de Steve es mantener la calma y tratar de evitar conflictos.

Lleva diez minutos intentando convencer con gritos al ocupante de una tienda verde militar para que deje de insultar a los mexicanos desde el interior de su hogar.

Josh es un tipo poco colaborativo. No es malo, pero de repente la gente aquí pierde la dimensión de los problemas. Josh era dueño de una empresa que quebró y ahora descarga su frustración con los mexicanos porque es el alivio más grande que ha podido encontrar. Se la pasa molestando. A veces rebasa la línea y hay que callarlo, por el bien de todos. No es violento y lo sabemos, pero puede llegar a crear problemas, y es lo último que necesitamos en este lugar.

El bosque no es sólo un refugio para los que ya no tienen nada. Se ha transformado en el lugar para volver a empezar. Es el lugar en el que estas personas intentan reconstruir su vida. Elwood y Cynthia han decorado su tienda amorosamente para convertirla en un lugar lo más acogedor posible. Tiene decoraciones floreales, pequeños letreros de colores, una empalizada blanca, una mesa con sillas de jardín y un letrero que dice *Home Sweet Home*.

Cynthia habla desde el minipatio de su minicasa con una taza de café en la mano derecha, con la izquierda que se abraza el pecho y se esconde bajo la axila derecha. En la posa de cualquier persona que está tomando un café en el patio de su casa y habla con los vecinos un domingo por la mañana.

Vivir en una tiendópolis no quiere decir que tienes que estar como las bestias, que no puedes embellecer tu casa.

Compra objetos de segunda mano en las tiendas de usado o en esas tiendas que venden todo a un dólar.

Mike y Marilyn son una pareja de Nueva York. En 2008, a sus sesenta años perdieron ambos el trabajo. Decidieron que la opción de la vida en una tienda de campaña era la única que podían permitirse. Desde hace dos años viven en Tent City, con una crianza de aves y el deseo de poder sacar de esta experiencia por lo menos una enseñanza.

Marilyn dice que hace tiempo sabía que iba a perder su trabajo. Era directora de *design* en una empresa en la que trabajó durante más de treinta y cinco años. Ganaba ciento cincuenta mil dólares al año. Vivía en Manhattan con su marido Mike que la mira con una sonrisa bondadosa. El jefe decidió renovar su área y la despidió.

Al principio lograron vivir de sus ahorros, pero la vida en Manhattan es muy cara. A Marilyn y Mike les daba vergüenza confesar lo que les había pasado, así que empezaron a dejar de frecuentar a sus amigos. La pobreza apesta.

Pero poco a poco se dieron cuenta de que la mayor parte de sus amigos y conocidos se encontraban en la misma condición. La mayoría de ellos había perdido su trabajo. Los que tenían ahorros pudieron resistir más, pero la mayor parte perdió el empleo y con ello la posibilidad de vivir como antes.

En cuanto se acabaron los ahorros empezaron a endeudarse para seguir costeando su estilo de vida, que ya no podían permitirse. Tuvieron que abandonar su casa y la única solución que encontraron en un primer momento fue la de ir a vivir con su hija, su esposo y sus tres hijos, en Queens.

Como era de esperarse, la convivencia fue un desastre, peleas continuas, incomprensiones, insultos.

En este país los lazos familiares se rompen cuando los hijos se van a la universidad y resulta imposible recuperarlos para muchas familias. O al menos para nosotros ha sido así. Duramos cinco meses en casa de nuestra hija. Luego, hace dos años nos enteramos de este lugar por internet, en la página del reverendo Steve. Nos miramos a los ojos, Mike y yo, y nos dijimos que tal vez podía ser una solución aceptable. De inmediato compramos una tienda de campaña bastante grande y nos venimos acá. A vivir en el bosque.

Mike era productor radiofónico. En la comunidad de Tent City el domingo ama tocar un viejo piano medio roto en la pequeña iglesia que fue construida en medio del bosque y que hace poco tuvieron que desarmar. También tiene una gran pasión por los pájaros. Desde hace más de dieciocho años se ha ocupado de medicar y rehabilitar pájaros de todo tipo que se encuentran heridos o enfermos. Esta pasión se ha vuelto su razón de vida en el bosque de Lakewood.

Aquí está lleno de pájaros que podemos curar y criar. No sólo las gallinas y los pollos, que por cierto producen huevos para todos. Hablo de todas las especies de pájaros típicas de esta zona. Nuestra tienda se volvió un refugio para estos animales. Algunos habitantes de Lakewood lo saben ya y nos empezaron a traer sus pájaros enfermos o heridos; así le encontramos un sentido a nuestros días.

Mike y Marilyn no tienen la intención de quedarse a vivir aquí para siempre, pero son conscientes de que a su edad es muy poco probable una reinserción en el mercado laboral, sobre todo en un sistema como el de los Estados Unidos. Para ellos ya no hay lugar.

Sin embargo, quieren subrayar cómo esta experiencia, además de poner en evidencia las contradicciones y la brutalidad de un sistema que no protege a sus ciudadanos, les está dando la posibilidad de reflexionar a fondo sobre el sentido y la calidad de la vida.

Las sombras se hacen largas temprano y los rostros se empiezan a distinguir con cierta dificultad en la luz cinérea de la tarde. Marilyn continúa su relato.

No ha sido nada fácil decidirnos venir a vivir al bosque a nuestra edad, ni lo es ahora después de dos años. Pero encontrarnos improvisamente sin nada nos dio la posibilidad de observar con ojos diferentes nuestra vida. Para empezar, nos dimos cuenta de cómo la mayoría de las que siempre hemos considerado necesidades básicas son en realidad necesidades inducidas. Y en los Estados Unidos los bienes materiales se consideran indispensables e intocables. Bueno, hasta sin electricidad, sin agua corriente, sin calentamiento y viviendo en un bosque, vivimos dignamente, aunque, claro, esas comodidades nos gustaría tenerlas. Pero aun así podemos vivir. La cosa a la que verdaderamente no podemos renunciar es la comunidad, que poco a poco se va destruyendo en este capitalismo loco. Es el verdadero bien de primera necesidad, y aquí volvimos a encontrarlo. No quiero decir que sea bonito pasar por lo que hemos pasado nosotros para apreciar las cosas verdaderamente importantes; tranquilamente me hubiera evitado el frío, el miedo, la desesperación, la frustración y la incomodidad, pero ya que estamos aquí, aparte el cielo lleno de estrellas todas las noches, que durante décadas se me había olvidado, más vale encontrar un lado positivo, ¿no?

La oscuridad llega temprano entre los arboles del bosque de Lakewood, y a la luz de una fogata en medio del campamento la pequeña comunidad se reúne para convivir un poco antes de la noche.

Joel vigila a los más ancianos junto a los demás encargados de la seguridad, actuando como un guardaespaldas discreto y presente.

Ellos son los más vulnerables en esta comunidad; son los que menos oportunidad tienen de salir de aquí. Nosotros somos jóvenes, fuertes y con un poco de suerte; si le seguimos buscando, podemos encontrar la manera de sobrevivir. Pero para ellos cada día en este bosque es un día que los aleja de una posibilidad de trabajo. Y lo saben bien. Por esto tratamos de cuidarlos, porque a fin de cuentas son nuestra familia. No tienen a nadie más.

En las últimas semanas en muchas ciudades de los Estados Unidos los movimientos que se inspiran en Occupy Wall Street se manifestaron en contra de un sistema económico siempre más injusto y que deja totalmente descuidado a un número siempre mayor de ciudadanos. También aquí en Lakewood han llegado los relatos de las manifestaciones que se han dado en todas las grandes ciudades del país, y se vive con interés y esperanza lo que está pasando. Sin embargo, en la mayoría de los casos, es muy difícil para los que viven aquí gastarse los treinta y cinco dólares que se necesitan para ir a Nueva York y regresar en autobús.

Steve reivindica con fuerza la importancia de las ocupaciones, no sólo de las plazas, sino también de todos los espacios públicos que devuelvan dignidad a los pueblos.

Nosotros somos la demostración de la insostenibilidad del sistema. Miles de personas están perdiendo su trabajo, su casa ya no vale nada, están cubiertos de deudas y no existen las redes de seguridad familiares que hay en otros lugares. En los Estados Unidos, que según el cuento oficial debería de ser el centro del imperio, donde se concentra la mayor parte de la riqueza del planeta, es donde familias enteras se están yendo a vivir a lugares como éste. En todo el país hay Tent Cities. Estos niveles de pobreza, de injusticia social, crean crisis tremendas en las familias. Pero, ¿cómo se hace para ver la crisis en una familia que parece normal? Es imposible, porque la verdad se esconde. Aquí, al contrario, todo se hace más visible y, claro, se entiende mejor. En este lugar la forma en la que vivimos y nuestra procedencia social son la demostración de la falacia económica de este país, de la incapacidad o de la falta de voluntad por parte de las instituciones estadunidenses de enfrentar los graves problemas de la gente. Y no hablo sólo del gobierno de Barack Obama, sino de la mentira que es el sistema mismo. Aquí no es lugar de alcohólicos o inadaptados, es el refugio que encontraron decenas de personas en una situación que se había vuelto insostenible. Por esto no se quiere voltear la mirada a las muchas Tent City de este país, porque son la prueba evidente de que no es la falta de regulación la que genera un error en el sistema, sino que es el sistema mismo el que está enfermo, en su esencia. Se está dibujando un país en el que los pobres y los que no tienen casa deben ser expulsados de las ciudades, deben volverse invisibles al *mainstream*. No hay que ocuparse de ellos. Ya no se construyen casas populares en las ciudades, y de esta forma se obliga a los que no tienen nada a eclipsarse, a desaparecer, y se está forzando a los pobres a desplazarse a otras áreas, en donde no pueden molestar. La mayor parte de las personas que viven en este campamento son víctimas de la *gentrificación* en curso en este país. Vivimos en una economía que ya no es nacional, sino global, y los Estados Unidos impusieron al mundo una economía que no es sustentable y que está basada en el petróleo, que se creía la mejor y más barata fuente de energía, pero era mentira. Y ahora el petróleo se está acabando, porque es un recurso no renovable, y la economía basada en él muestra su verdadera cara. El costo de la vida está en constante aumento y la calidad de la vida disminuye, también aquí, en el centro del imperio. Y lo que pienso es que si las cosas continúan empeorando, habrá siempre más lugares como éste.

La llegada de la noche se acompaña de charlas íntimas, en las que los habitantes de Tent City dejan escapar sus recuerdos, sus sueños más secretos. Las experiencias más dolorosas toman forma, junto con las esperanzas, que durante el día parece ingenuo compartir, pero que de noche no suenan tan locas. El fuego es la única luz que a la vez ilumina y fortalece las sombras, las voces se hacen más profundas y transmiten la emoción de compartir una intimidad forzada con gente en el fondo desconocida.

Es difícil no darse cuenta de la enorme frustración que vive esta pequeña comunidad, que al mismo tiempo se alimenta cada día de una poderosa esperanza, en un futuro que a un observador externo parece turbio.

Saliendo de Tent City y del bosque la sensación que prevalece en mí es de un lugar en resistencia. Se queda en mi cuerpo la impresión de un grupo de personas que no se rinden, que siguen luchando de una forma silenciosa pero total, que involucra todo su tiempo, su vida misma. Es una lucha por la supervivencia, pero al mismo tiempo es una denuncia radical y fuerte, que pone en discusión las bases de un sistema que parecía, a sus mismos miembros, el mejor sistema posible. Las calles limpias y ordenadas de Lakewood ahora tienen un aspecto siniestro; es como si tanta limpieza, tanto orden, fueran sólo la fachada de un mundo en decadencia, cuya verdadera cara son las condiciones precarias y liminales de los habitantes del bosque.

Saliendo de Nueva York en la mañana, en la carretera, en texto amarillo con fondo azul se lee el anuncio publicitario de Manhattan Mini Storage, una pequeña empresa de almacenamiento, que ahora toma un sentido grotesco: *Remember, if you leave the city, you'll have to live in America.*

"Recuerda, si dejas la ciudad tendrás que vivir en América."

***

Joel el Coyote insistió en acompañarme hasta la central de autobuses. Dice que aquí de noche se pone peligroso. No quiere que me pase nada, dice.

En el camino casi no hablamos. Es como si sintiéramos un extraño pudor, después de tantas horas que pasamos juntos. Tal vez Peter aquí atrás nos pegó su silencio. No se acerca a menos de dos metros, mantiene el paso y se queda atrás. Postura marcial, mentón levantado, mirada atenta, cigarro en la boca.

Cuando me voy nos despedimos con palabras cualquieras. Regresan rápido al bosque.

Cuando volteo a verlos, después de comprar mi boleto, ya se los ha tragado la oscuridad de la County Route 528.

XVII. LA PATRIA EXIGE MAYÚSCULAS

> People are strange when you're a stranger Faces look ugly when you're alone.
>
> THE DOORS, *People are strange*

EL HOMBRE está sentado en una mesa y sus ojos no me miran a mí. Pasan rápida y distraídamente de un punto a otro de la avenida Revolución, la calle más famosa de Tijuana, la calle del vicio, del alcohol, de los bares, de la droga, de los burros disfrazados de cebras, de la diversión de los gringos, de las putas, de los putos, de las locuras, de los robos, del sexo, de las balaceras, de los excesos, de las luces y de la oscuridad.

Vengo a Tijuana a hacer un trabajo sobre el cine, una de mis grandes pasiones, pero tengo la oportunidad de entrevistar a este hombre que me va a hablar de su visión de la frontera y de la migración.

Avenida Revolución, la Revo, es la calle que parte en dos el corazón de la ciudad, hasta esa línea de metal, alta más de sesenta metros, que desde lejos parece el borde de una nave espacial a punto de despegar, a la cual le han quitado el contenido. El gran Arco Reloj Monumental, obra pública del exalcalde Kiko Vega, estaba pensado para darle la bienvenida a los turistas y al nuevo milenio, pero se logró inaugurar sólo a finales de 2001. El nuevo milenio se había adelantado y los turistas, dentro de pocos años, dejarían de llegar, porque Tijuana puede ser una ciudad de transgresión pero los jóvenes estadunidenses, muchos de ellos militares en libre salida, no aman el peligro real, así que en cuanto la ciudad se volvió un caos de violencia, asesinatos, desapariciones, desapareció también el turismo y la Revolución se quedó desierta como los enormes bares con terrazas que la habitan y en los cuales, hasta 2007, antes de la que se conoce como "guerra al narco", era imposible moverse y si te dejabas caer te quedabas parado. El arco es visible desde casi toda Tijuana y desde San Diego, y siempre parece desafiar la mirada. Es una enorme ilusión óptica porque nunca se entiende en qué sentido está posicionado.

El hombre no es muy alto. De hecho, es bastante chaparro, tiene una cara redonda y una cachucha azul marino en la cabeza.

Dos celulares están en la mesa, uno barato, y el otro, un nuevo modelo de Smartphone.

No sé usar bien éste, pero agarra en cualquier lado, es el teléfono del trabajo.

Los ojos de Samuel tienen bajo control el restaurante y la calle, sin parar, aunque éste sea uno de los lugares donde suele venir a comer sus tacos. Pide una Coca-Cola. La toma sin hielo.

Yo no soy de Tijuana. Me fui de la casa a los trece años. De Oaxaca al Distrito Federal, a casa de un primo mío. Y luego a Tijuana.

La primera vez que Samuel cruzó la frontera fue en 1973, junto con ese mismo primo.

Aquella vez llegamos hasta el estado de Washington. Para mí era más que realizar un sueño. No es cierto. La verdad es que ni en mis sueños había pensado llegar a los Estados Unidos. Pero luego, después de un rato ahí, se fue el encanto. Y junto a mi primo nos regresamos a México el mismo año. A Tijuana.

***

Aquí empieza la patria.

Es lo primero que México te dice cuando pisas su suelo desde el norte. Si llegas a Tijuana de los Estados Unidos sólo tienes que saber una cosa. Que aquí empieza la patria.

En Playas de Tijuana, a un lado de ese océano Pacífico gris y frío, parado junto a la reja que te separa de California, unas enormes letras de colores te avisan que aquí empieza la patria.

¿Acaso es una amenaza?

¿A quién está dirigido el mensaje? Siempre imaginé que se trataba de una bienvenida para los emigrantes mexicanos que regresan a México de vacaciones, los que tienen un permiso legal para vivir en los Estados Unidos, o para los indocumentados que cada día son deportados a México por la migra.

Llegas a tu tierra que te dice, no te preocupes, aquí te vamos a tratar bien, no como los *gabachos*, los *gringos*, los culeros esos. No. Aquí estás en tu casa. Tranquilo.

Pero durante muchos años vi cómo la patria trata a sus paisanos, como ciudadanos de serie B. Los que durante años han mandado a México remesas por miles de millones de dólares trabajando como bestias, sin papeles, sin vacaciones, sin seguro, y que por una multa por estacionar mal el coche fueron arrestados y deportados a México. Esos mexicanos que en 2019 mandaron treinta y seis mil millones de dólares en remesas a su patria. Ésos son los que al llegar a México son considerados incómodos, son tratados como parias, porque ya no sirven. Así que ya no estoy tan seguro del significado del mensaje. ¿A quién está dirigido?

Me inquieta la idea de *patria*. Más que un sentimiento genuino de pertenencia, siempre me ha parecido una imposición amenazante. Tienes que morir para mí, te está diciendo. Tienes que cumplir los rituales que te impongo, te grita en el día de la bandera. Será que en mi historia familiar el concepto de patria (Patria, porque la Patria te exige respeto, seriedad y mayúsculas, sobre todo mayúsculas) refiere a las camisas negras. A los fascistas que en Italia gobernaron durante más de veinte años, que obligaban a mi madre en la escuela primaria a vestirse de negro (se les llamaba *figli della lupa*, "hijos de la loba", a los niños de primaria durante el fascismo), a cantar el himno nacional, a hacer el saludo romano, a honrar la bandera. Por eso me da escalofríos ver a mi hijo en su escuela mexicana, casi ochenta años después, saludar la bandera haciendo el saludo romano y cantando el himno nacional cada lunes en la mañana. Las únicas tres palabras que se me ocurren son: *figlio della lupa*. Y veo una camisa negra.

¿Será por eso que la palabra *patria* me causa tanta angustia? O porque en nombre de la Patria, como en nombre de la Religión, de la Justicia, de la Democracia, de la Seguridad, de los Derechos Humanos, se comenten los peores abusos, violencias, aberraciones que he podido ver, documentar, presenciar. Todas palabras que exigen ser escritas y pronunciadas en mayúsculas.

Me generan repulsión los que siempre tienen la razón. Mi abuela materna, Olga Fiore, clase 1908, muerta de vejez a sus ciento dos años en 2010, sobreviviente de dos guerras mundiales, del nazismo, del fascismo, de los cuarenta años del partido de la Democracia Cristiana en Italia, de un cáncer, de la ceguera, de la pobreza y de la estupidez de los demás, solía repetirme, cuando era niño, que *quello che aveva sempre ragione l'hanno appeso per i piedi*. Que traducido al español significa: "Al que siempre tenía la razón lo han colgado de los pies". Hacía referencia a Benito Mussolini, asesinado el 28 de abril de 1945 y colgado por los pies un día después, junto con el cadáver de su amante, Clara Petacci, en medio de la Plaza Loreto en Milán. Mussolini siempre tenía la razón y si no estabas de acuerdo con él te iba muy mal.

Así de simple funciona el fascismo. El fascismo en minúsculas. No el periodo histórico o el Partido Fascista, que exige mayúsculas. No, el fascismo real, del día a día.

El fascismo de los que siempre tienen la razón porque son los Justos. De las que siempre tienen razón porque son las Justas. El fascismo de los buenos, de los políticamente correctos, de los tolerantes, de los progresistas, de las feministas, de las y los defensores y defensoras de los y las derechos y derechas humanos y humanas. El fascismo de los antirracistas de redes sociales.

El fascismo de las personas que tienen el vicio de querer siempre disciplinar a los demás.

¿Y todo esto qué tiene que ver con la patria? ¿Y, sobre todo, qué tiene que ver este monólogo con tu libro sobre fronteras? Ah, pues es mi libro y escribo de lo que se me da la gana. Y si no te gusta lo puedes cerrar ahora mismo.

¿Sigues ahí?

Te decía, tiene todo que ver con mi libro porque la patria, es la que nos disciplina. Una palabra femenina y masculina al mismo tiempo. Tiene el padre en su étimo y la madre en su género.

Así que siempre me ha inquietado mucho la idea de patria, y ser extranjero en México implica que debes lidiar con ella todos los días.

Aquí a nadie le gusta que llegue un extranjero güerito europeo, además hombre, a decir pestes de su patria, ¿verdad?

A cuestionar su historia, sus miedos, sus contradicciones.

***

El hombre de cachucha quiere que me compre su historia. No me permite saber qué pasó en ese 1973 y por qué se fue el encanto. Lo quiere sólo para él. Yo tengo que tragarme su versión y no la puedo verificar. La versión de Samuel es que su trabajo lo hace para ayudar a los demás. Su trabajo es llevar a los migrantes del otro lado de la frontera, se le llama *pollero*.

El verdadero pollero, aunque no me creas, hace un trabajo ético. Es un trabajo difícil, ¿sabes?, y hay mucha buena gente, mucha más de la que uno puede imaginar.

En esta historia, Samuel estuvo cruzando la frontera para llevar a gente durante casi veinticinco años, hasta 1997, cuando lo agarraron.

Gracias a mi trabajo tengo un gran prestigio entre mi gente, todos los que me conocen me respetan por la manera en la que cumplo mi chamba. Las cosas se han vuelto más difíciles a partir de los años noventa, cuando empezó la Operación Guardián en los Estados Unidos. Desde aquellos años todo ha cambiado.

La Operación Guardián. El nombre con el que se conoce en México la Operation Gatekeeper, puesta en marcha el 1 de octubre de 1994 por la administración demócrata de Bill Clinton. Ah, es que fue ahí cuando empezaron a construir el muro. La Operación Guardián fue pensada para desviar el flujo de migrantes de la frontera con California hacia caminos más peligrosos, más difíciles, que desanimaran a los migrantes. Desde que se inició han sido muchos los migrantes que han muerto en el intento de cruzar y que están directa o indirectamente relacionados con la Operación Guardián, más de diez mil. Con la construcción del muro que corre a lo largo de la frontera, con la creación de la Border Patrol, la Patrulla Fronteriza que controla los flujos migratorios y los ingresos ilegales, se ha vuelto más difícil cruzar el cerco, y se han desarrollado los negocios y las profesiones que dependen de la migración. Como el negocio de Samuel. Parece que algo que no logro ver está pasando en la calle, porque el hombre no deja de mirar y mirar cualquier movimiento detrás de mí.

Después de que me atraparon me llevaron a la cárcel en los Estados Unidos. Cuando salí me deportaron y desde entonces ya no llevo yo a la gente, ahora me dedico a organizar a otros polleros, a seleccionarlos y a buscar clientes.

Samuel dice que busca a sus clientes en la calle, muchos están cerca de la Línea, el tramo de muro que separa Tijuana de San Ysidro, otros en la misma avenida Revolución.

Formamos grupos de seis a diez personas, los preparamos, les hablamos de los riesgos y de los detalles.

¡Como una agencia de viajes! Es un agente de viaje. ¿No podía decirlo desde el primer momento? ¿Era necesario tanto misterio? Los grupos formados en Tijuana se esperan el día de salida, y son llevados en una camioneta hasta Altar, en el vecino estado de Sonora, en un viaje de unas veinticuatro horas, con calma.

Ya hace mucho que no pasamos por aquí. Tijuana ya se hizo demasiado peligrosa para nosotros y para nuestros clientes.

Dice así. Nuestros clientes.

Aquí puede pasar que tú vas con tus pollitos y de repente te asalta un grupo armado de sicarios, o de delincuentes comunes, o de gente que vino del otro lado y que te quita todo, o te mata. Esto no se vale. En Sonora es diferente. Allí pagas tus pesitos a los que mandan por cada pollo, y estás seguro de que no te pasa nada. Luego está la migra, claro, y la migra de Arizona es bien cabrona. De veras no entiendo la maldad del cerebro de la migra de Arizona.

Explícame cómo es el cerebro de la migra de Arizona, Samuel. ¿Qué hacen?

Cuando encuentran a un grupo le agarran al guía, y a los demás los dejan ahí en medio del desierto. Es como quitarles la gallina a sus pollitos, es pura maldad y a ellos les gusta. Algunos son conocidos y te dejan pasar sin mucha bronca, nomás porque les caes bien, ni te piden dinero. Entonces, aunque hay dificultades también en Altar, de todas formas, es mejor pasar por ahí.

Porque lo normal es pagarle a la migra de Arizona. Igual que a la migra de Texas o a la migra de California. Porque emigrar es un negocio y no hay que romantizar.

Con los tres mil dólares que cada migrante paga por pasar la frontera, Samuel paga el transporte a Sonora, las mordidas a los oficiales mexicanos y estadunidenses, a todos los que a título diferente piden su parte de pastel. En carro, con una identificación falsa, el precio sube a cinco mil dólares por persona. Los centroamericanos pasan con su misma gente, el grupo de Samuel lleva casi puros mexicanos.

Pero mira que la droga no pasa con los migrantes. Los que hacen llegar la droga al otro lado son gringos, que pasan la droga en la línea en coche por ocho o nueve mil dólares. No somos nosotros.

Bueno, Samuel, no digo que te creo, pero no me parece descabellado lo que me cuentas.

Sus tacos ya se enfriaron, no hizo otra cosa que hablar y contestar su teléfono nuevo, para ponerse de acuerdo sobre nuevos clientes y organizar a sus colegas. No me mira mientras regaña a un hombre por teléfono durante unos minutos. Mira hacia la calle y agarra pedacitos de carne desparramada en el taco ya todo húmedo. Bocaditos minúsculos mientras se endurece su mirada. Ahora no me parece tan buena onda.

Luego concluye su llamada. Voltea hacia mí y me sonríe. Medio sonríe.

No es fácil seleccionar un pollero, ¿sabes? Y desde que no puedo cruzar la frontera yo, es difícil confiar en la gente. Si me agarran me voy directito a la cárcel cinco años, necesito que el trabajo lo haga alguien más. Pero no puede ser cualquiera.

Ese alguien más debe conocer el desierto, ser confiable, tranquilo. Muy tranquilo.

Sobre todo, el que lleva a la gente no puede ser un borracho, ni un drogadicto. Fíjate que acabo de correr a un pollero porque tomaba demasiado. No podemos correr riesgos, su vida y la de los clientes están en nuestras manos, debe ser gente confiable. Además, es mi responsabilidad frente al jefe, si alguien de mi grupo se equivoca o hace una pendejada soy yo el que paga, y no me gusta pagar por lo que hace cualquier pendejo. Ahora el negocio está lleno de aves de rapiña, de gente nueva que viene del otro lado, gente fea, gente que en vez de cruzarte te secuestra y te vende al narco o te mata, no como los polleros viejos.

Claro, los malos siempre son de afuera. Los primeros venían de Michoacán, de Zacatecas, antiguos braceros que llegaban a Tijuana para hacer cruzar a la gente.

Y Tijuana sin los ilegales no es nada. Pero ya no es como antes.

Nunca nada es como antes.

***

Cuando las cosas te van mal, si eres un emigrante, lo que quieres es volver a tu casa. No he conocido un solo emigrante que no sueñe con volver a su hogar, con volver a ser abrazado por su madre, la patria, aunque nos engañe con su nombre masculino. Porque la patria es una madre a la que todos quieren volver.

¡Lárgate a tu pueblo! Es lo que he escuchado hasta el cansancio en este país. Lo he escuchado tantas veces que hasta suena bonito. Es que el argumento más común para callar a un extranjero es la referencia a su no pertenencia. Hay que subrayar que él no es de los nuestros, no tiene la misma piel, la misma sangre, la misma lengua, la misma nacionalidad. No comparte una identidad.

Si no te gusta lo que pasa aquí vete a tu país, pinche güero.

Para adquirir la nacionalidad mexicana uno de los requisitos es el conocimiento del himno nacional. Las palabras del hechizo necesarias para que demuestres haber interiorizado lo más sagrado de la patria, junto con la bandera. Los vocablos mágicos que me permitirían volverme parte de esta patria tal vez nunca los aprenderé, por ser un incurable internacionalista, pero me hace sonreír un fragmento de la historia mexicana que tiene que ver con su himno. Ahí les va.

El 15 de septiembre de 1854 no había pasado mucho tiempo desde la fundación de esta nueva nación que se llama México. Habían pasado pocos años desde la conclusión sangrienta de las luchas de los nacionalistas que habían dado la vida para separarse de la Corona española. Ese 15 de septiembre, día patrio, por supuesto, se inauguraba el nuevo himno nacional mexicano que había escrito Francisco González Bocanegra acompañado por la música militar del compositor catalán Jaime Nunó. ¡Qué momento tan sagrado! La primera vez que voz humana emitía de manera pública y oficial la letra solemne del himno que haría llorar de amor patrio a generaciones de mexicanos de ahí en adelante.

Ese 15 de septiembre de 1854, la primera persona que cantó el himno mexicano en el Teatro Santa Anna fue el tenor italiano Lorenzo Salvi, acompañado por la soprano Claudia Fiorentini y por el coro y la orquesta de la Gran Compañía de Ópera Italiana, dirigida por el compositor y director de orquesta Giovanni Bottesini, aunque en las narraciones mexicanas su nombre se españolizó hasta volverse Juan. Todos italianos, como yo.

Bueno. No exactamente un italiano como yo, puesto que en 1854 Italia no existía formalmente. Todavía tenían que pasar siete años para que el general Giuseppe Garibaldi guiara a sus camisas rojas a la conquista de una unión nacional añorada durante siglos. Italia, en ese septiembre de 1854, era sólo un idioma, un territorio, era sobre todo una idea.

Una idea potente, hay que reconocerlo.

***

Samuel ha dejado los Estados Unidos, pero durante veinticinco años ha seguido entrando y saliendo, pisando su suelo, aprovechando el concepto de frontera para sobrevivir, hacer negocio, pero nunca quiso quedarse ahí. Le vuelvo a preguntar por qué. Me sorprende con una sonrisa grande, que se ve rara en su cara redonda casi siempre seria.

¿Por qué me regresé de los Estados Unidos en el 73? Pues porque para mí Estados Unidos perdió su encanto, ya te lo dije. Te parecerá absurdo y no me vas a creer, pero en los Estados Unidos no hay libertad. Uno no puede hacer lo que quiere de a deveras. Y a mí me gusta ser libre. Sentirme libre. Y lo que más me hace sentir libre es este trabajo.

XVIII. *MEXICAN B(ORDER) MOVIES* EN TIJUANA

Il me semble que je serais toujours bien là où je ne suis pas, et cette question de déménagement en est une que je discute sans cesse avec mon âme.

CHARLES BAUDELAIRE,
N'importe où hors du monde

Los DOS hombres están de rodillas con la cara cubierta de sangre y las manos atadas en la espalda. Hay tres tipos parados atrás de ellos; llevan cuernos de chivo, pistolas, fusiles. Sus caras están cubiertas con pasamontañas y paliacates. Guardan silencio. De repente uno de ellos suelta unos golpes en la cabeza y en las costillas a los dos hombres arrodillados. Frente a ellos está otro hombre más, con una cámara. Está grabando. Es un hombre de barba que hace preguntas: ¿Cuáles son sus nombres?, ¿con quién trabajan?, ¿quién los protege?, ¿a qué se dedican?

Los hombres de rodillas escupen sangre y contestan las preguntas. Dicen que pertenecen a un grupo criminal que opera en la zona. Dicen que se dedican a secuestrar, cobrar derecho de piso y a matar gente.

Llega otro hombre armado desde la oscuridad. Levanta una pistola, apunta a la cabeza de uno de los dos tipos hincados, mirándolo a los ojos. Pasan unos segundos, luego su boca se abre para decir: pum, pum, pum.

Silencio.

¡Y aquí cortamos! Para mí es buena, grita el hombre de barba detrás de la cámara.

Son casi las dos de la mañana. Estamos en una bodega amplia de la periferia de Tijuana. El frío y la humedad de esta noche de febrero son intensos. La escena sucede al interior del único cono de luz que también es una pequeña isla de calor. Más allá, todo es oscuro: las siluetas se confunden con los muebles, los juguetes, las cajas amontonadas junto a las paredes altas de la bodega.

Los dos tipos que estaban de rodillas ahora pasean por la bodega. Entran y salen del cono de luz producido por lámparas Kino de dos mil watts que descienden de las vigas en el techo. Tienen un guión abierto en las manos. Una mujer pequeña, que lleva una caja de maquillaje, se acerca a los hombres y saca una botellita de jarabe Aunt Jemima llena de un líquido rojo oscuro. Lo escurre lentamente y con mucho cuidado sobre la cara, los brazos y la camisa de los hombres, mientras ellos repiten concentrados en voz baja lo que están leyendo. La mujer les pide que abran la boca, los dos obedecen, la mujer les llena la boca con el líquido rojo oscuro, ellos retienen el líquido inflando ligeramente los cachetes, la mujer les arregla el peinado y la ropa.

Afuera la lluvia arrecia y tamborilea en el techo de lámina de la bodega. Se acabaron ya los cinco minutos de descanso. El escenario se vuelve a animar.

Yo soy un pelón más detrás de la cámara, una Red One digital equipada con un set de lentes Carl Zeiss que llevan muchas décadas de trajín. Trato de abrigarme y protegerme con un suéter que resulta insuficiente para la temperatura de Tijuana y busco consuelo en un mierdoso café Andatti del Oxxo.

Después de una semana de filmación, hoy es mi último día en el set de *Comando X*. Ésta es la última escena que voy a ver.

***

Hace algunos meses, a finales de 2011, me invitaron a Tijuana a participar en la filmación de esta cinta.

Los hermanos López van a grabar una nueva película de acción, se va a llamar *Comando X*, estaría muy bueno si pudieras contar un poco de este mundo, me dijo Fabio Cuttica, que hace un año vivía en Tijuana, tienes que venir. No es como parece, no es como lo cuentan. Lo tienes que ver con tus ojos.

Lo que cuentan y lo que se sabe de este cine popular es que habla de narco, de balaceras, que exalta la criminalidad y la violencia o, como sentenció el vocero del entonces presidente de México, Felipe Calderón, en ocasión de la prohibición de los narcocorridos en el estado de Sinaloa en mayo de 2011, "encumbra a los más perversos ejemplares de la violencia delincuencial, capaces de masacres inhumanas".

Tuve que esperar dos semanas porque la grabación estaba siempre a punto de empezar, pero los productores no lograban conseguir todo el dinero que necesitaban. Y la fecha seguía postergándose. Finalmente, un día recibí la llamada de mi colega: ya hay presupuesto; empezamos mañana, a ver cuándo puedes llegar.

Dos días después estaba tragando un taco de marlín de bienvenida en Playas de Tijuana. Estaba listo para asistir a la creación de una película que llegaría a decenas de miles de personas, que estaría llena de emociones, suspenso y diversión; quería ser parte, por un instante, del fabuloso y resplandeciente mundo del *videohome*.

***

Lo primero que notas cuando trabajas en una película de bajo presupuesto es que las locaciones son gratis o deben salir muy baratas, pero al mismo tiempo deben responder a las necesidades del guión, del director, de la historia.

Para filmar *Comando X*, llego a las ocho de la mañana al balneario icono de la ciudad, el parque de diversiones acuático El Vergel. Parece abandonado. En realidad, está en remodelación, me dicen. Es nuestra primera locación. Las albercas son profundas, pero están vacías. No es difícil imaginar a decenas de niños echando desmadre mientras sus padres tragan micheladas en la sombra. Los toboganes abandonados parecen esqueletos de dinosaurio. Los trampolines son plataformas a un precipicio sin agua.

El ambiente entre los participantes de la película es muy relajado. Los actores no han llegado todavía, pero acá ya están listos el director de fotografía y su ayudante, el técnico de sonido y Óscar, el mayor de los hermanos López. Después de años de trabajar junto con su hermano como actor para Baja Films, la empresa de su papá, Delfino López, ambos se lanzaron al mundo del cine como productores, creando así Loz Brotherz Productions.

Édgar Luzanilla, el director de fotografía, está buscando el mejor rincón donde hacer las tomas. Yo me voy acercando a un hombre alto, con ropa de camuflaje, una cachucha verde militar y una cadena de oro gruesa colgada al cuello, que tiene un dije en forma de cuerno de chivo, también de oro, imposible de ignorar.

Impactante tu collar, le digo para empezar la conversación.

Me sonríe orgulloso, es de oro de verdad.

La gente me reconoce porque mis personajes siempre lo traen puesto. Ya me identifican como el del cuerno de oro.

David es un veterano del *videohome*, lleva más de cincuenta películas en cuatro años. Parece una cifra inventada, pero hay que considerar que Baja Films produce un promedio de doce *videohomes* por año. Casi siempre David sale de mafioso y hoy está esperando para actuar en una escena en la que tienen que matar a un jefe de los malos. Es un mundo fácil el que puede dividir a sus personajes de manera clara entre buenos y malos.

¿Qué es lo que van a hacer?

Es la escena final de la película, nosotros vamos a matar al malo a balazos.

¿Y ustedes qué son?, ¿buenos?

Pues, igual somos mafiosos, pero los otros son más cabrones.

En la vida real, David es el titular de una empresa de seguridad privada en Tijuana. La actuación es todavía un *hobby*, pero le gustaría que su experiencia en el cine tuviera más presencia en su vida.

En las largas esperas entre una toma y otra empiezo a convivir con los artistas que van llegando después, les encanta que les digan artistas. Me voy enterando de que en su mayoría los artistas viven en los Estados Unidos, en diferentes condados de California. Jaime es un jardinero que viene de San Bernardino. Lleva algunos años actuando en las películas de Óscar López. Como casi todos los actores que participan en estas películas, le da una pequeña contribución monetaria a la producción. Se ofrecen unos cien dólares por un papel secundario y hasta mil para asegurarse un papel protagónico o semiprotagónico. Los actores profesionales no tienen que pagar, al contrario, reciben un sueldo. Pero con un presupuesto de cinco mil dólares, como en este caso, son pocas las ganancias para todos.

Jaime ha dejado a dos ayudantes como encargados de su negocio de *landscaping* para poder viajar a Tijuana y actuar en *Comando X*. Todos sus amigos y familiares están orgullosos de verlo en la pantalla, con cara de sicario. Cada vez que aparece en un filme, de alguna forma su comunidad participa también en la película.

Estamos a punto de presenciar la muerte de varios de los malos. Uno de ellos es Richie, el asistente de producción. El escaso presupuesto obliga a que todos los que participan en la película sean multifacéticos, o sea, traducido, que se reciclen en muchas tareas diferentes. Sonia, la maquillista, también se ocupa de la claqueta cuando Richie tiene que actuar. También actúa el técnico de sonido, Elías, que sueña con ser cantante, algún día. Está tratando de actuar en algunos bares de Tijuana y ensaya para el papel de Poncio Pilato en el próximo vía crucis de Semana Santa. En escena aparecen también el mensajero del rodaje, al que le dicen Shorty, y el mismo director, Luis Álvarez, y casi todos los miembros del equipo de la filmación.

Richie ha sido acribillado. Ahora, cubierto de sangre, toma una pistola de plástico y se alista para filmar las tomas de acción desde otros puntos de vista. Voltea a ver a Luis.

Jefe, ¿hasta cuándo agonizo?

Richie, agonizas hasta que yo te digo ¡mueres!, y ahí expiras. ¡No antes! Mi vida, Sonia, píntale la punta de la pistola con el plumón negro que tienes, por favor, porque se le ve lo rojo, ¿sí? Listo. ¡Prevenidos!

Corre el sonido. Silencio... y... ¡acción!

***

La camioneta de Luis está llena de paquetes de comida y de ropa manchada de sangre postiza, hecha artesanalmente con colorante y miel, para que también pueda ser comestible. Hoy la producción se tuvo que suspender. Estamos en el quinto día de filmación, el segundo para mí, y ya se acabó el presupuesto. No hay dinero para pagar la semana, y Óscar López fue a buscar alguna solución para seguir con la película. Todos habían llegado al llamado, en una calle del centro de Tijuana, para filmar una escena en exteriores frente a una pequeña clínica privada.

Luis fuma sin prisa, sentado en el asiento delantero de su camioneta, esperando a que llegue Óscar, que además tiene que actuar en esa escena. Luis, además de director, es también guionista de esta película. Antes fue ingeniero de sonido y técnico de efectos especiales.

Sé que muchos llaman a nuestras películas *narcofilms*, pero a mí me gusta más la definición de cine de compadres. Porque esto es lo que hacemos en la realidad. Para empezar, porque no tenemos nada que ver con los grupos criminales. Nosotros tomamos los corridos más populares, los que pegan más, y volvemos a escribir la historia, para sacar una película. Claro, los temas son las balaceras, las peleas entre bandas o policías, explosiones y matanzas, pero

¿cuál es la diferencia con las películas de acción de Hollywood? Según yo, es que ellos tienen un gran presupuesto y que hablan en inglés. Sabemos que nuestro público está principalmente en los Estados Unidos, y que ve nuestras películas en casa, con la familia, porque le da nostalgia. Quiere ver historias que hablen de lugares conocidos, que son familiares, habladas en español, que hagan ver los valores y los defectos de los mexicanos.

La mirada de Luis se mueve continuamente. Tiene urgencia de pagar al personal. Si no termina la filmación, todo esto será tiempo y dinero perdido. Óscar todavía no llega y no contesta el teléfono.

Digo cine de compadres porque muchas de las historias que contamos son las que se platican entre compadres: de la realidad que estamos viviendo en México en los últimos años, sobre todo aquí en el norte. Nos habla de esto, de violencia, de criminales, de enfrentamientos armados; son los temas que manejan todos, empezando por los noticieros. Entonces, más que *narcofilms*, se podría hablar de cine de acción, pero con un bajo presupuesto. Muy bajo, pues.

Fabián es de la misma opinión. Es el más joven de los dos hermanos López. Mientras espera a Óscar, Fabián pasa el tiempo con el resto del grupo. Es como si estuviera en medio de una familia grande y no en una producción cinematográfica.

Lo que pasa es que no tenemos un gran presupuesto. De hecho, a veces no tenemos ningún presupuesto. Pero nuestro trabajo le gusta a la gente. Llega a las casas de miles de personas que aprecian nuestro esfuerzo. ¿Cuál es la diferencia con las películas de acción gringas? Piénsalo bien.

Lo pienso.

¿Cuál es?

¿Las historias? ¡Pero son lo mismo! Está el bueno y está el malo, hay un chingo de balaceras, de persecuciones de coches, explosiones y luego el bueno que gana y el malo que pierde. ¿A poco no?

Pues sí. Tiene sentido.

Óscar llega con una media sonrisa tensa en la cara cansada. Las ojeras son el testimonio del cansancio de muchas noches pasadas en el set o revisando el material en su estudio. Un pequeño grupo de personas lo rodea. Una muchacha le pide, emocionada, tomarse una foto con ella. Su novio saca el celular y registra el afortunado momento en que ella abraza a su ídolo. Óscar posa pacientemente, acostumbrado a la notoriedad. A sus veintiséis años ha participado en decenas de películas, casi siempre como protagonista, junto con su hermano Fabián, pero ahora el papel de productor conlleva responsabilidades que antes no tenía.

Lleva poco tiempo en la producción, aunque ésta sea la actividad de la familia desde siempre, pero ya piensa en su primera película como director. Es un proyecto diferente, me explicó Óscar unos días antes, mientras manejaba hacia el parque acuático. Estaba emocionado.

Es como un hijo, la película se llama *De cara a la muerte*, inspirada en una famosa canción de Gerardo Ortiz. Vamos a tratar de hacerla diferente, un poco más atrevida, y vamos a tener más cuidado en las tomas. Todo lo que he aprendido en estos años trabajando en el cine voy a poder usarlo en esta experiencia.

Y se enorgullecía cuando subrayaba la impresión de estar en una gran familia un poco rara, más que en una producción de cine.

Soy el único que ha creado un equipo en el que todos nos sentimos como en familia. Aquí el producto es de todos, no de la sola producción. Nadie se siente fuera de la película. Es un reflejo de lo que somos nosotros. Ese enamoramiento que tengo yo hacia mi cine es el que nos mantiene juntos.

Sus colegas y compañeros de trabajo hablan de él como de una persona sencilla, positiva, sobre todo apasionada. Édgar Luzanilla, camarógrafo, director de fotografía con muchos años de experiencia en películas mexicanas y en grandes producciones de Hollywood como *Babel,* de Alejandro González Iñárritu, en la que participó como asistente, está impresionado por la pasión desbordada de Óscar.

Es un joven lleno de sueños, que sabe lo que quiere y se entrega totalmente a su trabajo. Cada vez que hablamos de su película se le iluminan los ojos. Es su primer proyecto, está muy clavado. En esos momentos que buscamos cada encuadre, y toda la onda, y se crea esa empatía para lograr las escenas que él necesita y te transmite su pasión, su fuerza.

Cuando Óscar habla de su película se siente la emoción, el entusiasmo. Dirigir mi primera película es exaltante. Cuando alguien más dirige, el poder creativo es de otra persona, no es tuyo. Pero aquí es diferente. Muchos pensaron que por ser novato no iba a poder y aquí estoy. *De cara a la muerte* es diferente de las otras, hay una sola balacera que dura cuarenta minutos. Grandísima. Y la idea es que cuando tú estás en una balacera, para el que la vive, es como estar en la segunda Guerra Mundial. Y es lo que vive el protagonista. Es el clímax de su vida, siendo él el objetivo de tanta violencia y el que va a morir al final. Lo que queremos transmitir es decirle a la gente: ¿Sabes qué...? Una balacera es un lugar donde no quieres estar.

***

Tercer día en el set. La filmación hoy empezó más tarde de lo previsto, debido a un problema para encontrar la locación. Por esto hay que quedarse hasta la noche, en lugares diferentes. Todos se ven cansados, pero el clima es alegre y relajado. La escena que ahora se filma tiene lugar en el estacionamiento de una casa. Son las diez de la noche. Un Mercedes-Benz gris llega chirriando los neumáticos. Salen dos hombres, uno es Luis, herido de una pierna; atrás llega Óscar cargando a Jaime, atado de manos. Están ensayando antes de filmar, pero falta un actor, cuyo papel de guarura es necesario en la escena. Luis parece preocupado. Es tarde, todos quieren ir a descansar.

Se me acerca rápidamente, con el celular en la mano.

Oye, güero, el actor que tenía que llegar acaba de hablarme, se fue a recoger a su hija a una fiesta y no va a llegar. ¿Quieres salir en la película? Es un papel sencillo, ¿te animas?

Lo pienso. Mi papel consiste sólo en decir cinco palabras. No voy a disparar ni a hacer volar un coche. Me emociona mucho la idea.

Claro, Luis, no hay problema. Nada más dime qué tengo que hacer.

Me ponen una chamarra negra, mientras yo voy aprendiendo mis líneas. Bueno, mi única línea. Me paro junto al jefe, pero me empieza a dar un calambre al estómago. Maldita gastritis. A lo mejor mi decisión fue un poco apresurada. No sé ni de lejos cómo se está frente a una cámara. Siento que me muevo de forma antinatural y torpe. La lengua se me reseca y me veo desde afuera. Como un personaje de las historias de Pirandello. Me veo como un idiota. Lo único en lo que puedo pensar es en que se nota que no lo hago bien. ¡Todos se van a dar cuenta!

¿Cómo le hacen los demás? Se ven muy tranquilos, naturales, relajados, aunque no sean actores. Mis compañeros son el dueño de una tienda de regalos, un jardinero, un empleado. Pero ellos creen en sí mismos como actores. Como artistas. Yo ni siquiera me puedo parar bien.

Después de un par de pruebas, Luis, que está en la escena y debe interactuar conmigo, decide empezar a filmar, ya no hay tiempo. Se me va la sangre a los ojos. ¡Voy a ser el guarura de un narco en una película de acción!

Mi escena dura pocos minutos. La adrenalina adormece la gastritis, que vuelve una vez que termina todo. Édgar y Fabio se mueren de risa por mi interpretación. Me siento avergonzado, luego todos empiezan a burlarse de mí. Y no puedo hacer otra cosa que reconocer lo siguiente: soy uno de los peores actores que han pisado el suelo tijuanense desde hace décadas.

Antes de irnos a dormir, pasada la medianoche, Luis se me acerca con un cigarrillo prendido en la mano. Estoy seguro de que me va a decir que por mi culpa van a tener que volver a hacer la película. En vez de eso me dice: oye, el miércoles tienes que morir. Es fácil, en una balacera te van a matar rápido. Procura no irte, por favor.

No te preocupes, Luis, mi vuelo sale hasta el viernes. Voy a morir sin duda antes de regresarme a México, le digo yo, soy un actor nato.

***

Estamos en la bodega, a punto de filmar la escena de la ejecución. Faltan pocas tomas para terminar. El café ya está frío y se está acabando. Édgar Luzanilla intenta explicarme lo que se hace aquí. Quiere que entienda en qué sentido los hermanos López están intentando agregarles un poco de arte a sus productos comerciales.

Quieren cambiar un poco las cosas, no quiero decir innovar, pero mostrar algo diferente. Muchas veces los productores se sientan en un estilo y no se atreven a cambiar cierto lenguaje que les funciona. Tú tienes tus ideas, tu gusto, te has educado con el cine, quieres ponerle algo diferente, pero llegan y te dicen: Édgar... la toma está muy oscurita, quiero ver las caras, y pues eso es una cosa que recuerda mucho el lenguaje de las telenovelas, y es lo que el público entiende con más facilidad. Si tú le hablas a un público que no entiende la cinematografía como un arte, sino que simplemente quiere ver planitas las secuencias, no perder ningún detalle, que se vean las caritas bien iluminadas, es difícil cambiar algo. Y yo como soy un rebelde apasionado de la cámara, pues intento recrear los *settings* en iluminación, contrastes, encuadres de sus películas favoritas, y trato de darle mi propia firma. Si no, pues saldrá un producto telenovelesco en vez de que sea todo un arte, y arte es la representación de nuestro espíritu, la manifestación de nuestro espíritu.

Esta producción ha introducido también un elemento irónico en la construcción de los personajes; se han incluido en el guión situaciones paradójicas, que le quitan seriedad a las historias. Es lo que reivindica con cierto orgullo Luis Álvarez, el director de *Comando X*.

No estamos haciendo ninguna revolución, pero nos gusta la idea de ir poco a poco humanizando estas historias. Juegos de palabras, malentendidos, o crear un personaje como en el caso de *El principio del infierno*, que es el asistente de un jefe y es gay, y su jefe lo defiende frente al machismo de los demás. Es una forma de leer la violencia con una mirada un poco más sarcástica, más divertida, un poco al estilo de *El infierno* o *Salvando al soldado Pérez*, por ejemplo. Y me parece que el público lo aprecia.

***

Es jueves en la noche. Ayer se filmó en un estacionamiento frente a un bar de teiboleras. Puros exteriores. Mañana sale mi avión y todavía no me han matado. Y no me van a matar. No se pudo filmar la escena porque había otras partes importantes agendadas. No sé cómo van a resolver el asunto. Me voy con el sentimiento de que algo se ha quedado a medias. Me siento responsable de una incoherencia que evidentemente nadie va a notar. Ese guarura sólo no se va a morir. Me consuela pensar que lograré la inmortalidad de mi personaje, no por la excelencia de mi actuación, sino por razones de presupuesto.

XIX. UNA AMIGA DE NORUEGA

Nostra patria il mondo intero
Nostra legge è la libertà.
PIETRO GORI

Y DEJANDO la ciudad de Lop se entra en el desierto.

El desierto es tan grande que apenas se podría atravesar en un año, pero en el punto más estrecho se puede cruzar en un mes. Todo es una sucesión de montañas, extensiones de arena y valles, y no hay nada para comer allí. Pero cuando se ha caminado durante un día y una noche, se encontrará agua; sin embargo, no suficiente, sólo lo suficiente para cincuenta o cien hombres con sus animales; y en todo el desierto debes continuar durante un día y una noche antes de encontrar agua; en tres o cuatro lugares hay agua amarga y salada, en todos los demás los manantiales son buenos y hay alrededor de veintiocho de ellos. Y no hay pájaros ni animales, porque no tienen comida. También te digo que hay un hecho maravilloso aquí: mientras viajas por la noche en el desierto, si alguien se queda a dormir o por cualquier otra cosa, cuando quiere reunirse con sus compañeros, escucha a los espíritus hablando en el aire; los confunde con sus compañeros, a veces lo llaman por su nombre y sucede que esas voces lo confunden tanto que ya no puede encontrarse a sí mismo; muchos ya se han perdido; a veces escuchas sonidos de instrumentos, especialmente tambores. Y así cruzas este Gran Desierto.[1]

[1] Marco Polo, *Il Milione.*

***

De Lop deben haber salido esas ratas pardas llenas de pulgas.

Originarias del Gobi, las ratas pardas son conocidas como noruegas. Eso porque en 1728 un naturalista inglés llamado John Berkenhout decidió ponerles *Rattus norvegicus* como nombre científico. *Norvegicus* significa "noruego". En esa época las ratas amantes de los viajes llegaban a Inglaterra en barcos procedentes de Noruega, o por lo menos eso es lo que los científicos notaron. Y así establecieron que indudablemente se trataba de ratas escandinavas. Como si las ratas tuvieran nacionalidad.

Y estas ratas, decíamos, estaban llenas de pulgas.

Ratas sin comida porque allí en el Gobi no hay qué comer. Siempre acompañan a los humanos en sus travesías y aventuras.

Se tardaron veinte años en llegar, moribundas, a la laguna de la gran potencia del Mediterráneo oriental de la época, la Serenísima República de Venecia. Veinte años para salir del Gran Desierto que en los últimos recortes del siglo XIII Marco Polo describía en su relato de viaje, para llegar a la ciudad desde la cual el mercante veneciano había iniciado sus travesías por el oriente.

Imagino a las ratas hambrientas, tercas, astutas, ocupadas en esconderse en medio de las mercancías de los humanos aventureros comerciantes. Las veo pulular discretamente en los cargamentos de los barcos, las oigo chirriar en los carruajes de los mercantes. ¿Qué se dicen? ¿Estarán conscientes del gran viaje que están haciendo? ¿Estarán conscientes de que pronto ellas, tan pequeñas, peludas, feítas, pulgosas, serán las grandes protagonistas de la Historia? La Historia con mayúsculas.

¿Qué puede ser lo que ve una pequeña rata llena de pulgas, hambrienta, nacida en proximidad del Gran Desierto del Gobi en el año 1323? Quizá ve a sus compañeras de viaje, con sus ojitos atentos entre los sacos de semillas de ajonjolí y de trigo, de pimienta negra, de invitantes frascos de miel, entre las canastas repletas de cuero, papel y seda.

Nos pueden dar ternura porque las vemos con esos hocicos tan tiernos, pero si nos detenemos a observarlas con objetividad, nos damos cuenta de que se trata de una especie muy dominante en el mundo de las ratas. Las ratas pardas son grandes, pueden llegar a los cuarenta centímetros, si contamos también su cola, larga como su propio cuerpo. Saltan, trepan en vertical, muerden, luchan como locas, se adaptan a cualquier ambiente, comen literalmente todo y lo hacen con enorme voracidad y arrogancia, dado que, si encuentran veinte papas en su camino (que en ese momento de la historia no podrían encontrar puesto que América todavía no ha sido descubierta), no se van a comer una de inicio a fin para luego pasar a otra. ¡No! Ellas van y mordisquean con ganas todas las papas. Lo destruyen todo y son las principales enemigas de las otras ratas, más pequeñas y menos prepotentes, como la rata negra, por ejemplo. Digamos que la rata parda de Noruega, que ahora sabemos que no tiene nada de noruego, se parece increíblemente al ser humano. Por eso creemos que se ha emparejado tan bien con nosotros. En fin, antes de esta digresión nos estábamos preguntando qué es lo que ve una rata parda. Así que nada de distraerse.

Quizá la rata parda se asoma de vez en cuando para ver cómo varía el paisaje; las piedras y arenas color ocre del desierto poco a poco van dejando lugar a los álamos y sauces de Babilonia al norte del Mar Caspio. Nada de esto saben los ojos de esa rata, nada saben de geografía o de cómo se llaman los habitantes de la ciudad de Kafa, a la que se conoce como la Reina del Mar Grande. Kafa, que antiguamente, cuando era una colonia griega, se llamaba Teodosia, y hace pocos años, desde 1275 para ser precisos, después de haber sido abandonada durante mucho tiempo, fue reconstruida por los mercantes genoveses, quienes la transformaron en un centro nodal para sus comercios con el Oriente. Y le dieron el nombre de Kafa. Así que la abandonada Teodosia se ha convertido en una pequeña ciudad genovesa en medio de Asia Central, en la eterna competencia comercial y militar con la otra potencia marítima de la época, la Serenísima República de Venecia.

La rata no sabe que, junto con sus compañeras (las otras ratas y las pulgas que llevan la peste) que viajan con ella, lentamente, en la antigua Ruta de la Seda, están a punto de ser las protagonistas de la primera guerra bacteriológica de la que tenemos registro.

En 1343 la ciudad de Tanais era un puerto importante para los intercambios comerciales entre Oriente y Occidente dado que la ciudad está ubicada en la punta más al este del mar de Azov, a su vez ubicado al norte del mar Negro, donde convergían la vía fluvial y las vías terrestres hacia la gran ciudad persa de Tabriz. Llegar a Tanais permitía no tener que pasar por Samarcanda, Urgench y por el mar Caspio, ahorrando tiempo, dinero y evitando peligros inútiles.

Por esta razón, en el siglo XIV Tanais era un paso comercial de gran tránsito, donde vivían y comerciaban venecianos, griegos, turcos, mongoles, genoveses, cumanos, búlgaros, kirguises, tártaros. De hecho, era tan importante para los comercios de la República de Venecia y de la República de Génova que en Tanais había un barrio veneciano y una comunidad genovesa.

Se sabe lo que pasa cuando en el mismo lugar se juntan muchos hombres de diferente procedencia, con diferentes sensibilidades, sentido del humor, orgullo, temperamento. Sobre todo, cuando esos hombres conviven en las mismas cantinas y tabernas, quizás exagerando un poco con el consumo de bebidas embriagantes. Pero quiénes somos nosotros para juzgar, ¿verdad? La cosa es que un día de ese año de Dios de 1343, en la ciudad de Tanais, en el delta del Río Don, en las orillas del mar de Azov, en el reino turco mongol conocido como la Horda de Oro, que poco después sería gobernada por el legendario y terrible Tamerlán, se desata una riña. Pero eso es normal, frecuente, hay riñas todo el tiempo. Nada más que esta riña que nos interesa a nosotros y a la pequeña rata viajera de la que no hay que olvidarnos, esa riña opone a indígenas de Tanais con genoveses y venecianos, que normalmente en esa época y durante siglos habían sido y serán enemigos feroces entre sí, pero en ese caso evidentemente se identifican como pertenecientes a la Península Itálica, o simplemente eran amigos. Esto no lo vamos a saber nunca, así que mejor dejemos de especular.

Lo que sí sabemos es que un tártaro murió en la pelea, y murió, eso por lo menos es lo que se dice por ahí, por mano de un veneciano. ¡Rayos y tormentas! Un invasor extranjero, comerciante, explotador, que viene a matar a nuestra gente en nuestra patria. Además, borracho. Esto es intolerable, hay que tomar medidas a la altura de la situación. Así, los tártaros de Tanais deciden vengar la muerte de su paisano quemando las casas de los mercantes occidentales, venecianos y genoveses. No sólo sus casas son quemadas, lo que quizá podía haber sido aceptable frente a la muerte de un pobre hombre, sino que los tártaros deciden saquear los depósitos de todos los mercantes venecianos y genoveses.

Ahora. Nosotros sabemos bien que la vida es un valor absoluto, pero tenemos que hacer el esfuerzo de entender que un mercante veneciano o genovés, en 1343, considera sus negocios y sus ganancias por arriba de casi cualquier cosa. Así que el golpe fue duro. Lo fue, efectivamente.

Pero no es todo. Con el afán de vengar a su pobre súbdito asesinado, el mismo Khan Janibek, señor de la Horda de Oro, decide lavar la afrenta con más sangre. Génova y Venecia eran potencias marítimas y comerciales y había que limitar su poder. ¿Qué mejor excusa para declarar una guerra que recurrir a la defensa de la patria? Siempre ha funcionado y sigue funcionando. No vamos a insinuar que la muerte del tártaro, del cual por cierto desconocemos el nombre, fue utilizada por el sabio Khan Janibek como un mero pretexto para establecer nuevas relaciones de poder entre las repúblicas de Venecia y Génova y la propia Horda. Eso sería pensar mal. La cosa es que Khan Janibek, en febrero de 1344, en nombre de valores patrióticos, decide sitiar la colonia genovesa de Kafa.

Los genoveses son poderosos en ese entonces, son dueños de gran parte de los comercios con el Oriente. Fueron ellos los que reconstruyeron la ciudad abandonada de Teodosia y, con el nombre de Kafa, la transformaron, desde 1290, en el corazón de su nuevo dominio colonial, que estaba conformado por una gran cantidad de colonias de la zona oriental, como lo eran Trebisonda, Copa, o Sughdak, así que la ciudad de Kafa estaba bien fortificada. Los genoveses se defienden ferozmente y una noche salen de la fortificación y destruyen todas las máquinas de guerra enemigas y una parte de la flota tártara del Khan Janibek, que está obligado a retirarse.

Dos años después, en 1346, nuestra rata no se siente muy bien. Es la descendiente de las ratas que salieron del desierto del Gobi veinte años antes, eso está claro. No es el mismo animal porque la vida de estos múridos a duras penas llega a los cuatro años. De hecho, una rata parda de cuatro años equivaldría a un ser humano de más de noventa, sabio, astuto y despiadado. Una rata parda se reproduce en promedio unas siete veces al año, con embarazos que duran veinticinco días, y cada vez da a luz a entre tres y quince hijos. Así que la rata que en 1346 no se siente muy bien debe de ser una de las setenta y ocho mil ratas descendientes de nuestra compañera del viaje original de veinte años atrás. Toda una civilización de ratas pardas se ha ido trasladando desde el Gobi sólo para llegar a ser la protagonista de nuestra historia.

Entonces nuestra ratita estaba tranquila con sus compañeras bañándose en el Río Volga en la ciudad de Sarai, la capital de la Horda de Oro, pero algo le cayó mal. No se siente nada bien. Sus compañeras se están empezando a morir de algo extraño. Y no es por haberse montado en los carruajes de esos soldados. Debe de ser algo que comieron, con esos hocicos famélicos. O algo que les picó. No saben todavía esas pobres ratas del desierto del Gobi que les picó una pulga que lleva una enfermedad poderosa. No lo saben tampoco los hombres y las mujeres de su tiempo. De hecho, habrá que esperar cinco siglos para que finalmente en 1894 el médico Alexandre Yersin descubra el bacilo de la peste *(Pasteurella pestis)* y encuentre una cura. Es en su honor que el bacilo se llama ahora *Yersinia pestis*. Pero de esto no hablaremos aquí, así que no hay que distraerse porque ahora empieza la acción.

La rata se siente extraña, decíamos. Y ya los soldados tártaros están marchando otra vez hacia la ciudad de Kafa para volver a atacar a los malditos genoveses. Las negociaciones que han intentado llevar a cabo las embajadas comunes veneciano-genovesas en Sarai han fracasado, así que los mongoles-tártaros vuelven a los muros y las fortificaciones de Kafa. No sólo las ratas se sienten mal. La temperatura de los soldados aumenta. Aparece una placa cancerosa negra cerca del punto en el que se ha inoculado la enfermedad, luego un bubón cerca de la ingle, en las axilas, en el cuello. Luego los soldados sufren cefaleas muy intensas, diarrea, vómito, vértigo y alucinaciones, y después de veinticuatro o treinta y seis horas de agonía, finalmente, se mueren. Casi siempre los ataques de peste pulmonar se suman a todo esto, provocando accesos de tos que, a través de las gotitas de saliva que se emiten al hablar o al toser, transmite a los demás la forma pulmonar de la peste. El bacilo penetra a través de las mucosas de la nariz, de la boca o de los pulmones, provoca dificultades respiratorias intensas, asfixia progresiva y angustiante, que se hace mortal en la casi totalidad de los casos en los tres días sucesivos a los primeros síntomas.

Esto es lo que ven los pequeños roedores viajeros.

De Sarai la enfermedad de las ratas se mueve con los soldados en Astracán hasta llegar a Tanais. Y de ahí a Kafa. Al llegar a la colonia genovesa, el ejército mongol ya está diezmado por el flagelo y no tiene esperanza de vencer a sus enemigos.

Así, a los tártaros moribundos se les ocurre una idea desesperada: ¿por qué no agarrar a los cadáveres de los soldados muertos de peste y lanzarlos del otro lado de las murallas de Kafa a través de unas catapultas? Ah, pues ¡qué buena idea! ¡Qué solución ingeniosa! Es verdaderamente un gusto ser humano frente a un uso tan creativo de la inteligencia. Los cadáveres llenos de peste empiezan a llover en las calles de la ciudad sitiada de Kafa. Después de un primer momento de desconcierto, imaginamos nosotros, los sitiados genoveses rápidamente recogen los cuerpos y se deshacen de ellos tirándolos al mar. Desafortunadamente es demasiado tarde. La peste se difunde en el interior de la colonia. Entonces los colonos deciden huir en masa, para regresar a la madre patria, porque esto es lo que en el fondo todo emigrante tiene el impulso de hacer: volver. Así, arman sus buques y se preparan para la navegación. Pero ya deberíamos saber que las ratas pardas o noruegas por ninguna razón en el mundo se perderían una travesía por mar con sus *best friends* humanos. Y con ellas, las pulgas de las ratas acompañan a los mercantes genoveses en los buques que dejan el puerto de Kafa con dirección al Mediterráneo.

Un enorme malentendido se transformará en tragedia, segando las vidas de la tercera parte de los habitantes de Europa: la necesidad de amistad de las ratas pardas y su deseo de estar siempre con nosotros es tomada como una agresión al ser humano. ¿Por qué no hemos sido capaces, como especie, de darnos cuenta de la insuperable necesidad de amor y amistad que sienten las ratas? ¿Por qué ha sido necesario que murieran tantas personas?

Sin temor a decir una obviedad, sucede lo inevitable: en cualquier lugar que pasan las naves genovesas se difunde la peste. Pera, colonia genovesa en un barrio de la periferia de Constantinopla, se contamina en el verano de 1347. La epidemia se difunde en las islas del Mar Egeo en septiembre, para llegar a los puertos de Sicilia en octubre de 1347. En Génova y Marsella la Muerte Negra desembarca en noviembre, en Cerdeña y Córcega en diciembre, para finalmente hacer su ingreso triunfal en las enemigas repúblicas marineras de Pisa y Venecia en enero de 1348.

Y el mundo cambia para siempre.

Venecia cierra sus puertas al mundo. No se conoce la bacteria *Yersinia pestis,* pero se toman medidas extremas. Nadie puede entrar en la ciudad que vive de los negocios, de los mercados, del tránsito. Nadie puede entrar en la ciudad que es la puerta entre Oriente y Occidente. Los que no se mueren tienen que cambiar sus costumbres, tienen que adaptarse a las nuevas reglas de convivencia.

***

Frente a las miles de muertes por peste bubónica que saturaron los cementerios y obligaron a abrir otros, el Mayor Consejo, la autoridad más alta de la República de Venecia, tuvo que cerrar, durante meses, la ciudad a los intercambios con el exterior. Se tuvieron que tomar decisiones extremas, como clausurar las actividades económicas y comerciales, hasta la venta de vino en las tabernas, lo que evidentemente resultó extremadamente grave para los habitantes de una de las mayores potencias económicas y comerciales de la época.

La peste había llegado casi seguramente en enero, pero fue hasta el 30 de marzo cuando se encontraron las primeras menciones en los documentos oficiales. Después de las medidas urgentes, el verano llegó con un problema ulterior. Frente a tantos muertos, había necesidad de repoblar la ciudad.

Así, el Mayor Consejo decide promulgar unas leyes que favorezcan la llegada de fuerzas frescas que aporten a la gloria de la República del León. El 17 de julio de 1348, el gobierno de la República veneciana impulsa a los "forasteros" a transferirse por un periodo de al menos dos años en Venecia, con todo y familia, eventuales bienes materiales poseídos y cualificaciones laborales. Si los inmigrantes carecían de bienes, herramientas, familia, no había problema: podían embarcarse en alguna de las galeras, las famosas naves de guerra venecianas, que necesitaban más que nunca fuertes brazos para volver a las actividades marineras. Así lo dicen literalmente, para los que entiendan el latín: "Cum semper ducale dominium benigne providerit ad bonum omnium subditorum suorum in tempora tam elapso quam presenti, considerantes in hoc casu hoc esse utilissimus et fructuosum toti terre quod omnes nomine tam cives quam forenses banniti per nostrum officium [...] pro habitatione et multiplicatione terre nostre Venecias veniant habitatum [...] et habitando at minus per duos annos cum uxore, familia et arnensiis, et si uxorem, familia vel arnensia non haberet, personaliter venire teneatur et debeat, stando per dictum tempus, qui possit in dicto tempore duorum anno rum tam cum galeis comunis quam navigiis quibuslibet specialium personarum navigare".

¿Por qué es tan importante esto, tan importante como para poner un texto en latín en medio de una narración?

Porque es un documento de hace casi setecientos años que demuestra cómo la ciudadanía es un bien que tiene un gran valor. Y que la identidad es un concepto relativo, constantemente cambiante, y ligado a las relaciones de poder contextuales. Durante siglos, la ciudadanía veneciana era codiciada por los pueblos de media Europa y del Mediterráneo. La pertenencia a la República del León garantizaba poder, dinero, trabajo, bienestar. Era deseable y valiosa. Por eso no se podía regalar. La pertenencia a una comunidad cambia la vida. Así, después de la peste, cuando más de la tercera parte de la población veneciana desbordaba los cementerios y se necesitaba a gente para repoblar, el pragmatismo de la política permitía ampliar esa ciudadanía, esa identidad, a pueblos y personas extranjeras. No importa el color de la piel, ni la religión, ni el idioma, ni la cultura. Importa la necesidad de repoblar, por un lado, y el deseo de mejores condiciones de vida, por el otro.

Fue así como en poco tiempo la peste fue un recuerdo y la vida volvió a darse en el ámbito público. Un recuerdo que dejó heridas profundas, que se cicatrizaron como se pudo. El 7 de agosto de 1348 salió una deliberación del Mayor Consejo, que le prohibía a la población externar el duelo con la vestimenta o cualquier otro tipo de signo reconocible. La peste causó un número tan alto de muertos que no existía un solo núcleo familiar que no hubiera sido víctima de algún duelo. Así que todo el mundo tendría que salir a la calle vestido de negro, aumentando la depresión y la tristeza colectivas. Era necesario volver a algún tipo de normalidad, y esto implicaba un poco de positividad. Así, ese año se canceló el luto por decreto.

***

El virus nos enseña. Nos obliga a ver, nos impone. No pregunta, no es razonable ni ideológicamente orientado. No es interpretable. Nos obliga a voltear la mirada hacia lo fundamental, lo imprescindible, lo básico.

La supervivencia individual y la supervivencia de la especie. Y dentro de la especie, de nuestro linaje.

La fuerza del virus es su capacidad de emigrar de cuerpo en cuerpo, usarnos para llegar a los otros, cruzar océanos, desiertos, montañas, para alcanzar a otros cuerpos, huéspedes, que le permitan sobrevivir y reproducirse.

Emigra con nosotros. Cumple de manera extraordinaria su objetivo, su función: sobrevivir y reproducirse.

¿Qué nos enseña el virus sobre nosotros mismos y nuestras emigraciones?

Nosotros somos el virus.

¿Cuál es la patria de un virus? El cuerpo huésped. El cuerpo. ¿Cuál es la patria de un cuerpo? ¿Cuál es su lugar en el mundo?

Se cerraron fronteras, se suspendieron vuelos, viajes, reuniones, partidos de futbol, marchas, conciertos. La frontera de Guatemala cerrada para los mexicanos, la frontera que parecía tener sentido único de Sur a Norte, se descubre de doble sentido.

Los emigrantes que siguen intentando viajar a los Estados Unidos sabiendo que esa enorme larga extensa frontera será, una vez más, imposible de atravesar.

No puedo volver a Tijuana ahora. Quería ir con un amigo.

XX. UN MAR FRÍO

> Tijuana es la ciudad del pasado subdesarrollada prototipo del punk rock y el desmadre, la ciudad anárquica, y San Diego es la ciudad afortunada con un poco de estilo, con la tecnología para el rave. Juntas forman la ciudad i, nuestra ciudad dividida.
>
> FRAN ILICH, *Metro-pop*

UNO DE mis recuerdos favoritos de Tijuana, y ni siquiera sé por qué, pero lo es, es en el 94. Creo que fue antes, creo que fue en el 92, porque yo estaba en quinto de primaria, entonces fue en el 92. O 93. Honestamente, ya no lo tengo tan claro. 92. Tuvimos unas lluvias terribles, las lluvias más fuertes en Tijuana son en febrero. Yo vivía ya en Playas de Tijuana. Fue una semana en la que no paró de llover, y en la que las lluvias eran tan fuertes que Tijuana empezó a inundarse. Tijuana es una ciudad construida entre cerros y siempre que llueve en Tijuana no nada más hay inundaciones; siempre hay muertes, siempre hay pérdidas importantes materiales, gente a la que se le inunda la casa, y más en esas lluvias en concreto (yo creo que son del 92, le preguntaré a mi madre, ella se acordará del año, si fue 92 o 94). Pero fue una semana de lluvias intensas, todos los días grises, y llegó a tal nivel de alarma que de hecho suspendieron labores y escuelas. Entonces donde yo vivía, en Playas de Tijuana, al ser digamos una colonia más de clase media, no había pérdidas tan grandes, no había ese tipo de problemas de otras colonias donde sí veías imágenes sorprendentes, casi casi de gente que se tenía que sostener de algo para flotar, una calle totalmente inundada. O imágenes de gente que caminaba en sus colonias con el agua por arriba de la cintura. En la mía no llegó a ese nivel de desastre, pero por seguridad y porque toda la ciudad estaba paralizada, se suspendieron. Fue una semana completa de suspensión de clases. Yo, como niño de diez años, estaba feliz de que suspendieran las clases, pero recuerdo muy bien esas imágenes en la televisión, recuerdo muy bien cómo me impactaba ver que algunas colonias de Tijuana estaban totalmente destruidas. Para ir de Playas de Tijuana al centro de Tijuana hay que tomar carretera, es una carretera en la que vas a un lado del muro, igual entre cerros, y en esa carretera, durante esa semana de lluvias sin parar, varios cerros se deslavaron, entonces llegó a haber accidentes en la carretera, porque había rocas que caían sobre autos y rocas que bloqueaban el camino, y eso, como niño de diez años, fue lo que más recuerdo; en algún momento tomar la carretera con mis padres y ver la carretera bloqueada por esas piedras de los cerros que se habían deslavado. Eran días enteros de lluvia y días enteros de cielos grises, y recuerdo cuando terminó esa semana de lluvias, prácticamente yo casi no salí de casa, recuerdo haber abierto la puerta de mi casa y ver una puerta. Una puerta a la mitad de la calle, y dije, ¿qué es esto? Es como si hubiera pasado un tornado por aquí. Pero... por alguna razón, uno de los recuerdos más vívidos en mi vida de Tijuana es esa semana de lluvias, que yo viví de manera tan íntima en casa. No sé, tengo unos muy buenos recuerdos de esa semana de lluvias. Donde prácticamente no salí, excepto en esa ocasión de la carretera. Era una puerta a la mitad de la calle. Como si hubiera pasado un tornado.

***

A principios de 2020, un virus desconocido ha viajado por el mundo, ha cruzado fronteras, océanos, desiertos y montañas, ha evadido controles y se ha difundido por doquier. Nos ha obligado a encerrarnos, escondernos, aislarnos. Como en Venecia hace seiscientos setenta y dos años, tuvimos que adaptarnos a las nuevas reglas de convivencia global y, como siempre en la historia de la humanidad, nos adaptamos.

Frente a mis ojos una pantalla. En la pantalla, el director de cine David Pablos está sentado cómodamente en el sillón gris de su departamento en la Ciudad de México. Desde que lo conocí en Los Ángeles a principios de 2016, mientras trabajaba en mi anterior libro, David me ha dado la impresión de estar cómodo en cualquier lugar, en cualquier posición. Es una de esas personas cuyo cuerpo siempre parece estar en armonía con el entorno. El opuesto de como me siento yo.

Sonríe mientras habla hacia la cámara de su dispositivo que lo pone en contacto conmigo. El estreno de su nueva película, *El baile de los 41*, está programado para dentro de unos meses, y él está trabajando en el montaje y en la posproducción. Mi plan era que David me llevara por las calles de la ciudad en la que se crio, Tijuana, para acompañarme en un recorrido emocional, pero la pandemia del coronavirus, conocido como covid-19, llegó a revolucionar las vidas de todos, y, como la peste en 1348 en Europa, impuso a la humanidad nuevas reglas de convivencia. Nos obliga a repensar nuestras interacciones. El covid-19 nos impone una entrevista a distancia. Nuestro viaje debe ser entonces imaginario, tenemos que volar en las entrañas de la memoria, caminar en las calles tortuosas de los recuerdos, navegar en el mar tormentoso de las sugestiones de la mente y del corazón. Me parece una excelente metáfora que cambia el plan de mi libro y abre puertas a las oportunidades más que construir muros de dificultades. Le pido a David que piense en tres lugares de Tijuana que sean significativos para él, adonde le hubiera gustado llevarme, para que pudiera conocerlo a través de la geografía de la ciudad en la que creció y a la que volvió cuando filmó su película más importante.

En la pared blanca arriba de su cabeza está enmarcado y colgado el póster en francés de su película más conocida y premiada, *Las elegidas*, la historia de una joven adolescente secuestrada en Tijuana para ser explotada sexualmente por la familia de su novio.

David decidió ambientar su historia en Tijuana. Y volvió allí.

Bueno, podía haber colocado la historia en la Ciudad de México, en Tenancingo, en Puebla, en muchos lados, pero éste es el lugar que yo conozco, éste es el lugar que me arraiga. Yo sé que en Tijuana esta historia iba a cobrar otra dimensión para mí.

Y la dimensión que toma tiene que ver con las características mismas de la ciudad fronteriza.

De entrada, hay una sensación de no pertenencia. Hay una sensación de no ser mexicano, pero tampoco gringo, así que quedas en un limbo. O sea, yo cuando vivía en Tijuana no me identificaba con México, quizá lo hacía más con los Estados Unidos, pero tampoco. Tampoco es tu cultura, tampoco es tu historia, tampoco es tu tradición.

En Tijuana empieza la patria, pero posiblemente no hay un lugar en México en el que el concepto de patria se vuelva más abstracto y confuso.

La idea de patria es una construcción. Y en Tijuana, por más que en la escuela te inculquen este sentimiento nacionalista o hablar de la historia de México, realmente no pega. Vaya, conoces de manera teórica el país, pero estás tan lejos de todo... Aquí en la Ciudad de México me sorprende lo fácil que es viajar, lo fácil que es irte a Oaxaca, a Tepoztlán, y te impregnas de la cultura, te impregnas de la historia. En Tijuana esto no existe. En Tijuana lo más cercano que tienes para viajar son los Estados Unidos. No hay un sentimiento de ser mexicano realmente y, por el contrario, muchos jóvenes aspiran a los Estados Unidos, y voltean a ver hacia los Estados Unidos, que es lo que tienen más cerca. No México, sino los Estados Unidos. Y esto se refleja en el hablar. En Tijuana mucha gente es pocha, y no solamente pocha. Hay gente de clase media, de clase media alta, de clase alta, que habla mucho inglés. Y al mismo tiempo Tijuana, digo, yo la amo profundamente, pero no es una ciudad bonita, no es una ciudad visualmente bonita. Tiene su encanto, tiene mucho encanto, a mí me parece que lo tiene, pero no es bonita. Y de repente vas a los Estados Unidos, vas a San Diego, una ciudad ordenada, limpia, con áreas verdes. Entonces hay una aspiración muy grande constante hacia lo gringo. Una búsqueda de parecerse más a lo gringo, y por lo tanto un rechazo hacia lo mexicano. Y hasta cierto punto una vergüenza de lo mexicano. Hay una idea de que todo México es como Tijuana, que el país entero es como Tijuana, que el país entero es así de feo, que el país entero es así de falto de personalidad, no es que Tijuana no tenga personalidad, pero estilística y arquitectónicamente es muy desabrida la ciudad, ahí sí que le falta personalidad, entonces hay una vergüenza a lo mexicano, hay un rechazo a lo mexicano y una aspiración a lo gringo. Hay incluso un cierto sentimiento de superioridad, en Tijuana, por sentirse gringos, por estar al lado de los Estados Unidos.

Tijuana la fea, Tijuana la horrible. Ciudad joven y desordenada, desmadrosa, carismática.

***

La semana que David y su hermano Alejandro pasaron encerrados en casa fue una semana memorable. Para un niño de diez años siempre es una buena noticia no tener que ir a la escuela a causa de las lluvias. Y además los dos hermanos, David de diez años, Alejandro de seis, conectaban mucho, a pesar de la diferencia de edad. En aquella semana de encierro pudieron hacer una infinidad de juegos en la casa, pudieron crear sus propios espacios, fue una gran aventura. Y además la lluvia.

Hay algo en los días nublados. Gran parte de mis recuerdos más entrañables de Tijuana están asociados con lluvias, con días nublados. Aunque el verano es muy intenso, muy caluroso, en los inviernos Tijuana suele tener días muy nublados y suele haber mucha lluvia y mucho viento, más porque yo vivía a un lado del mar. De hecho, en mi casa todo el tiempo había problemas de humedad. Las paredes empezaban a ponerse negras, había que estar constantemente manteniendo el lugar. Entonces yo siempre asocio lo nublado, el mar frío, el mar gris, con mis recuerdos de infancia. Por eso me gustan los días nublados. Mis recuerdos más bellos, quizá porque los días nublados te hacen estar en casa y estar en familia, se asocian con eso, sobre todo con mi hermano, y con esa relación tan estrecha que tuvimos de niños. Dormíamos en el mismo cuarto, además, en literas, yo arriba, él abajo... pues había eso, una intimidad muy grande y un mundo compartido, como que... yo siendo más grande disfrutaba mucho jugar con él. Sí. Pues todas las lluvias del 92 o 94 me recuerdan eso.

***

Estoy muy agradecido por haber crecido frente al mar, un mar frío. Un mar frío es una rareza en este país, lleno de días nublados, viendo los atardeceres del Pacífico, que son espectaculares. Viendo un muro enfrente, viendo San Diego a la distancia. Y creo que tuve una formación bastante única al crecer allá. Lo veo presente en cada cosa que hago, en cómo filmo, en cada historia que escribo, en cómo escribo, y creo que todas mis historias y mi manera de filmar... creo mundos bastante peculiares. Veo claramente que lo que yo filmo... yo no me acerco al naturalismo con lo que filmo, tengo una manera de acercarme a las personas, de contar historias, de filmar rostros, de mover cámara, que todo eso lo termino relacionando con Tijuana. Tijuana es lo que Tijuana me dio.

David habla de su amor por Playas de Tijuana, de las Islas Coronado, del ocaso en el océano Pacífico, el mar frío.

Yo viajo con la memoria al 2 de septiembre de 2018. Un día de sol cerca de un mar frío.

Acababa de dar un taller en la Universidad Iberoamericana en Playas de Tijuana y Jordi Lebrija, un amigo periodista, nos llevó a conocer la playa de Popotla, situada a diez kilómetros al sur de Rosarito, a treinta y siete kilómetros al sur de Playas de Tijuana.

Carros en la playa, arena negra, cholos, tatuados, se escucha gente hablando inglés.

Popotla es una playa popular donde los residentes en los Estados Unidos van los fines de semana a convivir con sus familiares del lado mexicano. Una playa pululante de gente. Hay que empujar al prójimo para llegar del estacionamiento donde dejamos el coche. Nos hubiéramos ahorrado la molestia. En Popotla los coches están estacionados en el mar. En la orilla del mar. Decenas de coches, más bien de trocas. No entiendo.

Debe de ser el olor a pescado que ya se va pudriendo después de todo un día en el sol, en los banquitos de madera de colores, azul, rojo, verde, o directamente en la parte trasera de las trocas estacionadas en el mar frío, banquitos cubiertos con lonas de colores, amarillo, anaranjado, café, en medio de la playa, entre troca y troca, entre mesa y mesa, entre carne y carne, ostiones con salsa Valentina y limón, con salsa Huichol y limón, con salsa inglesa y limón, con salsa Maggi y limón, se me antojan. Hay focas y muchas odiosas gaviotas, las ratas del mar. Hay perros. Me dicen que hay cerdos. A la mitad de la playa está una casota con una terraza con vista al mar. Una casa que debe de haber costado mucho dinero, en medio de una playa fea y atascada de gente que se mete al agua vestida, gorda, torpe, azorada.

Me tiene que gustar porque el pueblo es bueno, porque no se dice que me siento incómodo. Me tiene que gustar porque es pintoresca, porque aquí viene la raza, porque qué mamón, porque qué fresa que quieres playas sin coches, sin olor a pescado rancio, sin cerdos y focas, sin casas obscenas de mal gusto, porque el gusto es un marcador de clase, como diría el gran sociólogo francés Pierre Bourdieu que, por supuesto, en Popotla no hubiera metido ni un pie, pero ¡cómo chingaba!

Conozco a intelectuales de la izquierda escamol mexicana que nunca se atreverían a decir públicamente que es un lugar desagradable, pero luego se irían de vacaciones a Holbox, a Mazunte, a Tulum.

***

El siguiente lugar al que te llevo es la Preparatoria Federal Lázaro Cárdenas.

Para mí fue muy importante en el aspecto formativo porque representó el salirme por primera vez de Playas de Tijuana y empezar a conocer realmente Tijuana. Te llevaría a esta escuela porque es de los pocos patrimonios que tiene Tijuana como tal. ¿Conoces la historia?

La Preparatoria Federal Lázaro Cárdenas no siempre fue una escuela. De hecho, cuando se construyó, a principios del siglo XXI, fue un casino y un hotel de lujo; se llamaba Hotel Agua Caliente.

Una escuela que nació como casino me parece, en sí, una gran historia. No me ayuda a salir de los lugares comunes de Tijuana, pero me ayuda a entender de dónde vienen esos lugares comunes.

El casino Agua Caliente era un lugar muy elegante en los años del prohibicionismo en los Estados Unidos. Fue inaugurado en 1929 por empresarios estadunidenses en los años de la prohibición cerca de un ojo de agua en medio del desierto, con una inversión importante de dos millones y medio de dólares, y ofrecía diversión, lujo, entretenimiento y alcohol a los huéspedes que, en su mayoría, llegaban del otro lado de la frontera, situada a pocas cuadras del hotel.

Con su alberca, su hipódromo y su minarete, el hotel era la representación de la naturaleza misma de la Tijuana que en todo el mundo se conoce. Lo confirma la presencia del famoso mafioso Alphonse Gabriel Capone, que en la primera parte del siglo xx no podía faltar en un lugar de perdición y vicio como el Agua Caliente. En un programa de los años noventa de la televisión mexicana, una exempleada del hotel, Elena de la Paz de Barrón, recordaba la llegada del capo italoamericano: Al Capone ahí anduvo jugando, Dios sólo sabe qué tanto perdería, porque ahí casi nadie ganaba, ¿no? Todos perdían. Está como la vida real.

El casino no era frecuentado sólo por mafiosos famosos. Deportistas, cantantes famosos, actores, directores, productores de Hollywood cruzaban el *border* para ir a disfrutar la libertad que México les ofrecía. Buster Keaton y Charlie Chaplin podían cruzar camino con el beisbolista Babe Ruth, la actriz Constance Collier o el cantante Al Jolson.

Entre ellos, un productor de los Estudios Fox notó a una niña de quince años que bailaba en un show del hotel, en 1934. Era una joven bailarina de flamenco hija de emigrantes españoles que habían llegado a Nueva York antes de la primera Guerra Mundial y que se habían transferido al sur de California a buscar fortuna.

Esa niña se llamaba Margarita Cansino y tenía un espectáculo de baile con su padre, Eduardo Cansino, que además de músico era bailarín y coreógrafo, y su madre, Volga Hayworth, "Los Cansinos".

Esa bailarina dejaría los escenarios del Agua Caliente para iniciar su carrera de estrella de Hollywood con el nombre más oportuno de Rita Hayworth.

Hay una historia que me gusta mucho a mí, una de las leyendas más importantes de Tijuana, la leyenda de la bailarina sin cabeza. Era una bailarina que trabajaba en el casino y se dice que tuvo algún tipo de encuentro con un mafioso. La mujer estaba metida ahí en malos pasos; la mujer estuvo en el lugar incorrecto en el momento menos afortunado, y la mataron, le cortaron la cabeza, y la enterraron en ese casino. La leyenda es que el cuerpo de la mujer sin cabeza sale por las noches y está merodeando las instalaciones de la Preparatoria Federal Lázaro Cárdenas.

David se pone serio y luego suelta una carcajada al ver mi cara perpleja a través de la pantalla que tiene enfrente.

Es tan popular la leyenda de la bailarina sin cabeza que los estudiantes en mi época, y no sé si todavía lo hagan, espero que sí porque es una tradición, los estudiantes se metían a la prepa de noche, burlaban la vigilancia, y con el pretexto de ver el cadáver de la bailarina sin cabeza, lo que hacían era entrar a beber alcohol a las instalaciones de noche.

Beber alcohol en secreto en el lugar prohibido para hacerlo, la escuela. Cuando sesenta años antes era el único lugar en el que se podía hacerlo libremente.

La leyenda, como buena leyenda, tiene muchas versiones. En la primera, la bailarina y su galán son cómplices en el delito. Se dedican a robarles joyas y relojes a los ricos clientes del casino. La bailarina un día ve a su novio cómplice coqueteando con otra mujer y, rebasada por los celos, agarra el tesoro y lo entierra en un lugar secreto. Al descubrir el hurto, el novio se enfurece y la degüella con una navaja. Ella, aun muerta, da igualmente su última función. Y desde entonces aparece el fantasma de la bailarina sin cabeza.

Hay otra versión en la que una bailarina española había sido asesinada en los años de auge del hotel. No se recuerda su nombre, pero la apodaban la Faraona, y era la estrella principal de uno de los espectáculos que se presentaban en el casino. La fama de la Faraona, además de sus dotes de bailarina, había crecido a causa de su gran suerte en los juegos de azar y se había vuelto el amuleto para que varios clientes asiduos a la ruleta y a las mesas de póquer llenaran sus bolsillos de dólares. Uno de sus pretendientes, celoso por la imposibilidad de tener a la Faraona sólo para sí y deseoso de poseer por lo menos los collares y las pulseras de diamantes de la bailarina, una noche de lluvia le disparó con un revólver. Pero la mujer, que sospechaba del sujeto, había intuido que el hombre no era más que un parásito aprovechado, y horas antes había escondido su caja llena de joyas al pie del Minarete.

En *Leyendas de Tijuana*, un libro de leyendas que se ha vuelto un objeto de culto en la ciudad fronteriza, escrito por la monja Olga Vicenta Díaz Castro, conocida como Sor Abeja, la historia se pinta de tintes tórridos.

Sor Abeja cuenta que la bailarina después de sus espectáculos iba a las salas de juego a buscar a "cierto caballero inglés" que la había impresionado. El hombre fingía estar apasionadamente enamorado de ella, pero la triste verdad era que se trataba de un oportunista que sólo quería aprovecharse de ella por su suerte desmedida en el juego de azar. Entre los clientes del casino corría el rumor de que ella poseía un extraño poder "porque llevaba oculto en un brazalete de esmeraldas, el talismán que la hacía ganar grandes cantidades de dinero. Pero los talismanes nada pueden cuando un amor apasionado interviene", nos advierte Sor Abeja. Así, la Faraona le entregaba todos sus tesoros, sus joyas, su oro, al caballero inglés, que por su parte le prometía matrimonio, títulos nobiliarios, felicidad y amor. "Mas el destino es caprichoso y termina con todo cuando menos se espera." Una noche, la noche fatal diríamos sin temor a equivocarnos, el caballero inglés encerró con llave el tesoro en un baúl y se fue a dormir, metiendo la llave debajo de su almohada. Cuando la Faraona regresó, lo encontró dormido y se fue a cambiar de ropa para la noche. Salió con una bata de tul blanco bordado de perlas. Al meter la mano debajo de la almohada descubrió la llave, con la que fue a abrir el baúl que el hombre había metido en el ropero. De ahí sacó todo el tesoro y una pistola, salió de la habitación y se dirigió hacia el bosque al lado oeste del jardín del hotel. Cuando, después de una hora, regresó toda empapada a la habitación, el ruido despertó al caballero inglés, que en cuestión de segundos vio el baúl abierto, a la mujer mojada, y entendió lo que estaba sucediendo. Obviamente su reacción fue muy violenta, "se abalanzó sobre la artista y estuvo a punto de ahorcarla, pero se arrepintió y dándole un empujón la arrojó sobre la cama, ella al levantarse lanzó una carcajada de dolor y se puso a llorar amargamente ante el terrible desengaño de ver que no era amor lo que el Caballero sentía por ella".

Lo que sigue es un trágico final que prefiero dejar a la prosa de Sor Abeja.

> Sin embargo, esperó a que se calmara y serenamente llenó de vino las dos copas y luego en el delirio de su decepción, sacó de su pecho un frasquito y vertió el contenido en ellas y ofreció una al Caballero y con una triste sonrisa, le dijo al

oído unas palabras; él sin sospechar nada, tomó su copa y ella hizo lo mismo. El efecto del veneno no se hizo esperar; la hermosa artista fue la primera en caer para no levantarse más; y él al empezar a sentirse mal, salió corriendo en busca de auxilio; salvándose milagrosamente, decidió abandonar el casino para siempre.

Así fue como el alma inquieta de la Faraona sigue penando en las instalaciones del antiguo casino, ahora Preparatoria Federal Lázaro Cárdenas, hasta que alguien tenga la valentía de seguirla, para descubrir en qué rincón está escondido su baúl repleto de oro.

En el glamuroso hotel Agua Caliente se tiene registrado un asesinato de una bailarina el 26 de marzo de 1934. El nombre de la bailarina era Esperanza López y llevaba cuatro meses trabajando en Agua Caliente. Fue asesinada por su esposo, uno de los cajeros del casino, un tal Rodrigo Prieto, con cuatro balazos en el pecho. Cuando el médico del complejo, el doctor Carlos Dávila, llegó a la escena del crimen, Esperanza ya estaba muerta.

***

Lo que hace muy peculiar a la escuela es que tiene sus vestigios de lo que fue el casino, todavía hay un minarete en la entrada. Cuando yo estudié estaban los restos de la alberca. Estaba en ruinas. Sin embargo, hace unos... ¿cuánto tendrá esto? Unos diez años más o menos restauraron la alberca y otra vez está funcionando, y es bastante poco común que una escuela pública tenga una alberca. Se dan clases de natación y además en la alberca recuperaron los acabados del espacio original. Es hermoso. Entonces si te tuviera que llevar a un lugar te llevaría a la Lázaro Cárdenas.

Quizá mi recuerdo más importante en esa escuela es el primer día de clases, es llegar a este lugar en donde te pierdes y en donde yo, que vengo de una escuela privada, tengo esa expectativa de encontrarme con un mundo completamente distinto del que yo venía y así fue. De repente entras a un salón en donde hay cincuenta alumnos, donde hay todo tipo de gente, todo tipo de contextos, pero para mí fue en donde hice mis grandes amigos de la adolescencia. Grandes amigos de la adolescencia con los que sigo todavía en contacto. Y yo creo que definitivamente mi etapa más feliz de la adolescencia fue estando en esa escuela, y fue gracias a esa escuela que empecé a conocer a Tijuana, a moverme en distintas zonas de Tijuana y a conocer a gente que vivía en colonias en las que yo jamás había estado. Y además siendo un espacio tan importante en la historia de Tijuana. La preparatoria es esencial por la institución que representa, pero también por la carga histórica que tiene detrás al haber sido un casino.

***

El libro de Sor Abeja es un recuerdo de la adolescencia de David. Lo leo para descubrir la historia de la Faraona, pero me llama la atención el primer relato, que habla de la historia de la tía Juana, que según la monja le daría el nombre a la misma ciudad de Tijuana. En su larguísima y barroca narración, que va del moralismo mocho hasta la cursilería más insoportable, algunos detalles logran prender mi imaginación. Según el relato de Sor Abeja, la tía Juana era la menor de los tres hermanos Villapuente, hijos adoptivos de don José de la Peña y Puente, marqués de Villapuente.

Junto con sus hermanos decidió dedicar su vida a la civilización de esa zona desértica de Baja California, y lo hizo estableciendo en 1721 una misión en esos territorios remotos de la Nueva España. Según esta reconstrucción, con el pasar de los años Juana Villapuente construyó una hacienda que le había regalado su amigo don Felipe Caballero, que, enamorado de ella, pero también de Dios, antes de hacerse monje le dejó el terreno en el cual está una poza, la Poza de Agua Caliente, lugar favorito de doña Juana Villapuente, y que se llamaría "ranchería de la Tía Juana".

En nuestros días, el lugar estaría ubicado en la colonia Los Ángeles de Tijuana, pero un dato que me parece sorprendente es que, en la historia de Sor Abeja, la ranchería de la tía Juana sería atravesada por la línea fronteriza, volviéndose linde entre los Estados Unidos y México.

***

Y luego, definitivamente tendría que cruzarte a los Estados Unidos. Te llevaría a la garita, a que conozcas la garita, a que conozcas el cruce, lo que es esa espera de dos horas en auto para llegar a la caseta en donde te entrevista un agente fronterizo, le muestras tu pasaporte, te pregunta a dónde vas y en el mejor de los casos te deja ir así, sin más, si no te manda a la segunda inspección. Pero hay algo fascinante en esa fila de autos que se extiende por kilómetros, a veces, que tardas dos horas aproximadamente en poder cruzar; digo, si corres con suerte y vas temprano y si es entre semana la haces en media hora, pero si no son dos horas, y te tocaría ver en esa espera en auto a un montón de vendedores ambulantes, te venderían cobijas, colchas, alcancías, sombreros; hay quienes van a estar vendiendo sodas, aguas, cigarros, dulces, chocolates, hay quienes nada más van a estar pidiendo dinero, en silla de ruedas, sin piernas, quizá sin algún brazo, sin alguna mano, o con algún tipo de deficiencia mental, indigentes también, por ahí andan merodeando... cuando ya estás cerca de llegar a tu entrevista con el agente fronterizo, quizá te tocaría ver a algún policía gringo paseándose entre los autos, revisando. Quizás incluso te podría tocar, a mí me tocó ver alguna vez que arrestaban a alguien y lo sacaban del auto y se lo llevaban. Y siempre hay algo interesante porque has esperado tanto tiempo para llegar a tu entrevista con el agente fronterizo, que siempre hay una cierta adrenalina de que inspeccione el auto cuando llega tu turno. Hay algunos más amables que otros, hay algunos más duros, hay algunos que son incluso malencarados, groseros, algunos podrán ser amables, pero todo ese contexto, vaya, toda la experiencia de cruzar la línea es parte de lo que representa vivir en Tijuana. Mucha gente que trabaja allá, que va todos los días, o gente que estudia allá, y va todos los días también. Puedes cruzar caminando, que también es una experiencia peculiar. Cruzas a San Ysidro y tomas el trolly y el trolly te lleva ya a San Diego. Yo te llevaría en auto o caminando. Si tuviera que escoger una de las dos, ¿cuál? Es que el auto tiene algo muy especial. Y todo lo que vas viendo, y las personas a los lados, las filas de autos, cómo se desespera la gente, los rostros de la gente que cruza. Sí es interesante. Es una experiencia.

¿Y una vez del otro lado?

Una vez del otro lado el paisaje cambia por completo. De repente deja de ser... vaya, deja de ser árido y deja de ser sucio y todo está pulcro, y hay vegetación. Es impresionante el contraste tan inmediato al cruzar. En cuanto cruzas ya estás en otro mundo. Es otro contexto, aunque es una misma zona geográfica, es impresionante cómo cambia al cruzar a los Estados Unidos. Y es también la razón por la que había traído Metro-pop, porque justo aquí dice algo que me gusta mucho, este chico Fran Ilich, dice, Tijuana y San Diego son una sola ciudad que, como Berlín, se dividió por accidentes y designios del destino. Tijuana y San Diego son la misma ciudad, la ciudad i, el punto que une al primer y tercer mundos. La frontera se impone como un vortex dimensional tragándose a los viajeros sin papeles. Tijuana es la ciudad del pasado subdesarrollada prototipo del punk rock y el desmadre, la ciudad anárquica, y San Diego es la ciudad afortunada con un poco de estilo, con la tecnología para el rave. Juntas forman la ciudad i, nuestra ciudad dividida. Eran los noventa cuando se escribió esto, por eso habla del *rave*... ja, ja, ja.

***

David Pablos dirigió un documental en 2010 que se llama *Una frontera todas las fronteras*. La escena inicial es una toma aérea que desde el mar frío del océano Pacífico recorre desde el cielo un tramo del muro que divide Playas de Tijuana de la playa al sur de San Diego. Una línea definida que divide dos mundos y une los destinos de dos países inseparables. A la derecha el desmadre de México, a la izquierda el orden de los Estados Unidos.

El 18 de enero del mismo año, mientras David hacía volar su cámara en la línea fronteriza, yo volaba en un helicóptero Seahawk del ejército de los Estados Unidos en el cielo de arriba de Haití y veía una línea que unía y separaba dos verdes disparejos.

A mi derecha el verde esmeralda de los árboles de República Dominicana, a mi izquierda el verde brillante claro de los llanos pelados por la deforestación de Haití.

Llevaba una semana como enviado especial en la isla de Hispaniola para cubrir las consecuencias del sismo y reportear sobre el desastre natural más importante del momento, y la máquina de las ayudas internacionales, sobre todo la entrega de agua y comida, había empezado a marchar, pero seguía existiendo un fuerte problema de coordinación entre las fuerzas en campo.

Los convoyes de la ONU estaban listos para salir a las calles de Puerto Príncipe para distribuir cajas de comida y agua, pero, como en el caso de aquel 18 de enero, los voluntarios de las Naciones Unidas estaban parados durante horas en el aeropuerto, controlado completamente por el ejército estadunidense, en espera de que llegaran los camiones para recoger las cajas, porque la ocupación militar del aeropuerto era necesaria para que sólo los Estados Unidos se lucieran como los héroes de la historia.

Arrancaba la máquina mediática de los marinos, que invitaba a grupitos de periodistas a subir en sus helicópteros Seahawks, con base en el portaaviones, para enseñarle al mundo el papel fundamental que estaban desempeñando en ayudar al pueblo haitiano.

Había vuelos continuos, durante todo el día, que distribuían ayudas a decenas de miles de personas en lugares aislados como el pueblo de Jacmel, en el sur del país.

Así, con mis ridículos enormes auriculares puestos, sumergido por decenas de cajas de cartón repletas de víveres, junto con mi colega Simone Bruno, sobrevolaba las verdes tierras haitianas sin árboles en un magnífico helicóptero de guerra.

El guía turístico militar que los mandos de la Marina

de los Estados Unidos nos habían asignado se esforzaba en enseñarnos la eficiencia de las operaciones humanitarias de las fuerzas armadas de su país, su amabilidad con los desgraciados haitianos muertos de hambre. Por fin decenas de cajas de víveres alcanzan las manos abiertas como puñados de monedas aventadas al miserable que pide limosna.

No importa si las primeras manos que reciben la ayuda son las más fuertes, armadas de machetes, de la parte más prepotente de la población, porque el ejército de los amigos hermanos estadunidenses no está entrenado para dialogar con la población y distribuir los víveres de manera justa y controlada, como lo hace por ejemplo el World Food Programme. No importa porque lo fundamental es que los periodistas *embedded* inmortalicen el momento. ¿Ya tomaron la foto? Ya. ¡Entonces a despegar hacia otra aglomeración de miserables necesitados!

Todo parecía ir de la mejor forma, cuando de vuelta a la capital, a causa de un imprevisto, el reluciente Seahawk se vio obligado a volver al portaaviones atracado en las aguas de la bahía de Puerto Príncipe por un rápido abastecimiento de gasolina. Fue entonces cuando las vimos. Cinco enormes naves haitianas llenas de gente, esperando a que se subieran más, y miles de personas en la tierra tratando de subir a los barcos por todos los medios posibles. Un hormigueo de gente tratando de salir de la isla vía mar, probablemente hacia Miami, indiferentes a las múltiples invitaciones a no dejar la isla por mar, dado que los buques serían inmediatamente desviados de vuelta a Haití.

De vuelta a la isla de los negros.

XXI. *WITNESS ME*

Article 14. Toute acception de couleur parmi les enfants d'une seule et même famille, dont le chef de l'État est le père, devant nécessairement cesser, les Haïtiens ne seront désormais connus que sous la dénomination génériques de Noirs.[1]

Constitución del 20 de mayo de 1805, Haití

Me voy a quedar sordo.

Me voy a quedar sordo. Mi oído izquierdo va a reventar y me voy a quedar sordo. Siento que me sale sangre, que va colando de mi oído izquierdo. El tímpano ya se jodió. No hay más. Nunca voy a volver a escuchar. Me voy a quedar sordo.

Ese haitiano en el escenario con su micrófono no canta, no rapea. Con su gorrita roja, sus lentes, su sonrisa. Grita. En. El. Puto. Micrófono. Gritaaaaaaa. Y además en criollo.

Las bocinas están a todo lo que dan. Deforman el sonido que debería ser música, un cruce entre reguetón y rap en criollo. Pero el volumen es tan alto que la caja está crepitando. ¿Es posible que nadie más se dé cuenta? O todos se dan cuenta y está bien así.

En cualquier momento me va a colapsar el tímpano y jamás voy a volver a escuchar. Me tendré que operar y ponerme uno de esos implantes cocleares como mi amigo

[1] "Cualquier aceptación de color entre hijos de una misma familia, de la cual el jefe de Estado es el padre, debe cesar necesariamente, los haitianos ya no serán conocidos bajo el nombre genérico de Negros."

José Ramón, que por cierto ahora puede escuchar mejor porque los impulsos le llegan directamente al cerebro, lo que me parece asombroso. Un hombre biónico.

El dolor es intolerable y no sé qué hacer. No bailo. No baila casi nadie por el momento. En la pista, un haitiano alto, musculoso, atlético y joven. Casi no se le distingue la cara oscura en la oscuridad de la sala. Es difícil no caer en la banalidad de los comentarios sobre la piel negra de los haitianos en la oscuridad. Pero la verdad es que es difícil ver la cara de un negro en la oscuridad de una fiesta, pero no se puede decir. Sobre todo si eres blanco, sobre todo si eres "europeo", como te dicen acá. Qué chingados tengo que ver yo con un alemán o un polaco, me lo tienen que explicar.

El haitiano está abrazado a una mujer más grande que él. Se ve de cuarenta. Está gorda y chaparra. No se puede decir ni gorda ni chaparra, pero es gorda y chaparra. Pesará unos ochenta kilos por un metro cincuenta y cinco. Pues es gorda y chaparra. A duras penas le llega al esternón del haitiano y está colgada de su cuello con los brazos flácidos entrelazados alrededor de su cuello. Se besan en la boca. Lo más extraño es que bailan como si bailaran un lento, como si no escucharan el desmadre de música y gritos del pseudorapero que está parado en el escenario. Como si no existiera nadie más que ellos dos, iluminados con luces azules y verdes y moradas y rojas y rosadas en la pista de piso de cuadrados rodeada por mesitas y silloncitos baratos y cutres. Rodeada de haitianos altos, jóvenes, atléticos y mexicanas gordas chaparras y más viejas que ellos.

Son las nueve de la noche y en cualquier momento mi oído va a reventar.

Los hombres en la entrada no estaban convencidos. No querían dejarnos pasar. Cumplían con su papel desgastado de cadeneros musculosos y amenazantes, residuos de la cárcel. No oían lo que les intentaba decir, gritando.

¡Dorne nos ha dejado tres boletos para ir a la fiesta!

¿Quién?

No puedo culparlos, mi voz salió sorda de mi boca, como cuando se intenta gritar en el agua. El volumen de la música es atronador. Los bajos pulsan en el pecho. Y todavía no habíamos entrado.

Dorne tardó en contestar los mensajes, pero después de unos cinco minutos emergió de la oscuridad de la sala con una playera blanca que decía RHT, Radio Haitiano en Tijuana, y una cámara colgando del cuello. Se acercó sonriente y nos entregó los boletos: unos cuadraditos de papel, recortes del cartel publicitario de la noche de hoy con un pequeño sello negro en la parte de atrás y una X roja dibujada con un plumón.

En la parte delantera del cuadradito de papel se lograba leer "Vibe C", y "Sabado 18" *(sic)* "Cover $60.00 pesos" y "Zona Centro, calle sexta".

La entrada del Escape Club es amplia y oscura. Los cadeneros nos ignoran después de hacernos pasar y avanzamos en la oscuridad intentando acostumbrar los ojos y los oídos.

Los oídos.

A mi lado, los colegas Sergio Rodríguez Blanco y Hans Maximo Musielik. Los tres seguimos a Dorne sin hablar. Alrededor de nosotros, sentados en las mesitas con caguamas y cervezas, unos cuantos hombres sentados. Todos haitianos.

¿Cómo he llegado aquí?

***

La pantalla plana se ve enorme comparada con el tamaño de la pequeña sala que funciona de cocina y comedor. La tele es lo primero que se nota al entrar en el departamento de Dorne y tapa gran parte de la única ventana con las cortinas cerradas. El departamento está inmerso en un crepúsculo iluminado por la televisión.

En la pantalla se ve a un hombre que habla con una mujer en la calle, alternando el inglés y el *créol*. Ambos son negros y la conversación parece muy seria. Las tomas son sencillas, casi de amateur; las escenas se desarrollan en salas con sillones de piel postiza blanca y muebles *kitsch* o en calles de suburbios de los Estados Unidos. Viendo esta película, al parecer en los Estados Unidos todos son haitianos: los médicos, los taxistas, los pasantes, los empleados de tiendas.

En el lado derecho de la gran pantalla de repente flotan corazoncitos y manitas cerradas en un *like* azul, que van subiendo hasta la parte superior, prueba de que hay un público conectado que está viendo la película transmitida en vivo por Facebook.

La historia es la de un joven haitiano que llega a los Estados Unidos y se enamora de una chica, haitiana también. Su amor es obstaculizado por la mamá de ella, y después por la novia también, porque el joven es un inmigrante y no tiene dinero, así que no es un buen partido. La mamá insiste en que se separen y lo logra, pero el destino le sonríe al joven, que poco a poco llega a tener dinero, así que la exnovia y su madre vuelven a quererlo, pero ya es muy tarde, ya no pueden volver juntos porque el joven está con otra mujer desde que ellas no lo quisieron, perdieron su oportunidad al discriminarlo por pobre.

El título de esta película haitiana de 2005 es *Profonds Regrets*. Profundos remordimientos.

Los haitianos que están aquí no tienen una televisión donde ver las películas de Haití. Ellos no pueden ver las nuevas películas. ¿Cómo lo hago? Lo hago. Yo pongo todos los días una película, a veces nueva, a veces antigua, que a ellos les gustaba mucho. Te das cuenta de que están viendo la película, mira los *likes*. Así lo transmito y los haitianos están viendo y regresan a su cultura.

Dorne Ivenson Jasnel administra la página de Facebook "Radio Haitiano en Tijuana RHT", que tiene más de siete mil seguidores, y transmite programas de radio, música, información sobre haitianos en Tijuana. También pasa películas haitianas, para que sus compatriotas que viven lejos de casa puedan verlas y templen un poco la nostalgia de la lejanía.

Pues la radio es un objeto que está creciendo, me cuenta Dorne, pero todavía falta mucho. Como puedes ver, aquí estoy transmitiendo, pero es puro internet. Tenía un sitio, pero lo cerraron porque había una falta que no arreglé, así que ahora estoy en puro Facebook. Sigo dando informaciones sobre los haitianos, si tienen algo, si les falta algo, si pasa algo de algún haitiano aquí. Todo mundo lo está viendo y lo escucha por la radio. Aquí en Tijuana casi todos los haitianos me están siguiendo. Hay mucha gente que me conoce.

Su audiencia es de dos tipos: haitianos en Tijuana que van conformando una comunidad siempre más amplia; y haitianos en Haití, que gracias a la labor de Dorne pueden informarse y estar al tanto de parientes y amigos emigrantes en la ciudad fronteriza.

Dorne salió de Haití en julio de 2016 hacia Brasil, que en ese momento mantenía abierta sus puertas para los haitianos, desde el terremoto de enero de 2010. Se quedó en Brasil dos meses, esperando poder seguir su viaje hacia el norte, pasando por Ecuador, Colombia, Panamá, Costa Rica, Nicaragua, Honduras, Guatemala y finalmente llegar a Tijuana en diciembre.

Mientras Dorne recorría América, en Haití se desataba la violencia del huracán Matthew, que arrasaría con lo que quedaba del terrible terremoto de seis años antes, para llevarse por lo menos mil vidas.

***

El terremoto. Yo estaba ahí. No es cierto. Llegué poco después. El 12 de enero de 2010.

Si viajas por la carretera que de República Dominicana lleva a Port-au-Prince, de pronto vas pasando de América Latina a África. Las caras, las expresiones, el idioma, ese criollo que te recuerda que es pariente del francés, pero que no vas a entender aunque hables francés.

Luego llegas a la capital. Lo entiendes porque están los edificios. No. Lo entiendes porque hay harto montón de cosas destruidas que, si uno mira bien y tiene imaginación, podrían haber sido edificios.

Las calles están llenas de gente que camina, camina, camina. Ellos van. Intentan salir. Intentan entrar. Se mueven. Y todos tienen una cara en forma de punto interrogativo.

Hay un grupo de gente amasada al borde de la calle. No de la banqueta, porque me cae que acá banqueta no está ni siquiera en el vocabulario extranjero / criollo, literalmente en la calle donde escurre un canalón de agua sucia cerca de una especie de tubería que se asoma desde la tierra. Ahí se agarra el agua. Para tomar.

Dentro de unos días una doctora que viene de Chile a reconocer los cadáveres en los hoteles de Port-au-Prince me dirá que la malaria y el cólera se transmiten tomando agua infectada con los humores de los cadáveres dejados en la calle. Pero esto todavía yo no lo sé. Y todavía no he visto la sonrisa cansada de aquella mujer mientras intenta explicarme el horror. Así que para mí las que veo sólo son personas que se procuran el agua en esta tarde tórrida de Haití. Han pasado poco menos de tres días desde el terremoto y no se puede avanzar en la calle.

Nuestra formación hace doce horas, al salir de Santo Domingo a las doce de la mañana, alineados al convoy de CNN con un Honda deportivo de 2000 con suspensión bajada, es la siguiente: al volante Juan, un taxista dominicano que se mata de la risa hasta llegar a la frontera con Haití, aunque rasque duramente el cigüeñal y el cárter de aceite en cada pinche tope (conté unos diecisiete mil). Después de la frontera entiende que quizás hizo una gran pendejada al aceptar llevarnos hasta Puerto Príncipe. Entiende que el coche, después de este viaje, lo va a tirar. Si no se lo comen antes. Pide indicaciones en español a las mujeres altas, austeras, negras como el carbón, vestidas con ropa colorada, al estilo africano, que caminan al borde de la carretera (y que con toda probabilidad podrían matarlo con las puras manos en tres movidas), dirigiéndose a ellas diciendo, hola, morena, ¿cómo ejtá, mami? Creo que piensa que Puerto Príncipe es un barrio popular de Santo Domingo.

A un lado del piloto, el fotógrafo italiano que vive en República Dominicana, Emiliano Larizza. En el asiento trasero, a mi lado, el fotoperiodista Fabio Cuttica y el periodista Simone Bruno, ambos viven en Colombia.

A nuestro alrededor está la muerte. Estamos en el epicentro de la tragedia planetaria.

La verdad es que Haití le vale madres a todo el mundo. La gente piensa que es una isla. Y luego en realidad es un pedazo de una isla. Ni siquiera entera. La isla entera, que luego tiene Haití adentro, se llama Hispaniola. Un pedazo jodido de isla que está tan jodido que ni siquiera es África. Porque sobre África todos están de acuerdo en la compasión, en las miradas contritas. Dices África y todos ponen la cara afligida, esa expresión de tertulia radical chic, tan comprometida, tan políticamente correcta, que se va construyendo a lo largo de los años en los *brunch* y las cenas de ambientes bien de Polanco, de las Lomas, de la Roma Norte. Dices Haití y todo el mundo piensa en Polinesia. Ésa es Tahití. Tons le dices, no, Haití es aquélla de los negros, pero latinoamericanos que hablan ese francés extraño. Aquella que primero, país de esclavos, se hizo independiente y libre en el continente. La isla de los Negros.

Y ahora el terremoto. Despilfarradas miles de vidas. En unos segundos. Aplastadas debajo de los escombros. Invadidos los medios de comunicación del mundo con imágenes conmovedoras, relatos desgarradores. Abuso de la palabra *desgarradora*, como en las contraportadas de los libros de periodismo. A ver cuántos se van a acordar de Haití dentro de unos años. Dentro de unos meses.

Pero volvamos a las calles. Necesito contar las calles porque es aquí donde pasan las cosas. La acción, capturada por las imágenes de mis compañeros, se manifiesta y se explica sola en la calle. Pero no son suficientes los ojos. Aquí se necesitan todos los sentidos, sobre todo el olfato.

Saliendo de Santo Domingo estábamos muy excitados. ¿Cómo será esta famosa Haití? ¿Qué debemos esperar? ¿Cómo tenemos que comportarnos frente a una tragedia? ¿Se puede contar chistes? ¿No seremos demasiado burlones para ser testigos de un evento así? Éstas son cosas muy grandes. Son cosas de la humanidad.

Juan, el taxista, nos miraba con el brazo apoyado en la puerta abierta de su Honda Civic Sedan blanco de 2000. No sabía. Subiendo a bordo los cinco, el coche se bajaba hasta casi tocar el piso. Los cuatro nos burlábamos de él, de su coche, de su ingenuidad, del hecho de que estaba tan gordo que parecía que se había comido a su propio hijo. Durante doce horas de viaje no parábamos de bromear, como antes y después me ha pasado muchas veces en la cobertura de eventos trágicos o peligrosos, con colegas italianos, mexicanos, colombianos, ingleses, gringos, franceses, alemanes... Nos queríamos preparar para recibir el putazo. Pero no te puedes preparar, porque en este oficio el putazo siempre llega fuerte y te parte la madre.

La llegada a Puerto Príncipe, en la tarde del 12 de enero de 2010, dos días después del sismo, nos calló el hocico a todos.

Cité Soleil, uno de los barrios más jodidos de una de las ciudades más jodidas de este jodido continente.

Es sólo una probadita. El desastre está en sus vidas. Escuchaba a alguien que decía, bueno, ahí ya estaban jodidos, ¿qué más da un terremoto? Pues si tienes un edificio, millones en el banco, coches, si se derrumba tu casa te cambia la vida. Si no tienes ni madres y se te viene encima todo, te bebes orina. Y es exactamente lo que está pasando aquí.

A nuestro alrededor gente que busca recoger pedazos de algo para cubrirse, para vestirse, para comer. A lo mejor tu mamá, que antes del temblor te mandaba a comprar arroz, ahora es un cúmulo de carne informe, hinchada, que apesta asquerosamente. Y no sólo la tuya. También la de tu vecino, tu novia, el carpintero, el padrote, la puta, el gato, el ratero, el plomero, el escultor. Y todos los de su edificio. Y sus parientes. Y como tú tienes mala suerte y te quedaste vivo, comes y tragas el agua del alcantarillado. Lástima que el alcantarillado no está. Ah, porque en este paraíso tropical se les olvidó hacer el alcantarillado. Estaban a punto de hacerlo, eh, pero al último ¡zac! Se nos olvidó. ¡Chale! Entonces cuando tú cagas, el agua se va en ciertos canales o coladeras un poco así. Se mezcla con la basura en el camino. Y dado que la ciudad va de bajada, cuando llueve, el agua se lleva todo pa'bajo. Haciendo lo que los expertos llaman "el amasijo". Ahí mismo es donde agarra el agua para tomar el suertudo sobreviviente de Cité Soleil.

Tons nos imaginamos a las señoras haitianas, cariño, lávate bien las manos cuando regresas a casa de afuera porque hay la suciedad. Mamá, ¿qué chingados dices? Las manos me las lavo en "el amasijo", el agua esa, la misma que tomamos.

Esto es el escenario.

Alrededor de nosotros, chozas improvisadas. Lonas. Nosotros dando vueltas. Llega la noche y la oscuridad. Se entra en un círculo del Infierno dantesco. No sé bien cuál, pero uno bien culero. El coche viaja a una velocidad inmoderada, con el chofer que pita el claxon como loco. Aquí se usa así. Se hacen las peores barbaridades con el coche, pero mientras las haces pitas el claxon como loco. Así que pasamos como una flecha en la noche sin luz. La ciudad no tiene iluminación. De repente luces sin sentido desgarran la oscuridad. No la desgarran. La acolchan. Opacas luces que iluminan el polvo de la calle sin asfalto y la noche profunda. Y en la penumbra, almas en pena vagantes solas juntas. Sombras que caminan. Sombras que ocupan la calle. Ponen piedras para delimitar los carriles o ponen sus cuerpos acostados. Porque después de este terremoto, que se ha llevado en un solo día trescientas mil vidas, ¿quién chingados va a dormir en su casa?

Ah, ¿cuál casa?

***

La verdad, no es tan complicada la vida si tú quieres.

Lo dice con mucha seguridad, con cierta arrogancia.

Dorne no sabía hablar español cuando llegó. Aprendió leyendo en Google, hablando con mexicanos y viendo tutoriales en YouTube. También aprendió a tocar la guitarra con YouTube.

—Te voy a explicar algo. En mi generación, todo mundo puede tener un celular, todo mundo puede estar en internet. Tú estás en internet, pero lo que estás haciendo en internet depende de ti. Cuando yo voy al internet yo hago algo serio, yo puedo aprender las cosas. ¿Me entiendes? Cuando me gusta algo y quiero aprenderlo yo voy porque en el internet hay todo. Hay malo y hay bueno también. Yo aprendo así, en internet. Hay muchos amigos que lo hacen así, pero no son todos los que tienen la capacidad de aprender así. Yo aprendo así.

La guitarra está ahí en la sala, dentro una caja de cartón alargada que hace intuir su forma, recargada en un sillón que parece más una cama, cubierto con una cobija amarilla con grandes flores rosa mexicano. Está todavía en una caja de cartón porque Dorne acaba de comprarla.

Dorne quiere estudiar, lo había soñado estando en Saut d'Eau, localidad de donde es originario, a una hora y media al noreste de Port-au-Prince, famosa en la isla por sus cascadas altísimas y porque cada 16 de julio es meta del más grande peregrinaje vudú del año, al que llegan haitianos de todo el país y de la diáspora regada por toda América, que regresa sólo para eso.

Varias veces Dorne había pensado estudiar en México, había ido al consulado mexicano en Haití, en búsqueda de una beca, sin jamás lograr conseguirla. Hoy tiene planes muy claros al estar trabado en Tijuana.

Todavía me falta una estabilidad. Para estudiar bien debes tener una estabilidad normal, estudiar es no andar con problemas, con pensamientos, así puedes estudiar bien a gusto y aprendes bien. Todavía no me siento a gusto. Cuando digo estabilidad yo estoy hablando económicamente. Tengo que pagar la universidad y tengo que vivir también. Eso es un poco difícil. Tengo que ganar y estudiar y luego puedo vivir bien.

Y ¿de qué vives?

Yo vivo de mi trabajo y de mi agencia de fotógrafo. Luego me llaman por una foto de boda, a veces por una fiesta, a veces por una comunión. Depende, hay personas que quieren hacer fotos en un parque y me marcan para ir a ver. Nos vemos y tomamos la foto.

En Tijuana aprendió a tomar fotos, nunca lo había hecho antes. De hecho, está aprendiendo en la marcha. Pero tiene otro trabajo en otro sector.

Trabajo en una compañía que hace salas, muebles, sofá.

Y la pregunta ahora parece inútil.

¿Hacías este trabajo antes, en Haití?

No, antes no. Aquí aprendo.

***

Hay poca gente en el club. Haitianos con mexicanas más gordas y más viejas. Es porque trabajan juntos en una fábrica. Los haitianos se ligan a sus compañeras de fábrica, obreras como ellos, el *lumpen proletariat* de Tijuana juntándose con los inmigrantes haitianos. Cada quien hace lo que puede.

Dorne les toma fotos a todos: a los dj's, a los raperos, a los participantes. Gorras chuecas, cadenas de oro, playeras de colores llamativos y pants de marca, son la ropa de muchos; lentes oscuros en la oscuridad, doble corte, tenis blancos o plateados, o anaranjados. Mal gusto caribeño pero mucho cuidado en la combinación. Me marea. Se sienten elegantes, se ve que les importa mucho la apariencia. Dorne me lo había explicado.

Así somos nosotros. Te voy a decir algo. Imagínate que eres bien pobre. ¿Cómo una persona te va a ver si no tienes, por ejemplo, una belleza física o por el vestido? Nadie te va a ver. Pues tienes que hacer un esfuerzo para que la gente te vea. Cuando salgo, no vas a decir que soy pobre. Yo conozco que no tengo dinero, pero en tu mente tú vas a decir que él tiene dinero, mira lo que se pone, cuesta muy caro. Pues así, para que la gente te vea de manera diferente. ¿Entiende?

Y sí, cuidan mucho la apariencia, muchachos, pero deberían cuidar también la calidad. Pero *de gustibus...*

Entonces Dorne no para de dar vueltas, parece una abeja dibujando trayectorias incomprensibles a los demás. Y sonríe. Tiene que documentar lo que pasa en la fiesta para la comunidad haitiana en Tijuana y para los que están en Haití; y se lo toma muy en serio.

Se acerca al palco y coloca un celular sobre el trípode tambaleante para transmitir en un Facebook Live, mientras sigue dando vueltas por el bar con su cámara, sacando fotos.

Yo busco una esquina en la que no se me vaya a destruir el tímpano izquierdo.

Todos parecen disfrutar mucho esto de tomarse fotos. Se sienten como en esas fiestas de vi-ai-pí en las que siempre llega el fotógrafo a retratar a los invitados medio conocidos. Sus novias mexicanas gordas disfrutan de sus cocteles baratos y de colores o las chelas a treinta pesos.

Salgo a fumar en un patio trasero. Cerca de mí está una mesa cubierta, separada de todas las demás, donde los artistas que tocarán más tarde esperan su turno. Los artistas son: Dj Samysan, Dj Rgmix, Jerry Can Piti T Pép La, Samuelo Opozisyion, El Muñeco R La Melodía y T-Apach. Es la mesa vi-ai-pí. Son las diez de la noche, la música es un reguetón desafinado gritado en *créol*. Las cajas rugen y se me acerca un hombre borracho y sin dientes. Intentaba hacerse fotografiar por Dorne y por Hans, que es fotógrafo profesional, pero nadie lo quiere retratar. Es molesto, hace bromas, levanta las manos. Es el único que está mal vestido. Bueno. Es el único que no está vestido con cuidado, sino que lleva una playera blanca y unos pants negros. Se me acerca con su vaso de plástico en la mano y el aliento que apesta a Tonayán. Quiere que baile. Me empuja. Me dice que los blancos no sabemos mover las caderas.

Es que estos dj's no son como Aide Laza y Tonymix cantando *Bella Ciao*. No hay manera, vato.

A ver, mueve las caderas. Baila. ¿Ves? Los blancos no saben nada del baile. No saben nada de nada. A ver, mueve las caderas. ¡Mué-ve-las!

El primer golpe me toma por sorpresa. A mano abierta, a la altura del riñón. Una mano negra grande, el doble de la mía.

No bailo. Lo siento. Los blancos no podemos bailar.

¡Mueve las caderas, *cabrón*!, lo dice como lo diría un francés, con la erre afrancesada, *cabrrrhhónn*.

Segundo golpe, más fuerte. Su aliento alcohólico me anestesia.

Es frustrante y patético tener que vivir en un continuo cliché cultural, es frustrante cuando la vida te enfrenta a toda clase de gente que no quiere salir del cliché.

Es que ustedes tienen el ritmo en la sangre. Nosotros no.

Tercer golpe.

¡Mueve las caderaaaaaaaaaas, bailaaaaaaaaaaa!

Al rato lo intento.

Está encabronado porque no bailo, porque soy blanco, porque no le hago caso, porque no puedo bailar, ni lo intento, porque me caga esta música, porque nadie le quiere tomar fotos, porque no tiene dientes, porque está trabado aquí, porque tiene un trabajo duro donde le pagan una miseria, porque se emborracha y nadie lo soporta, porque quiere que lo vean y nadie lo ve.

Porque nadie lo ve.

En medio de esta oscuridad.

En medio de este ruido.

Nadie te ve.

Y yo no voy a bailar.

***

Vuelvo a ver *Mad Max. Fury Road* porque siento que tiene que ver con esta historia.

Max está atado al coche como un mascarón de proa a su navío, con el rostro cubierto por un bozal metálico puntiagudo. Un largo tubo transparente lo une a un joven hombre completamente glabro, con la piel blanca cadavérica, que maneja exaltado el coche en medio de un desierto desolado. Alrededor... *come si dice sfrecciano?*

No puedo. ¡No puedo! No tengo las palabras. No las hay. Es inútil este esfuerzo, es frustrante. Este idioma me roba las palabras, el español es insuficiente a mi narración. No existen palabras que sólo viven en mi idioma, en mi mente en italiano. Las busco y son hermosas. *Polena, la decorazione lignea, spesso figura femminile o di animale, che si trova sulla prua delle navi.* Así lo explica Wikipedia y aun así suena hermosa. La decoración leñosa (suena horrible *leñosa.* Mientras *lignea* es bellísimo. Se pronuncia "líñea"), a menudo figura femenina o de animal, que se encuentra en las proas de las naves. El vocabulario me dice "mascarón de proa". Es grotesco un mascarón. ¡No es el mismo objeto! No es un mascarón de proa, es una *polena.* La elegancia de la *polena* está en su propio nombre, en su pronunciación delicada, majestuosa, fascinante, imponente.

¡Los españoles conquistaron medio mundo con sus putas naves, pero no tienen una pinche palabra específica para *polena*! ¿Tienen que tomarla prestada de otro campo semántico? ¡Es inaceptable! Indignante.

Estoy intentando pintar un cuadro, pero me faltan colores, de repente. No los básicos, no los obvios. El idioma me roba el índigo, el lila de las jacarandas, el color durazno, el azul cerúleo o ese magenta tan difícil de usar. No se puede pintar si te faltan los colores, si te faltan *tus* colores.

Me frustra, me encabrona, me indigna. No puedo escribir en mi idioma, el italiano, y el español, esta lengua posmaterna, me es insuficiente.

Este idioma no es mi patria. Y estoy atrapado en ello. Así que les va en italiano. Para que vean. Y sin cursivas.

Max è legato all'auto come una polena al suo vascello, il volto coperto da una museruola metallica appuntita. Un lungo tubo trasparente lo unisce indissolubilmente a un giovane uomo completamente glabro, la pelle cerea, cadaverica, che guida esaltato l'auto in mezzo a un deserto desolato. Tutto intorno a loro sfrecciano altre auto cariche di altri uomini glabri, bianchissimi, armati di lance infuocate, balestre, i motori rombanti che sputano fiamme.

Questa lingua è casa mia, la mia unica patria.

Así que tengo que volver a esta cosa que cada vez me suena más rara, me hace sentir indeseado, limitado, foráneo en mi propia mente, en mi propia boca, en mi propio texto, que en cuanto se va haciendo no reconozco como mío. Es un hijo que te habla en otro idioma. Eso es exilio. Adaptarte a un idioma que debes hablar, y volver en secreto al que te hace sentir en casa.

Me calmo escuchando *Kong* de Bonobo a todo volumen. Ahora vuelvo.

***

Otra vez.

Max está atado al coche como un mascarón de proa a su navío, el rostro cubierto por un bozal metálico puntiagudo. Un largo tubo transparente lo une a un joven hombre completamente glabro, con la piel blanca cadavérica, que maneja exaltado su Chevrolet Master cupé de los años cuarenta súper turboalimentado con nitroso, su chasis de acero pulido, impulsado por un motor V8 en espiral, con ruedas inclinadas y tubos de escape en forma de ala, en medio de un desierto desolado. Max está atado como mascarón de proa, a una cruz de metal en la parte delantera del cofre, rodeado de lanzas-bomba clavadas verticalmente al coche, listas para ser arrojadas. Alrededor de ellos pasan como flechas otros coches cargados de otros hombres lampiños, blanquísimos, armados de lanzas encendidas, ballestas, los motores rugientes que escupen llamas.

El *warboy* blanco se dispara en la boca un *spray* de plata frenéticamente. Voltea hacia los demás, se levanta y grita, antes de inmolarse, *Witness me!!! Witness me!!!*

They are waiting for me in the Valhalla!

***

Este libro es pretencioso, la historia no se entiende, es enredada, no tiene un andamiaje lineal, los personajes son incompletos. A lo mejor no tiene ningún sentido. Y es todo tan claro al mismo tiempo. Tan obvio.

Pero si no se entiende esto.

No. Si tú no entiendes esto, el dolor y la frustración por la falta de una pinche palabra de mierda, entonces no entiendes nada del migrar, del emigrar, de la patria, del exilio, de la importancia de que alguien nos vea, ¡maldito sea dios!, aunque fuera por un solo momento.

XXII. TORRA DI SENECA

Ma sei sicuro che ce stanno, 'ste torri?
FRANCESCA MASTROGIOVANNI

Yo sé que algunos argumentan que cambiar de residencia y mudarse de casa es una necesidad natural del alma; el hombre, de hecho, tiene una disposición cambiante e inquieta, nunca se queda inmóvil, va de aquí para allá, dirige sus pensamientos a todo lo desconocido y conocido, es inconstante, intolerante a la tranquilidad y siempre feliz con cada novedad. No te sorprenderá esto si consideras su origen primero. No está compuesto de materia terrestre y pesada, sino que desciende del mismo espíritu celestial y la naturaleza de los cuerpos celestes está en continuo movimiento: siempre están huyendo, siempre en una carrera vertiginosa.[1]

***

Después de haber dejado Olmeta, bajamos a recuperar fuerzas comiendo unos platillos de pescado en Nonza, que según la vulgata viene del corso y significa "mensajero". Pero no es corso. Su nombre llega directo del latín *Castrum Nuntiae*, "castillo anunciador". Y la razón es esa torre genovesa construida como fortaleza sobre un mirador que tenía la función de anunciar los intentos de las incursiones a la costa oriental de Córcega por parte de los temibles piratas berberiscos. El historiador Robert C. Davis calcula

[1] Séneca, *Consolatio ad Helviam matrem.*

que entre 1530 y 1780 los piratas musulmanes de la costa berberisca de África del Norte cautivaron y redujeron a esclavos alrededor de un millón doscientos cincuenta mil cristianos europeos.

Las cifras de la trata de africanos a las Américas nos hablan de entre diez y doce millones de personas esclavizadas a lo largo de cuatro siglos, el equivalente de toda la población de la isla de Cuba.

Las estimaciones van más allá. Nos dicen que durante los siglos XVI y XVII el número de esclavos europeos vendidos o forzados a trabajar en territorio berberisco era equivalente al número de africanos de la costa occidental que fueron llevados a trabajar en las plantaciones de América. Es más, en el siglo XVI se calcula que se llevaban del otro lado del océano Atlántico unos tres mil doscientos esclavos africanos al año, mientras que los piratas de Argel, y en un segundo momento de Tunes y Trípoli, capturaban regularmente esas mismas cantidades de personas o hasta más en una sola incursión a Sicilia, a las islas Baleares o a la ciudad de Valencia.

Pero había diferencias. Diferencias importantes. El negocio de los esclavos provocó guerras en los países de la costa occidental de África, y en las zonas del interior. Si en un principio los números nos hablan de un tráfico inmenso en el Mediterráneo, con el pasar de las décadas la dimensión del negocio de esclavos africanos hacia las Américas rebasó abundantemente cualquier incursión berberisca en las costas de Italia, Francia o España, y esto, entre otras cosas, se debe a las reacciones de las patrias de los prisioneros. Sí, porque, siempre siguiendo las investigaciones de Davis, cuando las monarquías de España o Francia y los diversos estados de la Península Itálica querían, demostraron que tenían la fuerza para ofrecerles a sus ciudadanos una apariencia de protección, cuyo resultado, a veces, podía ser incluso el regreso en patria de algunos esclavos. No pasaba lo mismo con los reinos africanos dado que, aun teniendo voluntad, no podían enviar grupos de rescate al otro lado del Atlántico, ni hablar de expediciones punitivas hacia las colonias de América, para liberar a su gente.

Así me encuentro frente a una tabla con una silueta de la roca y su torre dibujada en negro en el medio, frente a un cielo rojo al atardecer y una flecha blanca que indica la izquierda, hacia unas escaleras de piedra, que dice La Tour. La primera torre genovesa que logro ver en Córcega es la torre de Nonza.

Junto con mi hijo Emiliano decidimos subir para ver qué es lo que se ve desde una torre de guardia de la costa occidental de Capo Corso. Una de las decenas de torres que los genoveses construyeron para defenderse de las agresiones de los piratas berberiscos en el siglo XVI. Desde aquí era posible avisar a las torres más cercanas y, en una hora, en caso de emergencia, a todas las demás, dando la vuelta a la isla entera.

Se puede entrar en la torre, pero su función hoy ha cambiado. Ahora, al abrir la puerta de madera, entre las piedras antiguas e imponentes están expuestos los *souvenirs* baratos de una tiendita de recuerdos.

Desde el parapeto, hacia abajo, hacia el norte, una hermosa playa negra y un mar turquesa.

***

¿En qué momento sabes que ya terminaste tu trabajo? Me pregunta Iazua mientras lee ávidamente las últimas páginas de *El ladrón de orquídeas* de Susan Orlean.

No, pues no lo sabes. Tienes que poner tú una frontera de manera autoritaria. Construyes un *limes* para tu propia historia. Es arbitrario porque podrías haberlo hecho en otro momento, o de otra forma, pero a lo mejor se acabó tu historia, o más bien se acabó el tiempo que tenías a disposición, o tristemente se acabó el dinero y tienes que entregar. Muchas veces lo que se acaba es la paciencia, porque acabas odiando o mal soportando tu texto, tus personajes, tu propia voz. Entonces diseñas las fronteras de la narración, dibujas lindes donde no había más que relato enmarañado. Por definición, una historia es infinita e indefinida. Es más, no hay una historia, sino muchas que se siguen tejiendo indisolublemente sin costura. Es lo opuesto de un libro. Que está claramente definido por dos paredes que lo encierran y lo delimitan.

Una historia es un pensamiento, el que me ha llevado a cada uno de los lugares que componen la cartografía de este libro que tienes en las manos.

Asociación de ideas, entramado de acontecimientos, de relatos y de personajes a los cuales es imposible poner límites sensatos, absolutos, definitivos.

Es que las historias no tienen límites, no tienen fin y tampoco tienen inicio. Las historias son. Nosotros decidimos en qué punto, en qué momento, con qué frase, palabra, imagen, empiezan y acaban. Nosotros decidimos enjaularlas en un libro.

No podemos evitar construir fronteras para establecer lo que está adentro y lo que se queda afuera, quién está adentro y quién afuera. Quién tiene derecho de estar, de hablar, de ser visto, de ser contado, de pensar. Y quién no.

Así que se me ocurre la deriva inquietante de los movimientos ideológicos identitarios, los que necesitan establecer todo el tiempo si eres de los nuestros o no, a partir de algún rasgo, por ejemplo, tu color de piel, tu sexo, tu preferencia política, sexual, ideológica. No hacen otra cosa que seguir poniendo ladrillos para construir muros detrás de los cuales fortalecer una identidad.

Quiero acabar esta historia, de verdad es lo que quiero, pero la historia no ha llegado a su fin, no está lista para acabarse.

***

La torre de Nonza no es igual a las demás torres que los genoveses construyeron en esta roca.

Incluso un ojo no entrenado puede notarlo. Esta torre es cuadrada y las demás son redondas. Digo, es la primera torre que veo desde que llegué a Córcega, así que la comparación no deriva de la observación, pero he leído de torres antes de llegar; estaba buscando información sobre la torre de Séneca. Y pues todas las otras torres tienen una planta circular, pero ésta no. Ésta es una excepción, si hay que decirlo bien, no es que sea cuadrada, más bien su planta es cuadrangular.

Y tampoco fue edificada en la época de las demás como yo pensaba: su fecha de nacimiento, dice una de las placas de bronce que les explican a los turistas la historia sintetizada de este lugar, es 1760, y fue mandada reconstruir por el general Pasquale Paoli, el más reconocido patriota corso.

Una vieja torre medioeval, con todo y almenas usadas por los genoveses y reconstruida por los patriotas corsos con piedras de serpentina verde en su defensa de los franceses.

Lo más importante es que la historia de esta torre me parece perfecta para hablar de la patria. La historia no la conozco todavía, no mientras mis ojos buscan el punto en el que acaba el horizonte hacia el poniente, donde me imagino ver el estrecho de Gibraltar y el océano Atlántico y México, y donde en realidad está el suroeste de Francia y el noreste de España.

Lo que estoy a punto de contar lo aprendí mucho tiempo después. En esa parte tan maravillosa del periodismo que es la documentación. Quizá mi parte favorita. Cuando vas hilando todas las piezas de las historias, transcribes las entrevistas, te enteras de cosas que no habías captado en el momento, comparas las fotos y realmente construyes tu historia. El yo en la torre no sabía nada de lo que van a leer en unos momentos y lo vamos a dejar así, romantizando ese momento con su hijo, disfrutando del sol y del panorama.

Pero ahora tenemos que hacer un esfuerzo e imaginarnos esta playa negra como uno de los puntos estratégicos para la defensa de la isla asediada por la invasión francesa, y esta torre como una de las torres más importantes para avistar navíos de la potencia invasora hacia el occidente, en la lengua de tierra que conforma la parte más al norte de la isla de Córcega, la península de Capo Corso.

Tenemos que irnos atrás algunos siglos. Poco más de diez años antes de que Túpac Katari pronunciase sus palabras proféticas a punto de ser descuartizado brutalmente por la potencia colonial, el 15 de mayo de 1768 Agostino Paolo Domenico Sorba, funcionario plenipotenciario de la República de Génova, se sentaba en la residencia Versailles a un lado de Étienne François de Choiseul, secretario de Estado de Relaciones Exteriores del rey de Francia, Luis XV, para resolver unos asuntos de deudas. La República de Génova le debía un par de millones de liras al reino de Francia. Una cifra bastante importante que no podía pagar porque la expotencia marina que pocos siglos antes le contendía el control de las rutas asiáticas a Venecia, a la mitad del siglo XVIII ya estaba en bancarrota. Aunque un genovés nunca lo va a admitir.

Hace mucho tiempo los genoveses tenían un problema con los corsos. ¡Qué sorpresa! Ese pueblo sencillamente no entendía el concepto de sumisión. Durante cinco siglos, desde que los genoveses les habían quitado el control de la isla a los pisanos, los corsos se habían obstinado a resistir en su mala costumbre de pueblo combativo e insumiso. Nosotros sabemos que ya dos mil años antes los romanos no habían logrado aplastarlos, así que no debería sorprendernos esta cuestión. Pero lo que nos interesa aquí es que los genoveses no podían ya sostener económicamente una guerra con los rebeldes corsos. Además, en el siglo XVIII los sentimientos nacionalistas se despertaban por doquier y los corsos desde su pequeña isla se resistían como siempre lo habían hecho.

Génova, agotada por las revueltas corsas, le había pedido ayuda a Francia, que a su vez tenía interés en la isla situada en una excelente posición estratégica en el mar Mediterráneo. Los franceses habían apoyado militarmente a los genoveses con un gran número de naves y soldados sitiando la isla, pero sin afectar realmente a la resistencia corsa. Sin embargo, ese esfuerzo militar tenía un costo elevado y la deuda de los genoveses aumentaba cada día, hasta volverse impagable.

Para que no se queden con el Jesús en la boca, el 9 de mayo de 1769 los franceses aplastaron la resistencia corsa en la batalla de Ponte Nuovo y cobraron su deuda anexando la isla a su territorio. Por esa razón, cuando tres meses y seis días después, en la ciudad de Ajaccio, María Letizia Ramolino dio a luz, su bebé nació francés.

No es un secreto que su bebé fue llamado Napoleone.

Ahora que ya saben el final, volvamos a la torre.

El 24 de agosto de 1768 los mil doscientos hombres de la columna francesa guiada por el general Grand Maison bombardean durante todo el día el poblado y la torre desde su nave Sagittaire anclada frente a la playa negra de Nonza. Esto relata la placa de bronce en la base de la torre. Brevemente recuerda lo que pasó después: “Le Paoliste Jacques Casella, seul face à l’assaillant, offrit une héroïque résistance. Les troupes françaises lui présentèrent les armes pour rendre hommage à son acte de bravoure”.

Lo que se podría traducir así: “El paolista Jacques Casella, solo frente al atacante, ofreció una resistencia heroica. Las tropas francesas le obsequiaron armas para rendir homenaje a su acto de valentía”.

Eso es todo. El idioma del conquistador recuerda oficialmente al héroe, pero al hacerlo omite lo más importante, la increíble historia del capitán Ghjucumu Casella, como debería escribirse en su idioma, el corso. Así sucede cuando las luchas se vuelven banderas de la hegemonía y son institucionalizadas. Fagocitadas en las narraciones oficiales, las resistencias pierden su valor antisistémico y se articulan como parte de la dominación.

Pero los franceses no contaban con el trabajo de Francesco Domenico Guerrazzi, patriota italiano del siglo XIX que, fascinado por la resistencia corsa, documentó la historia del capitán Casella en su novela histórica *La torre di Nonza*. Así, las pocas líneas grabadas en la placa de bronce toman dimensión de leyenda en la épica narración de una patética victoria del ejército francés y de la heroica derrota de un hombre solo en una torre de serpentina verde.

El capitán Giacomo Casella es un anciano. El 24 de agosto de 1768 los hombres del general Grand Maison han sitiado la torre de planta cuadrangular de Nonza y Giacomo, si sobrevive, dentro de menos de un mes cumplirá setenta y cuatro años. Su patria, la isla de Córcega, le debe las muchas heridas y los largos años de una vida pasada luchando contra los invasores genoveses; le debe una pierna, la derecha, perdida en combate; le debe el plomo que ha recibido. Pero le sigue pidiendo. Su primo, el general Pasquale Paoli, *U babbu di a Patria,* el Padre de la Patria, está guiando la resistencia corsa para cumplir el sueño de independencia de su pueblo y el suyo personal, de volverse rey de Córcega.

El 24 de agosto de 1768 el capitán Giacomo Casella no tiene ninguna esperanza de vencer al enemigo. El puñado de hombres que tiene a su lado nada puede contra la potencia de fuego de los franceses. Aun así, está decidido a mantenerse firme en la defensa de la torre. Después de un día intenso en el cual la columna francesa ha mostrado sus músculos, el viejo capitán reúne a sus soldados la noche antes del desembarque enemigo.

Nosotros no podemos resistir el ataque. No podemos defender la torre. Es evidente. Pero podemos hacer algo glorioso para nosotros y útil para la patria. Mañana, hasta que sea posible, vamos a combatir. Los granaderos de Francia atacarán con su columna nuestra torre y yo los dejaré subir. En cuanto la mayoría de ellos esté cerca de la torre, tú, primo Giancarlo, acercarás la mecha a la pólvora, y nos iremos todos al seno del Señor, que sé que nos va a recibir con los brazos abiertos. Nos iremos al otro mundo precedidos por mil franceses.

Cuando despertó, el viejo capitán se encontró solo.

Después de su discurso memorable, los soldados se habían quedado atónitos. El heroísmo es una condición necesaria para ser un verdadero patriota, y el martirio es condición suficiente para pasar a la historia. Sin embargo, en este caso los jóvenes corsos no estaban tan convencidos. Escucharon la arenga de su capitán y se prepararon para la batalla suicida del día siguiente.

Pero en la noche no podían dormir. ¿Por qué sacrificar vidas de patriotas sin necesidad? ¿Por qué volverse mártires en vez de usar sus fuerzas para combatir en otro lugar de Córcega? Las tropas de los patriotas son muy reducidas, pensaban los soldados, y cada vida se hace necesaria para enfrentar a los enemigos. Por otra parte, si abandonaban a su capitán estarían traicionando la causa patriótica, estarían cubriéndose de vergüenza y podrían incluso enfrentar una corte marcial.

Todo esto discutieron los soldados murmurando en la oscuridad de la torre, quizás en el mismo espacio de la tiendita de *souvenirs* en la que hoy se compran postales, brazaletes made in China y reproducciones de la bandera corsa con su cabeza de moro.

A la mitad de la noche, antes de que las primeras luces del alba les impusieran el extremo sacrificio, los patriotas desertaron y abandonaron a su capitán, dejando una carta en la que explicaban sus razones.

Lo dejaron solo.

El capitán Casella había visto demasiadas batallas para perderse de ánimo, o por lo menos esto es lo que cuentan de él. Así, frente a la deserción de sus hombres, atrancó la puerta, apuntó el único cañón de la torre hacia la calle de donde saldrían los enemigos, colocó los fusiles bien cargados en cada ranura y se puso a esperar la llegada de los franceses. Mientras tanto, la columna del conde de Grand Maison había irrumpido en el pueblo, cuyos habitantes se habían rendido para evitar la carnicería y el saqueo, abriéndose paso rápidamente hacia la torre sobre la que ondeaba, orgullosa, solitaria y desafiante la bandera de la resistencia corsa.

La boca del cañón escupió fuego contra las filas enemigas, las metrallas de fusil de un batallón entero vomitaron plomo encima de los atónitos soldados franceses. ¡Una compañía muy bien armada estaba resistiendo en el último bastión de Nonza!

El viejo capitán no se había vuelto omnipotente ni habían regresado sus soldados a salvarlo. Pero el diablo sabe más por viejo que por diablo. Y Casella, titiritero improvisado, maniobraba un sistema ingenioso de cuerdas que había atado a los gatillos de sus fusiles. Las armas, conectadas por su ingeniosa telaraña, disparaban entonces desde varios lugares al unísono. Mientras dirigía su orquesta de mosquetes, gritaba órdenes a sus hombres inexistentes, para guiarlos en la lucha, para incitarlos, para que no dejaran de disparar.

La batalla duró muchas horas, sin que la torre amainara su bandera. El viejo capitán no hacía caso a los disparos de cañones y fusiles franceses y seguía maniobrando su espectáculo de títeres.

La resistencia se hacía cada vez más ardua por la edad avanzada, por el calor, por la escasez de víveres, pero la atrevida puesta en escena consiguió el efecto deseado. El enorme alboroto les hizo creer a los sitiadores franceses que la roca estaba defendida por una guarnición aguerrida. El conde de Grand Maison, sorprendido por una resistencia tan tenaz como inesperada, después de perder a muchos hombres, alcanzados por las balas de Casella, logró rodear la torre, cerrando toda posibilidad de escape. Aun así, los defensores podían seguir disparando durante mucho tiempo, lo que causaría ulteriores pérdidas a la columna francesa. El general decidió enviar a un negociador para que se ocupara de la rendición de los corsos.

El comandante Casella estaba agotado. Después de horas de gritos y combate furibundo se había quedado corto de municiones, y al mensajero del general Grand Maison le respondió que se podía hablar, sí. Y que no se oponía a la opción de llegar a un acuerdo. Remitió al oficial francés sus condiciones de rendición, que ya había preparado. Casella pedía la salida segura de la guarnición de la torre, con armas, equipaje, bandera y un cañón. Los franceses también debían garantizar a los patriotas la libertad, los honores militares y caballos para transportar la pieza de artillería y algunos efectos personales. El general francés aceptó las cláusulas de rendición, enviando a un capitán de granaderos con su compañía a tomar posesión de la torre, cerca de la cual sus hombres aguardaban la fuga de los resistentes.

Cuando de repente la puerta se abrió de par en par, el capitán Giacomo Casella salió solo, apoyado en una muleta, armado con una espada, un rifle y dos pistolas, moviéndose rápidamente con orgullo indecible.

El capitán de los granaderos, que entre tanto había dispuesto a sus soldados su debido expediente para rendir los honores militares pactados, esperó a que salieran los demás, pero al ver que no aparecía nadie preguntó a Casella asombrado dónde estaba su guarnición.

¡Aquí, yo soy la tropa!, respondió Casella con fiereza. La respuesta del comandante corso dejó sin palabras al oficial francés: ¡se habían burlado de las tropas del poderoso rey de Francia! El capitán de los granaderos, comprimido de cólera, alzó su espada desenvainada hacia Casella, quien también puso su mano en la suya y la volvió hacia el oficial. Pero el general Grand Maison apreció su audacia y le perdonó la vida, y ordenó que se respetara a la letra el tratado de rendición y que un pequeño destacamento de su caballería escoltara a Casella hasta los campamentos del general Pasquale Paoli en la ciudad de Murato.

Al despedirse de Casella, el noble general francés lo invitó a comer con él.

Noi coi nemici nostri non mangiamo, bensì combattiamo, contestó el viejo capitán.

O por lo menos esto es lo que cuentan.

***

"Es insufrible no tener patria."

Vamos, mira esta multitud, para la que apenas son suficientes las construcciones de la inmensa urbe: la mayor parte de esa masa carece de patria. De sus municipios y colonias e incluso de todo el orbe de la tierra han afluido: a unos atrajo la ambición, a otros el imperativo de un cargo público, a otros una legación impuesta, a otros la molicie que busca un lugar cómodo y suntuoso para sus vicios; a otros el interés por los estudios liberales, a otros los espectáculos, a algunos los arrastró la amistad, a otros un dinamismo capaz de demostrar sus posibilidades en un amplio campo; algunos aportaron una belleza venal, otros una venal elocuencia. Ningún tipo de hombres ha dejado de acudir a una ciudad que pone grandes precios tanto a la virtud como al vicio. Ordena que todos éstos sean citados por su nombre y pregunta "¿de qué patria es cada uno?"; verás que la mayor parte es la que, tras abandonar sus lugares, ha venido a la ciudad realmente mayor y más bella, pero no la suya.[2]

[2] Séneca, *Consolatio ad Helviam matrem.*

***

Desde la torre veo los dos mares, al este Córcega, al oeste imagino Gibraltar. Veo el presente de mi caminata, mi sudor, mi cansancio, mi inesperada y repentina felicidad. Veo el pasado, genoveses guerreando con pisanos, venecianos, tártaros, o filósofos exiliados en una torre imaginaria. Veo el futuro de dos jóvenes que, de esta tierra, esta patria materna, se irán pronto al otro lado del mundo, a buscar trabajo, riqueza, abundancia, felicidad.

Veo el bosque oloroso que me rodea. Me gustaría compartir este momento con mi hijo, que está allí abajo, dormido en el coche rojo, con Francesca y Alessandro. Pero también me parece preciso haber subido solo hasta aquí. Me lo merecía.

Hace calor en esta roca solitaria. Me inunda una alegría que pocas veces he vivido en los últimos años. Sé que Lucio Aneo Séneca nunca estuvo aquí, pero por un momento me lo imagino a mi lado, dándome buenos consejos, como en efecto lo ha hecho en esa comunicación en el tiempo y el espacio que fue la lectura de sus cartas a Lucilio. Me lo imagino aquí a mi lado con una mirada irónica y serena, en esta roca pelada y desagradable, como Séneca definía a la isla de Córcega durante su exilio.

No encontrarás ningún lugar de exilio que no habite alguien por algún motivo voluntario.

¿Qué se puede encontrar tan pelado, qué tan abrupto en todas partes como esta roca? ¿Qué tan carente de recursos, si se la examina? ¿Qué menos habitable para hombres? ¿Qué más desagradable por la disposición del lugar? ¿Qué más destemplado por su atmósfera? Sin embargo, aquí viven más forasteros que naturales. Así es que el cambio de lugar en sí no es insoportable hasta el punto de que tam-

bién este lugar ha atraído a algunos desde su patria. Encuentro quienes dicen que hay una cierta contrariedad del alma en cambiar de lugar y en pasar de un alojamiento a otro. Al hombre se le ha dado un alma móvil e intranquila. Nunca se detiene, va de acá para allá y proyecta sus pensamientos a todas las cosas conocidas y desconocidas.

XXIII. MURO SIN LADRILLOS

Aquí acaba la patria.

Todo gira siempre y está de paso: como la ley y la necesidad de la naturaleza lo ordenó, es llevado de acá para allá. Cuando haya cumplido sus recorridos por determinados espacios de años, de nuevo marchará a través de lo que había venido. Ve ahora y piensa que el alma humana —compuesta de las mismas semillas de que están compuestos los cuerpos celestes— soporta mal el cambio de lugar y la migración, cuando la naturaleza de dios o se deleita o se conserva con este continuo y rapidísimo movimiento.[1]

***

Siempre que me pongo una botella de caguama helada entre las piernas, sentado en el coche, mi mente viaja y me lleva a la ciudad de Mexicali. *La ciudad de los huevos fríos.*

Es como si ese botellón de cerveza fuera las *madeleines* de Marcel Proust en versión fronteriza.

Recuerdo el vocho rojo de Francisco Sandoval Alarcón en las calles de Tijuana y luego empinándose en la carretera de la Rumorosa para bajar hasta la desértica Mexicali. Más que rojo, el vocho de Pancho era color óxido, y ese cuerpote de un metro noventa con dificultad lograba

[1] Séneca, *Consolatio ad Helviam matrem.*

acurrucarse al volante. Desde allí, gesticulando, nos explicaba a Fabio Cuttica y a mí cómo funcionaba ese tramo de frontera, que él, originario de Mexicali trasplantado en Tijuana, recorría con cierta regularidad en su trabajo de reportero del semanario *Zeta*.

Ahora Pancho es vicedirector del portal de noticias *Animal Político*, pero en ese entonces, en 2010, como muchos de nosotros de vez en cuando trabajaba como *fixer* acompañando a periodistas extranjeros a buscar historias.

Le dicen "la ciudad de los huevos fríos", porque aquí hace tanto calor en verano que te tienes que tomar una caguama bien helada todo el tiempo para recuperar lo que sudas.

Lo dice mientras los tres tenemos una caguama de Tecate helada entre las piernas, tranquilamente sentados en su vocho rojo, camino a la frontera. Cualquiera tiene su botella fría entre las piernas, hasta los policías, dice Pancho sonriente. Así que es normal que se te enfríen los huevos.

Son las seis de la tarde y la puesta del sol acentúa el color rojo de la tierra en La Rosita, a los pies del cerro La Centinela, a pocos kilómetros al oeste de la ciudad de Mexicali, camino a la Rumorosa.

Pancho nos llevó aquí porque estábamos buscando migrantes y polleros. Y en este tramo de desierto muchos mexicanos y centroamericanos intentan cruzar la barda que nos separa de los Estados Unidos.

En el centro de Mexicali, hasta hace poco tiempo, se podían ver familias enteras agrupadas a lo largo de la barda, hecha por largos palos de acero, platicar, pasarse comida y regalos con los familiares del otro lado. Cada día era una manera para estar en contacto con la familia que se fue a vivir en el lado de Calexico.

La Rosita, a la orilla de la ciudad de Mexicali, es una zona de tierra roja, y es también conocida con el nombre de Ladrillera, porque aquí se producen ladrillos. A un lado del muro.

La Ladrillera es una pequeña comunidad de unas quinientos personas, que en su mayoría se dedican, como se puede deducir del nombre del lugar, a la producción casera de ladrillos rojizos, aquí, justo a espaldas del cerco, entre el canal de aguas negras y la frontera.

La comunidad existe desde los años cincuenta, pero su vida ha cambiado de manera radical a partir de 2007. Así me cuenta Esteban, un ladrillero de La Rosita, que mientras habla no para de mover delicadamente las manos rojas de tierra, el mismo color de su cara cocida por el sol.

Hasta ese momento esta barrera no existía, y nosotros podíamos ir tranquilamente a bañarnos, a lavar los trastes o la ropa, en el río del otro lado de la frontera, el Todo Americano.

El Río Todo Americano es un afluente del Río Colorado, y desde que se construyó este cerco de palos de metal color óxido hace tres años, el mundo de Esteban ha cambiado. Antes los habitantes de La Rosita tomaban el agua en el Todo Americano, que recuerdan limpia, potable y abundante. La usaban para cocinar, para lavarse, para beber y, sobre todo, para fabricar sus ladrillos.

Hay miles de ladrillos. En todas partes. Amontonados, apilados, tirados. Nunca había visto tantos ladrillos en mi vida.

Esteban se agacha para amasar la arena. Saca un rectángulo de madera dividido en cuatro rectangulitos por una cruz. Lo moja con el agua ya roja de una cubeta de plástico. Lo posiciona en el suelo, también rojo, de la arena del desierto, al lado de una fila larguísima de ladrillos recién creados. Coloca la masa remojada en el marco y la aplasta hasta rellenar el marco. Sus manos rechonchas se mueven con delicadeza en gestos sin desperdicio de energía. Gestos repetidos una y otra vez, miles de veces. Por un momento me veo en la playa, niño, jugando a construir castillos de arena con las pequeñas olas que me refrescan los pies, las manos embarradas. Con ese marco de madera Esteban le va dando forma a la masa, para que salgan cuatro ladrillos más. Y se sumen a los cuatro que acaba de hacer, y a los cuatro anteriores.

En cuanto estén medio secos se sumarán a las pilas simétricas de diecisiete ladrillos cada una. Torrecitas geométricas que están pensadas para que el aire caliente de la frontera pueda pasar entre un ladrillo y otro y vaya secando sin que la superficie esté en contacto con la tierra. Para un amante de la simetría como yo, es un espectáculo verdaderamente placentero. De hecho, me siento sereno.

Yo vengo de una familia de ladrilleros. Como mi padre y mi abuelo, trabajo la tierra y el estiércol para fabricar estos bonitos ladrillos, que luego voy a vender. Su precio es de un peso con veinte centavos la pieza.

Me enseña sus bonitos ladrillos de tierra y estiércol. Es como si todo aquí hubiera sido coloreado en el mismo tono. Los ladrillos, la piel de Esteban, la tierra del desierto, hasta las bardas de metal oxidado, el vocho de Paco, el atardecer. Una redundancia que quisiera ver como una señal de lo potente de la historia. Esteban sigue hablando lentamente y moviendo esas manos rojizas.

Ahora sin el agua del río nos obligaron a usar aquella del canal que tenemos en este lado de la frontera para trabajar los ladrillos. Y para tomar tenemos que comprar agua purificada de las bombas.

Todas las familias de la zona construyen ladrillos, ladrillos para construir muros.

Siempre han vivido modestamente, sin lujos, en medio de un desierto rojizo. Esteban me cuenta que a ninguno de ellos se le ocurrió jamás irse a vivir del otro lado.

¿Y por qué tendríamos que irnos pa' allá?

No, pues qué buena pregunta. No la hizo Esteban, sino Eduviges, esta mujer que se acerca a nosotros con sus pantalones rosa mexicano, camiseta blanca, igual que sus calcetas y sus zapatillas de bailarina. Sus manos son del mismo color de la tierra. Se le hace normal sumarse a la conversación y opinar. Me dice que lleva toda la vida viviendo y trabajando como ladrillera en La Rosita, que la ayuda uno de sus hijos, que ahí está, mira. Ah, pero que no le pregunte nada de su esposo porque hace años que no saben nada de él y, la verdad, mejor ni volver a mencionarlo. Eduviges es una mujer pequeña de estatura. Es baja. Diminuta, tiene una mirada persistente y sonríe mucho. Mientras habla no deja de supervisar el trabajo de Esteban.

Yo siempre he vivido aquí, aunque nací en el estado de Sonora. ¿Para qué quisiera yo irme a vivir allá? No sé lo que piensan los gabachos, pero aquí con esto del cerco todos tenemos más problemas, y mi casa es un ejemplo. Mira.

Miro su casa. Me parece igual a la de sus vecinos. Un piso, del color de la tierra del desierto, de los ladrillos de estiércol y tierra de la que está hecha. Una casa pequeña, baja, pobre, con un patio minúsculo, un horno de ladrillos grande. Está recostada en la línea.

Me cuesta trabajo entender.

La casa de Eduviges ha sido cortada por el muro. Le han tumbado media casa y ahora la frontera es prácticamente la pared más al norte de su hogar.

Mi casa era la que estaba mejor ubicada, ¿ves? Es la más cercana al Todo Americano, todos me la envidiaban. Y luego hace tres años y medio, el día 27 de septiembre de 2007, me comunicaron que debían construir el muro, y que era necesario tumbar una parte de mi casa porque justo ahí tenía que pasar la línea. Yo intenté oponerme, ¿sabes?, pero ¿cómo me iban a escuchar a mí? Entonces vino un equipo de los Estados Unidos. No me dijeron nada. Nada. Se plantaron aquí y en unas horas me tumbaron media casa. Los gringos y las autoridades de aquí hasta me prometieron una indemnización por la molestia, porque parece que querían quedar bien conmigo. Obvio ese dinero todavía lo estoy esperando. Y entonces ahora mi casa colinda con el muro. De hecho, no. El muro es una pared de mi casa.

***

Del otro lado de este muro había un imperio. No es cierto.

No exactamente del otro lado de este muro. Mucho más al oriente y al norte, pero de alguna manera del otro lado de este muro. Y no había un imperio con un emperador europeo tipo Napoleón o María Cristina de Austria. Del otro lado de este muro, cuando no había ningún muro, se abría el imperio comanche, también conocido con el nombre de Comanchería.

Qué rico suena. Comanchería. Aunque los comanches en idioma comanche le dijeran Nʉmʉnʉʉ Sookobitʉ. Pero la verdad no sabría decir cómo se pronunciaba. Así que por comodidad y etnocentrismo vamos a seguir usando el español. Al sur de las Montañas Rocosas de Colorado y Nuevo México, al occidente, en las Grandes Llanuras entre Kansas, Oklahoma, Arkansas y Texas, los comanches fueron los señores de la Comanchería.

Un imperio que, durante un siglo, entre 1750 y 1850 para ser precisos, dominó un enorme territorio que iba de Texas a Nuevo México, llegando a los actuales territorios de Nuevo León, Coahuila, Chihuahua, Sonora.

Armas de fuego y caballos. Lo que llegó a América con los barcos desde Europa. Y que luego el pueblo hermano de los ute introdujo en las tribus de sus aliados comanches a través del comercio.

Caballos. Los comanches se volvieron expertos en caballos. Se volvieron jinetes imbatibles, tanto que el símbolo principal que destaca en el centro de su hermosa bandera, mitad azul y mitad roja, es un comanche montado en su caballo, justo arriba de la leyenda *Lords of the Southern Plains.*

Armas de fuego. Con las que dominaron, masacraron, sobre todo a indios apaches y lakota, establecieron leyes, comercios, costumbres, y pusieron en jaque a los colonialistas europeos.

Su potencia económica se dio a partir de la gran capacidad comercial en el negocio de esclavos. Sus presas favoritas eran miembros de la Nación Navajo, pero su blanco principal eran los apaches Carlana y Jicarilla, en los territorios al norte de Arkansas, en el extremo oeste de las llanuras del sur. *Lords of the Southern Plains.* Ahí raptaban con regularidad a mujeres y niños para venderlos como esclavos.

A finales de 1600, comanches y utes enviaban esclavos apaches a trabajar en las minas de Nueva Vizcaya y de Zacatecas. También abastecían de esclavos las plantaciones de tabaco de la isla de Cuba. En 1714, la mayoría de los apaches vendidos en el mercado de esclavos de Nuevo México eran parte del comercio de la mancuerna entre comanches y utes. Ya desde inicios del siglo XVIII la alianza ute-comanche dominaba la frontera norte de Nuevo México.

A partir de la mitad del siglo XVIII los comanches fueron articulando un imperio en los vastos territorios en disputa entre las grandes potencias europeas, desarrollando una política económica, militar y cultural que durante un siglo simplemente dominó. Dominó a los franceses de Louisiana, a los españoles de Nuevo México, a través de la fuerza, de la estrategia militar, de la organización nómada, de la capacidad de negociar entre fuerzas enemigas, aplastando a todos los que se le oponían. El imperialismo comanche.

Me topé con *The Comanche Empire*, el libro del historiador islandés Pekka Hämäläinen, y no lo puedo dejar. Desmonta un pedazo a la vez la visión hippie y paternalista de los nativos que viven en armonía con la naturaleza, y al mismo tiempo la lectura deshumanizante de los salvajes y bárbaros semihumanos que simplemente resistían a la imparable avanzada del hombre blanco.

La reconstrucción de la potencia, la estrategia, la política esclavista culera y ultraviolenta de los comanches restituye a ese pueblo su dignidad histórica.

Del otro lado de estos ladrillos y de este muro había un imperio y era un imperio de comanches.

***

Esta zona, además de la producción de ladrillos, es un lugar frecuentado por polleros que acompañan a los migrantes del otro lado de la frontera, pasando por el Río Todo Americano. Cada día al atardecer es posible ver a los migrantes tratar de brincar el cerco para llegar a las afueras de Calexico.

Los pollos con su pollero esperan bajo el sol anaranjado, buscando un poco de sombra ofrecida por los escasos arbustos pelones de la zona. Esperan el momento propicio para cruzar el pequeño canal en el territorio mexicano que los separa de la línea. Del otro lado, una patrulla de la Border Patrol controla ese tramo de la frontera. Los migrantes se agazapan en silencio, esperando a que llegue la noche, para transformarse en sombras en la oscuridad.

La comunidad de ladrilleros, contrariamente a la de los polleros, no busca exprimir a los migrantes que quieren cruzar.

Eduviges está poniendo a secar al sol unos ladrillos recién hechos. Los últimos del día.

Está duro cruzar este desierto con cincuenta grados, ¿sabes? Nosotros les damos lo poco que podemos ofrecer, sobre todo agua, cuando vienen a pedirla. Los que pasan por aquí no son turistas, ¿ves? Necesitan muchas cosas; nosotros hacemos lo que podemos, pues.

Eduviges habla y acomoda ladrillos con unos gestos rítmicos perfeccionados a lo largo de una vida. Uno de sus hijos, Luis, que tendrá diez años, se va acercando a la barda. Lo acompañan un par de amigos de la misma edad o por lo menos del mismo tamaño. El niño voltea hacia nosotros para asegurarse de que lo estemos mirando. Y sin aviso empieza a escalar los palos de acero que conforman el muro. Sus amigos hacen lo mismo.

En pocos segundos llegan encima de la barrera, se sientan en los palos a diez metros de altura y empiezan a burlarse de la camioneta de la Border Patrol, estacionada justo enfrente de ellos, para controlar la frontera. Se ríen. Se cagan de la risa. Les sacan la lengua. Les hacen gestos. Se quedan ahí. Sentados. Con las piernas colgando en las alturas, una en México y la otra en los Estados Unidos. Los agentes fronterizos toleran las burlas.

En el pasado no han faltado momentos de tensión, cuando los policías disparaban balas de goma en dirección de los habitantes de la Ladrillera.

Me tardo diez segundos en pasar pa'l otro lado del muro. Y cuando la migra hace el cambio de turno, ¡es un momento y ya estoy para allá!

Pero, ¿para qué se quisiera ir uno con ellos?

Se lo pregunto.

¿Yo?, Luis se muere de la risa, colgado en la cima de la barda, ¿qué voy a hacer yo allá? Nomás digo que si yo quisiera es cuestión de un momento. Aquí somos pobres, pero estamos libres de hacer lo que queremos.

Pobres pero libres. Al parecer la frontera está poblada de seres que aprecian más la libertad que las posibilidades infinitas que promete la propaganda estadunidense. Puede ser que todos me mientan, pero ese tono me parece sincero. Es el tono de alguien que sabe algo que yo no sé y le da ternura mi ignorancia. Quizás el secreto de los que conocen las fronteras, que son atravesados por ellas, es que no las pueden abandonar. Están condenados a vivir en ese *borderland*, en esa tierra indefinida, para siempre.

Y ser felices así. O tal vez no.

El sol empieza a desaparecer detrás del cerro La Centinela. Los ladrillos se confunden con el color rojizo de la tierra. Los migrantes se secaron del agua sucia del canal que acaban de cruzar ayudados por unas llantas de coche infladas como unos salvavidas negros enormes. Están acurrucados detrás de un arbusto; ahora, apagan la sed chupando de un tanque de cinco litros de plástico blanco que cada uno lleva cargando, y comen galletas.

La tensión es muy alta. Nadie emite un ruido. Del otro lado se pueden ver los campos regados en medio del desierto del sur extremo de California, las casas ordenadas y limpias de la periferia de Calexico. Se ve pasar la pick up de la Border Patrol. Del otro lado están custodiados los sueños de estas personas, que probablemente se han gastado todos sus ahorros para estar aquí ahora, agotados, asustados y esperanzados.

Los ladrilleros observan este ritual con la paciencia que tiene alguien acostumbrado a cocer ladrillos en un horno bajo un sol de cincuenta grados.

Dentro de poco tiempo, el pollero sacará una escalera de cuerda y dejará pasar a sus pollos del otro lado. Siempre y cuando logren ser más rápidos que la migra.

La misma historia que se repite cada día. Con y sin muro.

***

Marco Tulio Cicerón le atribuyó al dramaturgo, poeta y pintor romano Marco Pacuvio una frase sobre la patria, que ha llegado hasta nuestros tiempos y que se encuentra en las *Tusculanae disputaciones.* En latín dice así: *patria est ubicumque est bene*, que literalmente significa: "La patria está en cualquier lugar en el que se está bien".

Me parece un poco cursi, genérica, no me acaba de convencer.

Prefiero más bien regalarte, querido Lucilio, un último pensamiento que viene de la gran guía espiritual de este viaje bizarro, incompleto, aparentemente sin sentido, que es este libro que tienes en las manos.

Puedo cerrar tu libro ya. También puedo cerrar éste si le estampo, a modo de sello, una buena máxima del maestro Lucio Aneo Séneca.

Omnem locum sapienti viro patriam esse.

"Cualquier lugar es patria para el sabio."

Vale.

BIBLIOGRAFÍA ESENCIAL

Anderson, Benedict, *Comunità immaginate*, Manifestolibri, 1996.

Balard, Michel, "Peste arma di guerra", *Il Secolo XIX*, 22 de noviembre de 2001.

Barbero, Alessandro, *Barbari. Immigrati, profughi, deportati nell'impero romano*, Laterza, 2010.

Berumen, Humberto Félix, *Tijuana la horrible*, El Colegio de la Frontera Norte, 2011.

Brown, Wendy, *Stati murati, sovranità in declino*, Laterza, 2010.

Cardini, Franco, *Gli anni di Genova*, Laterza, 2015.

Chatwin, Bruce, *Le Vie dei Canti*, Adelphi, 1988.

Chong, José Luis, *Historia general de los chinos en México 1575-1975*, Turner, 2014.

Comandé, Alessio, "Venezia 1348: percezione, interventi e ricadute sociali della 'grandissima moria'", tesis de maestría, Università Ca' Foscari di Venezia, 2013.

Crosthwaite, Luis Humberto, *Instrucciones para cruzar la frontera*, Tusquets, 2011.

Davis, Robert C., Christian Slaves, *Muslim Masters. White Slavery in the Mediterranean, the Barbary Coast, and Italy, 1500-1800*, Palgrave Macmillan, 2003.

Díaz Castro, Olga Vicenta (Sor Abeja), *Leyendas de Tijuana.*

Echeverría, Bolívar, *Modernidad y blanquitud*, Era, 2016.

Freire Sejo, Marisol, "Aspectos básicos de la embriogénesis somática", *Biotecnología Vegetal*, 2003.

Guerrazzi, Francesco Domenico, *La torre di Nonza.*

Guerriero, Leila, *Zona de obras*, Anagrama, 2015.
Hämäläinen, Pekka, *The Comanche Empire*, Yale University Press, 2008.
León-Portilla, Miguel, *El reverso de la conquista*, Joaquín Mortiz, 1964.
Lisbona Guillén, Miguel, *Allí donde lleguen las olas del mar..., Pasado y presente de los chinos en Chiapas*, Universidad Nacional Autónoma de México, 2014.
López Rivera, Andrés, y Ana Wessel, "Migración haitiana en tránsito por Ecuador", *Revista Comentario Internacional*, Quito, 2017.
Mancuso, Stefano, *L'incredibile viaggio delle piante*, Laterza, 2017.
Mezzadra, Sandro, y Brett Neilson, *Confini e frontiere*, il Mulino, 2013.
Orlean, Susan, *El ladrón de orquídeas*, Anagrama, 2019.
París Pombo, María Dolores, *Violencias y migraciones centroamericanas en México*, El Colegio de la Frontera Norte, 2017.
Pereiro Otero, José Manuel, *Conquistas vi(r)olentas y vacunas independientes*, University of Pennsylvania Press, 2008.
Pérez-Reverte, Arturo, *Territorio comanche*, Ollero & Ramos, 1994.
Polo, Marco, *Il Milione*, Adelphi, 1994.
Sasso, Donatella, *La peste nel trecento. La morte nera.*
Séneca, Lucio Aneo, *Lettere a Lucilio*, Garzanti, 1989.
———, *Consolatio ad Helviam matrem.*
Shicheng, Xu, *Los chinos a lo largo de la historia de México.*
Talese, Gay, y Barbara Lounsberry, *The literature of reality*, Harper Collins, 1996.
Tovar González, Elena, *Los finqueros extranjeros en el So-*

conusco durante el Porfiriato, tesis de doctorado, Universidad Nacional Autónoma de México, 2004.
Trujillo Muñoz, Gabriel, *Baja California: ritos y mitos cinematográficos*, Universidad Autónoma de Baja California, 1999.

Aquí acaba la patria, de Federico Mastrogiovanni,
se terminó de imprimir y encuadernar en diciembre de 2021
en Impresora y Encuadernadora Progreso, S. A. de C. V. (IEPSA),
calzada San Lorenzo, 244; 09830 Ciudad de México.
En su composición, elaborada en el Departamento de Integración
Digital del FCE por Yolanda Morales Galván, se utilizaron tipos Karmina.
La edición, al cuidado de Julio Gallardo Sánchez,
consta de 4000 ejemplares.